山东大学儒学高等研究院尼山文库

尼山文库

孔墨哲学之
比较研究

颜炳罡 彭战果 著

人民出版社

目　　录

第一章　孔子其人其说 ························· （ 1 ）

　一、孔子其人 ···························· （ 1 ）

　二、孔学述要 ···························· （ 20 ）

第二章　墨子其人其说 ························· （ 90 ）

　一、墨子其人、其书 ······················· （ 90 ）

　二、墨学述要 ···························· （ 96 ）

第三章　道德的理想主义与爱的理想主义 ············· （108）

　一、周代礼乐制度的兴衰 ···················· （109）

　二、仁礼合一——孔子对待周代礼乐制度的态度 ······ （113）

　三、儒家的道德理想主义 ···················· （118）

　四、兼爱——墨家爱的理想主义 ················ （121）

　五、后期墨家的兼爱思想 ···················· （131）

　六、德性与"爱"异同之比较 ················· （137）

第四章　德性天与人格天 ······················ （144）

　一、天道观溯源 ·························· （145）

　二、儒家德性意义的天道观 ·················· （151）

　三、墨家人格意义的天志、鬼神观念 ············· （155）

　四、儒墨天道观比较 ······················ （170）

第五章　知命与非命 ················ （172）

一、命观念溯源 ················ （172）

二、"知命"、"立命"与"不知"的精神 ··········· （173）

三、"非命"对"极限"的否定 ··········· （177）

四、"命"与德福关系 ··············· （182）

第六章　文质合一与重质主义 ·········· （188）

一、周代礼乐制度的重"文"特色 ·········· （189）

二、儒家的文质合一 ··············· （193）

三、墨家的重质主义 ··············· （196）

四、儒墨文质观比较 ··············· （214）

第七章　儒墨政治思想异同 ·········· （215）

一、西周政治组织形式及其特点 ·········· （215）

二、消极依附与自觉建构——儒墨对待政治组织形式的态度 ·· （218）

三、儒墨贤才治国论 ··············· （222）

四、"和"、"同"之辨 ·············· （232）

第八章　征伐与非攻 ·············· （237）

一、上古战争观溯源 ··············· （238）

二、征伐——儒家的战争观 ··········· （240）

三、非攻——墨子的战争观 ··········· （245）

四、儒墨战争观比较 ··············· （250）

附录一：儒墨哲学之比较 ············ （251）

　　——兼论中国文化未形成民主科学故

一、儒墨的历史流变 ··············· （251）

二、墨学衰微之故 ················ （260）

三、墨学衰微与中国文化之缺陷 ·········· （268）

附录二：对立　互补　创新 ·········· （274）

　　——从儒墨学术差异看墨学在中国文化重建中的独特作用

一、儒、道互补之检讨 ···（274）

二、儒、墨互补之可能 ···（278）

三、儒、墨互补之实现 ···（281）

四、儒、墨互补与中国文化的现代展望 ·······················（291）

重要参考文献 ··（297）

重要名词索引 ··（301）

第一章　孔子其人其说

春秋战国时代是中国社会大变革的时代，经夏、商、周三代积累所建立起来的政治运行体系已不能维系当时的社会，既有的秩序开始崩解，而新的社会运转系统和规范还没有建立起来。这是一个需要英雄而且英雄辈出的时代，孔子、墨子、老子、孟子、庄子、荀子等一大批思想巨匠走上了历史舞台，而在众多的圣贤、英雄、豪杰、思想巨匠中，孔子、墨子无疑是春秋战国时代最显赫、最耀眼的两位，而孔子则是这场文化大幕的开启者。

一、孔子其人

（一）孔子的身世

百余年来，由于受到激进知识分子批孔思潮的影响，不少人士认为孔子出身于没落奴隶主贵族，是没落奴隶主贵族的代表，而真实的历史情况如何呢？不妨让我们先从孔子的身世谈起。

孔子，名丘，字仲尼。按大多数学者的见解，孔子生于周灵王二十一年、鲁襄公二十二年、夏历八月二十七日（公元前551年9月28日），死于周敬王四十一年、鲁哀公十六年、夏历二月十一日（公元前479年3月4日），享年73岁。孔子是宋国贵族后裔。宋国为商朝的遗国，开国之君是微子启。微子启死后，依商代兄终弟及的承传之统，由弟微仲继位，为宋国第二位国君。相传微仲就是孔子的远祖。孔子六世祖孔父嘉在宫廷内乱中被杀，他的儿子木金父为避祸从宋国逃到鲁国。

由五世祖木金父到孔子的父亲叔梁纥之前，孔父嘉之后在鲁国繁衍生息已历四世，然而一直湮没无闻。到叔梁纥时，木金父的后裔总算在鲁国有了些名气。叔梁纥是位闻名四方的武士，在鲁国对外作战中立过两次战功。一次是偪阳之战，鲁襄公十年（公元前563年）晋国率领几个小诸侯国攻打叫偪阳（今山东省枣庄市南面）的一个小国，鲁国参加了这次作战。当军队刚刚攻进对方城中之时，守军突然把城门上吊起的悬桥放下，企图将攻城队伍拦腰截断，分而歼之。在这千钧一发之际，叔梁纥挺身而出，用手托起悬桥，让攻入城内的队伍顺利退出，避免了损失，叔梁纥由此一战成名，闻于诸侯。另一次发生于鲁襄公十七年（公元前556年），当时齐国侵入鲁国的北部，齐国的军队围困了鲁国防邑。鲁国大夫臧纥被困城中，不得脱身。鲁国派军队前去救援，但慑于齐军威力，鲁国军队行进到接近防邑的地方却不敢前进了。叔梁纥先是带甲兵300人，乘夜保护臧纥突围，将臧纥护送到鲁军驻地，然后又攻入防邑，加强防守。齐军久攻不下，被迫撤退，叔梁纥在这次救援战争中立下了赫赫战功。叔梁纥虽说是位有名的武士，且屡立战功，但官职不显，终其一生，不过是一个陬邑大夫（相当于今天的乡镇长）。

相传叔梁纥先娶施氏，生有9女，没有儿子，后纳妾，妾生了个儿子，名伯尼（又名孟皮），但身体有残疾，是个跛子。叔梁纥以为这样的儿子难以继承他"武士"之职，故而一心想有个身体健硕的儿子，继承并发扬自己的事业。到了63岁时，再问婚于颜家。据说颜家有三个女儿，老大、老二都嫌他老，不愿意嫁给她，小女儿颜徵在遵父母之命，嫁给叔梁纥。叔梁纥大约超过64岁了，才与颜徵在结婚。由于叔梁纥年过64岁，而颜徵在尚在妙龄，这样的婚配不合乎周代礼仪，司马迁在《史记·孔子世家》中有"野合而生孔子"的说法。对于"野"有两种不同解释：一种解释是郊野之野，据此有些人说孔子是私生子，甚至有人极端地认为：孔子是奴隶主贵族强暴奴隶的女儿而生；还有的学者找出民俗学的证据，证明"野合"在当时不算什么事，这些观点其实都不靠谱。另一种解释野与礼相对，不合礼仪谓之野。司马贞《史记索隐》观点值得注意："此云野合者，盖谓梁纥老而徵在少，非当壮室初笄之礼，故云野合，谓不合礼仪。故《论语》云：'野哉由也'，又：'先进于礼乐，野人也。'皆言野者是不合礼耳。"① 在《论语》中"野"与"文"相对，"野"乃不合礼仪之谓也。由孔子出生的场景，我们可以得知"野合"不是郊野之合，而是不合礼仪之合。叔梁纥和颜徵在婚后，求子心切，夫妇二人前去叔梁纥任职的陬邑境内最高之山——尼山（又称尼丘山）祷告山神，庇佑他们诞下一个儿子。祈祷后颜徵在即感胎动，不久即在山前洞中产下孔子。此洞为纪念颜徵在，取名"坤灵洞"，因是孔子诞生地，又称"夫子洞"。此洞至今还在。司马迁《史记·孔子世家》中也说"祷于尼丘得孔子"，夫妇致祷尼山求子，当然是光明正大的夫妻关系。事实说明：孔子既非"富二代"，也非显赫的"官二代"，他的父亲不过是个最低级的官员而已，没落奴隶主贵族是久远的故事，与孔子几乎沾不上边。

（二）少也贱，故多能鄙事

孔子三岁时，父亲去世了。母亲颜徵在带着三岁的孔子，迁居到鲁国国都曲阜城内的阙里。史家与坊间一直赞美"孟母三迁"的故事，"昔孟母，择邻处"，可谓家喻户晓，妇孺皆知，成为千古教子的典范。但许多人并不知道早在孟母三迁之前，孔子的母亲颜徵在由陬邑迁往曲阜，由此一迁而胜孟母三迁远矣。鲁国是春秋时期保存周礼最为完备的国家，《左传》襄公二十九年（公元前 544 年）记载，吴国公子季札到鲁国访问，鲁国请他"观于周乐"。周乐是周天子赐给鲁国的天子之乐，此乐除周天子之外只有鲁国才能演奏。同时，还请他欣赏了舜、禹、汤、文、武诸王的乐舞，季札叹为观止。《左传》昭公二年（公元前 540 年）记载，晋国使臣韩宣子来到鲁国，"观书于太史氏，见易象与鲁春秋，曰：周礼尽在鲁矣！吾乃今知周公之德与周之所以王也"。由此可见，鲁国不仅保存了完备的周礼，而且还是保存三代以上文化的最好区域。曲阜是鲁国的政治中心、文化中心，也可以说是当时中国的文化中心。颜徵在带着年幼的孔子定居曲阜，也就将孔子置于文化氛围最为浓厚的环境之中了。

颜姓是曲阜城大族，是孔子的母族。《史记·仲尼弟子列传》记述孔子

---

① 《史记》，中华书局 1959 年版，第 1906 页。

弟子七十多人，而颜氏得居其九：颜渊、颜路、颜由、颜幸、颜高、颜祖、颜之仆、颜哙、颜何，皆鲁人。作为年轻的单亲妈妈，离开夫家，来到曲阜，应为投奔母族之意。在这里既可以得到娘家人的照顾、庇护，又能让孔子受到良好文化氛围的熏染。

颜徵在之所以值得盛赞，还在于她是寓教于乐的典范。孔子三岁丧父，是在母亲的精心呵护和细心教育下成长起来的。没有贤母的慈养和教导，孔子成为中国文化史上的"至圣先师"是不可想象的。《史记·孔子世家》说："孔子为儿嬉戏，常陈俎豆，设礼容。"孔子的母亲从集市上买来各种礼器，常常摆列出来，让孔子练习各种行礼、习礼的动作，这是孔子幼时的游戏，也是那个时代一切有教养的人必须掌握的礼仪规范。颜徵在教育孔子可谓用心良苦，将幼儿的嬉戏与礼仪教育有机结合起来，说明颜徵在是位颇有见识的女性。

不过，好景不长，母亲在三十多岁时也去世了，此时孔子才十六七岁。十六七岁便成为孤儿，这是人生的大不幸！通过殡葬母亲这件事可以看出此时的孔子已经相当成熟。由于幼小离开家乡，孔子已经不知道父亲具体的安葬之处了，为了实现母亲与父亲合葬的愿望，他把母亲棺柩停放在"五父之衢"，一个四通八达、人来人往的地方，以便引起众人的注意，问询父亲墓地确切位置。在家乡陬邑一位老婆婆的帮助下，得到了父亲叔梁纥墓地的准确位置，实现父母合葬于防（今曲阜东十余公里的防山，有梁公林，相传为埋葬孔子父母及伯尼的地方）的心愿。

母亲去世后不久，鲁国执政大夫季孙氏举办宴请士以上贵族的盛大宴会，孔子以为自己是已故武士叔梁纥的儿子，应有资格参加这次盛会，于是就跟着别人走了进去。季孙氏的家臣阳虎见到孔子，以侮慢的态度呵斥："季氏宴请的是士，谁请你呢?!"年轻的孔子在权贵们蔑视的眼光下以及讥笑声中走出季孙氏的家门。对于这些羞辱和打击，孔子并没有放在心上，更没有灰心丧志，而是进一步激发了自己奋发学习的勇气和决心。

孔子曾用一句话来概括自己的少年岁月，说："吾少也贱，故多能鄙事。"[①] 由上我们可知，孔子"少也贱"，那么孔子究竟做过哪些"鄙事"

———————

① 《论语·子罕》。

呢？《论语》、《左传》等文献没有给出直接的答案。不过《孟子·万章下》有段话给我们留下了一些线索："孔子尝为委吏矣，曰：'会计当而已矣。'尝为乘田矣，曰：'牛羊茁壮长而已矣。'""乘田"是管理牛羊的小官，"委吏"是管理仓库的小官。孔子说："我管理牛羊，就把牛羊管理得膘肥体壮。"又说："我管仓库账目，就把仓库里的帐目计算得清清楚楚。"司马迁在《史记·孔子世家》中也有大致相同的记述："孔子贫且贱。及长，尝为季氏史，料量平；尝为司职史，而畜蕃息。"孔子要谋生，要自己料理自己的生活，像做饭、洗衣、种菜、砍柴、背粮、担挑、推车等各种劳动，他可能都做过，而给贵族家管理羊牛、管理账目，以换取必要的生活费，也在情理之中。长期以来，流行着孔子"四体不勤，五谷不分"的说法，甚至讲孔子轻视劳动，看不起劳动人民。这些说法都是不可信的。"四体不勤，五谷不分"虽然出自《论语》，然而那是隐者对孔子的讥讽，自然是夸大之词。若孔子果真"四体不勤，五谷不分"，一个自幼丧父、少年丧母的人，如何生存下来？我们认为，孔子成年以后没有从事具体的生产劳动，不是因为他轻视生产劳动，也不是因为他看不起劳动人民，而是因为他认为对他及其弟子而言，有比生产劳动更重要的使命——实现仁道理想于天下。

（三）学无常师，勤奋好学

孔子认为，他不是生而知之的人，而是学而知之。他的一生就是勤学好问的一生，"学不厌，诲不倦"是他的真实写照。孔子还在世时，有人问子贡，你老师孔子如此博学，他的学问是从哪里学来的呢？子贡回答："文武之道，未坠于地，在人。贤者识其大者，不贤者识其小者，莫不有文武之道焉。夫子焉不学？而亦何常师之有？"[①] 这是说，文武之道，还没有失传，贤能的人能记住其基本原则，一般人也还记得其细节，孔子向所有人学，哪里有固定的老师呢？孔子无常师，以能者为师。他以无限敞开的胸怀，向所有人学，不懂即问，甚至不耻下问。"入大庙，每事问"[②] 一语最能体现孔子向学之心。

---

① 《论语·子张》。

② 《论语·八佾》。

孔子自述："吾十有五而志于学"①，许多人理解为孔子 15 岁才有志于学习。这种理解我们认为是不准确的。这里的"志于学"不是开始立志于学习，而是开始立志于终身从事与学有关的事业。一个人可以志于商，志于工，志于官，志于农，而孔子是"志于学"。"学"至少包含两方面内容：一是自学，一是教学。自学即自己学，是学生之事；教学是教他人学，是老师之事。"志于学"即终生以自学和教学为业。孔子之学即孔子之道，志于学即志于道。十五岁以后，为了谋生，他可以为乘田、为委吏。但乘田不是志，委吏也不是志，只是一时之权，"学"才是他十五岁时立下的终生之志。所谓"十室之邑，必有忠信如丘者焉，不如丘之好学也"②。孔子自幼好学，终生好学，好学达到了忘我的境地。

二十岁左右时，孔子就成为颇有影响的青年俊彦。十九岁，他娶宋人亓官氏为妻，次年生子。鲁昭公得到孔子生子的喜讯，立即派人送去一条鲤鱼，以示祝贺。国君送鲤，孔子深以为荣，为纪念这一事情，便给儿子取名叫鲤，字伯鱼。客观地说，孔子生子，国君送鲤，此事说明二十岁的孔子已经名闻朝野，鲁昭公也礼敬三分。十六七时还受像阳虎这种家臣的轻视，二十岁时却赢得了国君的礼遇，短短几年之间，如此反差，何以造成的呢？答曰：孔子由好学而博取得了社会的认可。

鲁昭公十七年（公元前 525 年），鲁国的附庸国郯国的国君郯子来朝见鲁公。在一次宴会上，鲁国大夫昭子（叔孙氏）向郯子请教少昊时以鸟名官的问题。郯子说："少昊是我的先祖，对此我非常熟悉"，并作出了详细的回答。孔子听说后，马上去拜见郯子，向他请教少昊氏时代官吏制度的情况。可能孔子感到一次拜访还未能尽得古代官职制度之内容，事后专程访问郯国，向郯国国君详细请教。《郯城县志》载郯城古城中有"问官里"的地名，据载是孔子向郯子问官之地，而在郯城城北至今仍存"倾盖亭"。此亭记载，孔子问官郯子的途中，道遇程子，二人一见倾心，倾盖相谈，此亭即为纪念孔子遇程子而设。孔子赴郯国问官归来，收获甚丰。他对人说："天子失官，学在四夷。"③

---

① 《论语·为政》。
② 《论语·公冶长》。
③ 《左传·昭公十七年》。

史称孔子曾到当时周天子的首都雒邑去学习周礼和古文献。从鲁国都城曲阜去周天子的京城雒邑，路途遥远。完成这一征程，对于孔子而言是一个巨大的挑战。鲁国贵族孟僖子的两个儿子孟懿子和南宫敬叔是孔子的学生，由南宫敬叔出面向鲁昭公请求帮助，并说自己愿意与孔子同往。鲁君赐孔子一辆车、两匹马和一个童仆，在南宫敬叔的陪同下，前往京城雒邑。史传孔子在雒邑曾经问礼于老聃，此事受到钱穆等先生的怀疑。钱先生在《先秦诸子系年考辨》中认为："孔子见老聃问礼，不徒其年难定，抑且其地无据，其人无征，其事不信。"① 其实司马迁对此事也持怀疑的态度："适周问礼，盖见老子云。"② 一个"盖"字道出了司马迁的底气不足。作为博学、好古的孔子，前去周天子的京城问礼也许确有其事，然而由于年代久远，至于究竟是什么时间去的？见了哪些人？已经很难详考了。我们认为，即使孔子问礼老聃这件事是真的，此老聃亦非彼老聃。即孔子所问的老聃是知礼、懂礼、尊礼的老聃，而著《老子》的老聃是反礼、批礼、斥礼的老聃，两个老聃不能混同。

有些史料还记载了孔子向师襄学琴的故事。据说，孔子向师襄学琴，不仅能掌握曲子的曲调以及演奏技巧，而且还能透过曲子的曲调、意蕴去发现曲作者的志趣神韵，进而了解到曲作者的为人、气质、品格，并由此推断曲作者。如通过演奏一首不知名的曲子，推测此曲作者是周文王，而师襄对此大为赞叹，说此曲正是《文王操》！学琴于师襄虽说只是传说，但这种传说是有根据的。通过《论语·述而》"子在齐闻《韶》，三月不知肉味，曰：'不图为乐之至于斯也'"的记载以及孔子对乐的评鉴，我们完全有理由说，孔子是位真正懂乐、知乐、好乐，进入乐的世界而能够完全忘我的人。

好学伴随孔子的一生，注重学习成为儒家文化的重要特征。儒家文化在中国文化中占主体地位，这一特征成为中国文化的重要特征。从这个意义上讲，孔子是中华民族的"先师"。

（四）"三十而立"和退修《诗》、《书》

孔子的一生是不断奋进、不断自我完善、不断自我超越的一生。"十有

① 钱穆：《先秦诸子系年考辨》，上海书店出版社1992年版，第8页。
② 《史记·孔子世家》。

五而志于学"是"立志","三十而立"是学之立，孔子的学就是孔子的道，学之立即道之立。"三十而立"，是说孔子三十岁时，学已成，道已立。"四十而不惑，五十而知天命，六十而耳顺，七十而从心所欲，不逾矩"①，都由此始。

鲁昭公二十五年（公元前517年），孔子35岁，鲁国发生了斗鸡之乱，鲁昭公失权，被三家大夫赶出鲁国，孔子避乱适齐。在适齐途中，路过泰山侧，闻一老妇哭得很伤心。孔子派学生前去询问痛哭的缘由，老妇告诉孔子，丈夫、儿子先后被老虎吃了。孔子问，既然此处有虎伤人，那为什么不离开这里呢？老妇回答说：这里没苛政。孔子告诉随行的学生说：大家记住了，"苛政猛于虎也！"②"苛政猛于虎"是对暴政的强烈批判和血泪控诉！在这一思想指导下，孔子终生反对统治者与民争利，要求减轻人民的负担，主张实行富民乃至藏富于民的经济政策。

长期以来，鲁国公室衰微，世卿专横，政在季氏，鲁昭公很想从季氏手中夺回权力，削弱三家大夫的势力以强公室。这年夏天，季氏和另一贵族郈昭伯因斗鸡而引起纠纷，而鲁国政执者季平子家族又出现内乱，鲁昭公想利用这一矛盾，联合郈伯代氏、臧孙氏等出兵围困季平子，企图一举铲除季氏势力，恢复公室权威。在双方斗争僵持的关键时刻，鲁国另外两家大夫即叔孙氏和孟孙氏由观望转而发兵援救季平子，鲁昭公大败，被迫逃亡齐国。这就是有名的"斗鸡之变"。孔子是否参与了这场政治斗争，没有实证材料，不敢妄下断语，但从他一贯反对季氏专权，要求强化公室权威的立场看，他对鲁昭公的举动最起码是同情的。正是在这种政治态度的支配下，为抗议季氏专政，孔子离鲁适齐。

孔子在齐国，齐景公问政孔子。孔子曰："君君，臣臣，父父，子子。"③齐景公大为赞叹曰："善哉！信如君不君，臣不臣，父不父，子不子，虽有粟。吾得而食诸！"④他日又复问政于孔子，孔子曰："政在节

① 《论语·为政》。
② 《礼记·檀弓下》。
③ 《论语·颜渊》。
④ 《史记·孔子世家》。

财。"① 齐景公对孔子的施政理念很有兴趣，欲重用孔子，并打算将尼谿地方的田地封给孔子，但遭到齐相晏婴的反对，齐景公改变了主意。齐景公以年纪大了为由，开始冷淡孔子。孔子听说齐国大夫想加害他，便匆匆离开齐国，甚至"接淅而行"②，返回父母之邦鲁国。

大约在 37 岁时，孔子回到鲁国。此时鲁国大权已经落到季孙氏家臣阳货手中，出现了孔子批评的"陪臣执国命"的局面。据相关史书记载：鲁定公五年（公元前 515 年），鲁国执政大夫季平子卒，年轻的季桓子执政，季氏家臣阳货与季桓子的嬖臣仲梁怀有矛盾，阳虎欲驱逐仲梁怀离开季桓子，受到别人劝阻而作罢。是年秋，仲梁怀更加骄横，阳货将仲梁怀抓起来。季桓子听说后，勃然大怒，阳货索性也将季桓子一起囚禁起来，逼迫季桓子与其盟约，季桓子才得以解脱。阳货由此轻视季氏，把持鲁国大政，鲁国出现了"陪臣执国命"的政治局面。

面对江河日下的政治局面，孔子决不愿与执政者同流合污，故而不再过问政治，退而修《诗》、《书》、《礼》、《乐》，专力于从事教育青年、培养人才的工作。《史记·孔子世家》载："孔子不仕，退而修《诗》、《书》、《礼》、《乐》，弟子弥众，至自远方，莫不受业焉。"孔子之退不是退休之退，而是隐退之退，遁世无闷之退。不仕正可以全力以赴地投入教育事业之中，并由此成就了孔子作为一位伟大老师的身份。

由于孔子的声望已经很高，更兼弟子众多，在鲁国形成了庞大的士人集体，任何政治人物对孔子都不敢小瞧。阳货是"陪臣执国命"，其执政缺少合理性与合法性，此时他已忘记早年对孔子的冷落，极力想拉拢孔子为自己服务。他多次要求拜见孔子，都被孔子婉拒了。阳货想出了一个主意，利用当时通行的礼仪规范强迫孔子拜见自己。依当时礼俗的约定，凡以大夫身份给士一级身份的人赠送礼物，如果士不在家而未能亲自领受，这个士就必须亲自到大夫家登门拜谢。阳货利用这一规则，便在孔子不在家时将一只蒸猪馈赠给孔子，阳货是大夫，孔子是士，这样孔子就不得不到他家来致谢。孔子看穿了阳货的意图，为了不与阳货相见，特意选阳货不在家时去登门致

---

① 《论语·颜渊》。
② 《孟子·万章下》。

谢。戏剧性的一幕发生了，孔子在去阳货家的路上与阳货相遇了。阳货"谓孔子曰：'来！予与尔言。'曰：'怀其宝而迷其邦，可谓仁乎？'曰：'不可！好从事而亟失时，可谓知乎？'曰：'不可！日月逝矣，岁不我与！'孔子曰：'诺，吾将仕矣。'"① 这段话翻译为白话：阳货对孔子说："过来！我有话和你说。"孔子不答。阳货又说："自己有一身治国本领，却听任国事混乱下去，这样的人能算是仁人吗？"阳货自己说："不能算是仁人吧！自己很想成就一番事业，然而却屡屡丧失机遇，这样的人能算智者吗？不能算是智者吧！时光一天天过去，岁月不等待人啊！"孔子说："好，我出来做官吧。"阳货对于时势的分析不是没有道理，给孔子开出的条件不可谓不厚，但孔子出仕有自己的原则，决不能牺牲原则去做官，也不会不分黑白谁给官做就做谁的官。在孔子看来，阳货说的都是势，而不是理，因而孔子不可能在阳货执政的情况下出来做官。

（五）"五十知天命"与出仕鲁国

鲁定公八年（公元前 502 年）阳货被逐，鲁定公九年（公元前 501 年）孔子 51 岁，鲁定公任命其为中都宰（今山东汶上县有中都镇），即鲁国地方行政长官，管辖区域相当于今天一个普通县的面积。

孔子已经年逾 50。"五十而知天命"，此时，孔子认为自己的生命境界已经进入上达天命的境界。"知天命"即是知天道，天道用今天的话说就是对宇宙的根本规律有了透彻的了解。"知天命"对人的意义在于：人不仅了解到自己在社会中的角色、责任与使命，而且对自己在宇宙中的位置也有了真正的了解，知道了自己在宇宙中的角色、责任与使命；人不仅为人类而生，而且更为天地而生，因而人不仅要在社会中做一个堂堂正正的人，还要在宇宙中做一个光明磊落的人，所谓"仰不愧于天"是也。

"知天命"的孔子在人生体悟上已达到很高的境界，而且施教四方，成绩很大，学生群体的力量日益壮大，社会声誉日益昌隆，阳货被逐，"陪臣执国命"已不复存在，鲁国政局暂时稳定下来，孔子仕鲁，恰逢其时。司马迁在《史记·孔子世家》说："孔子为中都宰，一年，四方皆则之。"这

---

① 《论语·阳货》。

是说孔子任中都宰一年，就成为四方学习、效法的榜样。孔子在中都究竟实行什么措施法令值得四方前来效法呢？《孔子家语·相鲁》给我们列举了几条："长幼异食，强弱异任，男女别途，路无拾遗，器不雕伪。为四寸之棺，五寸之椁。因丘陵为坟，不封不树。行之一年，而西方之诸侯则焉。""长幼异食"即老年、壮年和幼年人所食的食物不同；"强弱异任"即体力强弱不同者所从事的劳动任务轻重有别；"男女别途"即男女行路各走一边，以防嫌疑，尤其是防止性骚扰；"路无拾遗"即丢在路上的东西无人私自拾取据为己有；"器不雕伪"即日常用具注重实用而不追求外在雕饰，更不准假冒伪劣；"四寸之棺，五寸之椁"即安葬死者一律用四寸厚的内棺、五寸厚的外椁，这说明孔子反对厚葬之风。这些做法当然是针对当时客观情形而设，对当时各诸侯国而言却具示范意义，故而"西方之诸侯则焉"。"四方则之"与"西方之诸侯则焉"，"四方"可能是针对鲁国其他地区而言，而"西方"则是对天下言。因为对当时的诸侯国而言，鲁国是东方之国，其他国家则是西方。这些施政方针得到鲁定公的高度肯定，孔子很快就由中都宰提升为司空，进入鲁国中央权力的中枢。

　　不久，孔子又"由司空为大司寇"。"大司寇"这个职务相当于鲁国的公安司法部长。孔子出任鲁国大司寇大约从鲁定公十年到十三年，三年左右。作为大司寇，司法办案是必然之事。孔子说："听讼，吾犹人也，必也使无讼乎！"[1] 这说明孔子执法与其他法官并无不同，也是以事实为依据，以经典案例为准绳，严格执法。但孔子的追求与其他法官不同，他执法的目的在于以道德教化去除诉讼，将诉讼消灭于无形之中。在具体办案中，孔子听讼不专断，颇具民主作风。《孔子家语·好生》记载："孔子为鲁司寇，断狱讼，皆进众议者而问之曰：'子以为奚若？某以为何若？'皆曰云云，如是。然后夫子曰：'当从某子。'几是。"孔子在判断诉讼之前，首先要把了解此案情况和对此案有意见的人一一找来，询问他们对案件意见，众人发表意见之后，孔子衡量大家的观点然后作出终裁：当按某某人的意见判案。孔子断案秉公执法，不徇私情，其做法颇类今天的合议制。

　　孔子仕鲁，政治上最大的成就是帮助鲁国实现了夹谷之会的外交胜利。

---

① 《论语·颜渊》。

鲁定公十年（公元前 500 年）夏天，齐、鲁两国国君即齐景公和鲁定公在夹谷（今山东莱芜县境内）相约会盟。孔子作为当时精通礼仪的博学之士，更兼鲁国大司寇之职，临危受命，出任鲁定公的相礼即司仪。当时局面是，齐国是大国、强国，鲁国是小国、弱国。齐、鲁两国会盟各有打算：齐国想通过这次会盟炫耀武力以震摄鲁国，让鲁国成为自己的真正附庸国；而鲁国想通过这次会盟讨回因阳货叛乱献给齐国的汶阳之田。孔子为鲁君会盟制定了正确的外交原则，即有文事者必有武备。也就是说，外交会盟虽然是文事，是礼仪方面的事情，但需做好军事斗争的准备。两国国君会盟开始，齐国以奏四方之乐为名，刀枪剑戟、旄羽，鼓噪向前，以便在混乱中劫持鲁君。孔子见状，立即登上盟坛，直视齐景公，怒斥道："我们两国国君在此友好会盟，夷狄乐舞怎能在这里演奏呢？请司仪赶快斥退。"齐景公心知失礼，挥手把他们斥退，并表示歉意："这是寡人之过啊。"这说明齐景公深知在重大的外交场合，行夷狄之舞乐是失礼的，是件非常不光彩的事，是对文明的践踏，会被天下人耻笑！他对随从人员说："孔子引导他的国君遵循古人礼仪，你们却引导我学夷狄的陋俗，这是为什么呢？"最后齐鲁两国签定盟约时，齐国露出真面目，要求在盟约中加上一条，即齐国出征时，如果鲁国不派出 300 乘兵车相从，就是对盟约的破坏。孔子当机立断提出要求，派人回答说，如果不把齐国侵占的鲁国的汶阳之田归还，而要求鲁国出兵，也是破坏此盟。齐景公只好答应归还侵占的汶阳之田。孔子在夹谷之会中，以己之长，克敌之短，折冲樽俎，与强敌巧妙周旋，取得了外交会盟的重大胜利！

孔子仕鲁的另一个重大政治举措就是"堕三都"。然而这个政治举措由于触犯了鲁国利益集团，遭到他们的抵制而失败了。夹谷之会的胜利，提高了孔子在鲁国朝野的地位，也进一步证明了孔子的政治才能，由此他得到鲁定公和鲁国实际执政者季桓子的信任。鲁定公十二年（公元前 498 年），孔子受季桓子的委托"由大司寇行摄相事"并"与闻国政"，参与国家大政方针的制定与讨论，孔子在鲁国达到了权力巅峰。"孔子行乎季孙，三月不违。"① 说明孔子和季氏之间有一段愉快的合作期。孔子可以按照自己的意

---

① 《春秋公羊传·定公十年》。

愿从事国家管理活动。

不过，孔子与季氏的根本政治理念不同，季氏旨在扩大自己的权力，弱公室而强私家，而孔子的目的则在于强公室，弱私家，故而孔子与季氏的"蜜月"很快就结束了。而引爆孔子与季氏矛盾的导火索就是"堕三都"事件。"三都"顾名思义即三个都城，是指季孙氏的费邑、叔孙氏的郈邑和孟孙氏的成邑。三家大夫都住在鲁国的都城曲阜，因而三个都城实际又为他们这三家大夫的家臣所盘踞，家臣盘踞久了就据此三城反叛三家大夫，乃至越过三家大夫而干预国政。因而"堕三都"与三家大夫既存在利益上的一致性，又存在矛盾。三家大夫对"陪臣执国命"尤其是据都城而叛乱的家臣极为不满，孔子想利用三家大夫对"三都"实际控制者的不满而废除"三都"，达到弱三家、强公室的政治目的。

孔子利用季孙氏对于阳货于鲁定公八年据费邑叛、叔孙氏对于侯犯于鲁定公十年据郈邑叛乱的不满情绪，提出把家臣（陪臣）据以叛乱的三个城邑拆毁，即"堕三都"。三家大夫在没有弄明孔子真实意图的情况下，竟然答应了。"堕三都"具体实施过程由易到难，首先拆毁的是叔孙氏的郈邑，拆除郈邑在没有遇到任何阻力的情况下，就顺利完成了。当拆毁季孙氏的费邑时，却遭到季氏家臣公山不狃的武力抵抗。公山不狃十分狡猾，当得知拆毁费邑势在必行时，于是先发制人，发费邑之兵突袭鲁国都城曲阜。孔子指挥曲阜的城防军队予以反击，迫使公山不狃败逃奔齐。拆除费邑，虽然遇到了一些挫折，最终还是成功了。当最后拆毁孟孙氏的成邑时，却因遭到孟孙氏阳奉阴违的反对而失败，此一败导致整个堕三都计划全面破产。起初孟孙氏也赞成堕三都，不过，孟孙氏家臣公敛处父与其他两家大夫的家臣不同，他一向忠于孟孙氏，并没有反叛过孟孙氏。公敛处父对孟孙氏晓以利害，指出堕成邑不合乎孟孙氏自身利益："堕成，齐人必至于北门。且成，孟氏之保障也。无成，是无孟氏也。子伪不知，我将不堕。"①孟孙氏觉得公敛处父所说有理，表面不反对堕成，暗中支持公敛处父抵制堕成。从夏天到冬天，成邑依旧没被拆毁。是年十二月，鲁定公亲率大军围城，成邑还是牢牢地掌握在公敛处父手中。这时季孙氏、叔孙氏也在堕三都的过程中领悟到孔

---

① 《左传·定公十二年》。

子真实意图，与孔子由合作走向冲突，"堕三都"计划最终功败垂成。孔子弱私家、强公室的政治理想破灭了。堕三都的失败对孔子在鲁国政治前途的打击是致命的：此时的孔子要么放弃自己的政治原则，与三家大夫同流合污，如此则可以确保高官厚禄；要么坚持自己的政治原则，告别鲁国的政治舞台。除此之外，别无选择！

（六）去父母之邦与列国游走

孔子在鲁国的执政，引起邻国齐国的高度关注。他们担心鲁国在孔子的治理下，一旦强大起来，对齐国不利。为了防止鲁国崛起，齐国施用了美人计和离间计。齐国是出美女的国度，齐国美女以高挑而闻名天下。齐国挑选美女 80 人，个个衣着华丽，能歌善舞，又挑选骏马 120 匹，饰以锦绣绸缎，送给鲁国君臣。齐国目的很简单：使鲁国君臣迷于声色犬马，疏远孔子；即使他们不疏远孔子，孔子也会因看不惯他们的做派，主动离开鲁国政治舞台。这种小儿科的把戏，季桓子竟然视为齐国的友好与善意，欣然接受了齐国赠送的美女、骏马。在齐国美女的诱惑下，鲁国君臣果真耽于声色犬马之中，三日不上朝听政。子路对老师说："老师，您可以走了。"孔子对子路说："鲁国即将举行郊祭，如果仍将祭肉按礼送我一份，我还是可以留下来的。"当然，没人送来祭肉，孔子最后的希望破灭了。孔子在仕途中连连遭遇打击之后，怀着对父母之邦无限眷恋，带着数十名弟子，离开鲁国，踏上了在外漂泊长达 14 年的生涯。

鲁定公十三年（公元前 497 年）春，孔子正式踏上周游列国的征途。孔子周游列国，虽然属于无奈之举，然而却拉开了春秋战国时期"士"阶层"上说下教"的大幕，因而对于春秋战国时代的士（文士）阶层而言，无疑具有示范和象征意义。由孔子开始，士阶层可以游走不同国度，服务于不同的政治利益集团，由一国之士而为天下之士，士阶层所关注的问题由一家、一国之兴衰转而为天下之兴亡。

孔子周游列国目的是为了寻求明君，以实现自己的政治理想和政治抱负。孔子的政治理想不在于强一国，兴一家，而在于"以道易天下"，实现自己的仁政理想。但要变易天下必须从变易一国开始，一国且不能变，何以易天下？因而寻找一位明君就成为孔子的首要目的。在 14 年中，孔子走访了大大小小的诸侯国，遇见各色各样的人物，不断向他们宣传自己的政治主张和社会理想，与他们讨论各种各样的问题，利用一切可能的机会向弟子宣道，以"知其不可而为之"的精神，为理想的实现进行着不懈努力！

司马迁曾说："孔子明王道，干七十余君，莫能用。"① 古今学者，众口一词，认为司马迁所谓的"干七十余君"是夸大。东汉人王充认为，孔子所至，多不过十国。而匡亚明先生《孔子评传》指出："在访问列国期间，真正到过的有文献可查的不过卫、陈、曹、宋、郑、蔡大小六个国家，经过而停留过的有记载的地方，也不过三四个，即匡、蒲、陬乡（卫国）和叶（楚国）等。这些国家和地方，主要不出今山东、河南两省，即从山东的鲁国（曲阜）出发，西面和北面未过黄河（指古黄河），南面未到长江，就这么个方圆一二千里的地区而已。"② 我们认为，司马迁的"干七十余君"是有根据的，不是夸大之词。其一，我们不能将孔子到过多少国家与见过多少国君等同起来了，显然，司马迁所谓的"干七十余君"不是指到七十余国。孔子活了 73 岁，在一国见多君完全是可能的。其二，学者们将孔子一生所见之君与周游列国 14 年所见之君混同了，司马迁所谓"干七十余君"，非专指周游列国 14 年间"干七十余君"，而是指其一生"干七十余君"。我们认为，春秋时代，邦国林立，孔子一生干 70 余君是有可能的。

孔子西去，首选目的地是卫国。之所以选择卫国，是因为在孔子看来，鲁国与卫国都是周文王儿子的封地，两国政治生态大体相同，加之卫国国君卫灵公有好贤之名。正是在这种思想的影响下，孔子来到卫国。孔子到达卫国，先是住在卫国的贤大夫，也是子路的妻兄颜浊邹家中，后住入卫国的另一贤大夫蘧伯玉的府上。由于孔子在鲁国做过大司寇，更兼有极高的社会声望，所以卫灵公对孔子很是礼遇。卫灵公问孔子在鲁国领取多少俸禄，孔子说"俸粟六万"，卫灵公以鲁国同样的待遇对待孔子。

卫灵公的好贤属叶公好龙之类，不过以好贤之名欺骗国人，而非真正好贤。孔子与其学生在卫，生活虽然说得过去，但始终得不到重用。而孔子来到卫国，不是为了生存，而是为了实现自己的政治抱负。孔子与弟子不仅

① 《史记·十二诸侯年表·序》。
② 匡亚明：《孔子评传》，齐鲁书社 1985 年版，第 80 页。

没有受到重用，反而发生了一系列令人不快的事情，让孔子对卫灵公极度失望。第一件事，孔子出于礼节，在南子的再三要求下，迫不得已去拜见外表华丽而声誉极为不好的卫灵公夫子南子，引起弟子子路的不满。第二件事，卫灵公招摇过市，与南子乘坐第一辆车子，而将孔子安排在第二辆车子里，孔子很气愤，也深以为耻。针对卫灵公的做派，孔子强烈批评"吾未见好德如好色者也"。第三件事，灵公问阵。卫灵公向孔子不是询问国家如何治理，而是讨教如何用兵打仗。孔子在忍无可忍的情况下，离开卫国，前往陈国。经过匡地时，匡人以为是暴虐过他们的阳货来了，将孔子及学生拘禁五日才放行。孔子一行，只好再返卫国。得知孔子返回，卫灵公非常高兴，亲自到郊外去迎接，孔子对卫灵公的礼貌周全也很满意。

孔子在卫国不得重用，也曾想西去晋国，去见晋国大夫赵简子。抵达黄河岸边，将要渡河之际，闻窦鸣犊、舜华之死，临河兴叹，遂不前行。卫灵公死后，卫国因君位继承问题出现内乱。先是卫公的世子蒯聩因对母亲南子淫乱行为强烈不满，想杀死南子。事情未成反而被南子与卫灵公逐出卫国，逃奔晋国。"灵公卒，夫人命子郢为太子，曰：'此灵公命也。'郢曰：'亡人太子蒯聩之子辄在也，不敢当。'于是卫乃以辄为君，是为出公。"① 卫灵公死前，想立幼子郢为太子，而郢不接受世子之位，有意让位于蒯聩之子辄为君，于是卫国人立卫灵公之孙辄为君，是为卫出公。蒯聩不干了，想回国夺回君位，在晋国军队的帮助下，打到了卫晋两国的边境。而卫国新立之君辄拒绝父亲回国，在齐国的帮助下，将蒯聩包围起来。父子相争，不合乎孔子倡导的礼让为国的原则，而大国干涉，卫国又成为标准的乱邦，根据"乱邦不居"的原则，孔子离开了卫国，前往陈国。

前往陈国途中，经过曹国，曹国没有接待；经过宋国，由于孔子强烈抨击宋大夫司马桓魋奢侈浪费、耗竭民力的行为，司马氏竟想加害孔子，孔子只好"微服过宋"；后又到郑国，孔子与弟子们走散了，在郑国显得十分狼狈。鲁哀公三年才到达陈国。鲁哀公六年，吴国侵犯陈国，孔子为避战乱离陈而去。但由于战乱，民乏食，孔子与弟子走到陈蔡边境上，一连几天没有

---

① 《史记·卫世家》。

东西可吃。"在陈绝粮，从者病，莫能兴。"① 独孔子弦歌不绝。在这种情况下，弟子们难免露出不满情绪，子路问，君子亦有穷乎？孔子很镇静地回答："君子固穷，小人穷斯滥矣。"② 在困厄万端之际，也是考验孔子及其弟子意志、品格之时，子路怀疑老师之道，子贡要求老师讲点实际，唯颜回对老师之道深信不疑，深得孔子之心。

孔子离开陈国，欲去楚国。楚昭王想封赐孔子，楚令尹子西反对，未成。孔子返回局势暂时稳定下来的卫国。

（七）晚而归鲁

鲁哀公三年（公元前 492 年），孔子时在陈国，鲁国执政大夫季桓子死了。死前，他告诉儿子季康子，自己平生最后悔的事情是与孔子的合作有始无终，因而，要求他的儿子，在他死后，一定要将孔子请回鲁国。季康子执政后，欲礼迎孔子归鲁，但受到朝中其他大夫的反对，孔子的学生如冉有、樊迟、子贡被请回鲁国做官。哀公十一年（公元前 484 年）春，齐国攻打鲁国，冉有率领鲁军竟然战胜齐军。季康子对冉有极为赏识，询问冉有的军事才能从哪里学来的。冉有告诉季康子，他的军事才能是孔子教的，并乘机劝季康子礼聘孔子回鲁。季康子采纳了冉有的建议，派人以厚礼聘请孔子归国。孔子结束四处漂泊的生活，回到父母之邦鲁国。自离开鲁国，到再次回到鲁国，历时 14 年，孔子已 68 岁了。

回到鲁国后，孔子以国老的身份顾问国家大政，不再参与国家的具体管理。他将自己的全部精力用于整理古代文献和教授学生。"吾自卫返鲁，然后乐正，雅、颂各得其所。"③ "晚年喜易，韦编三绝。"④ 删《诗》、《书》，定礼乐，赞《周易》，著《春秋》。《诗》、《书》、《礼》、《乐》、《易》、《春秋》号称六经或六艺，经过孔子的整理并作为教授学生的教材才得以流传下来，传承下去。没有孔子整理，六经极有可能像其他典籍一样埋没于历史的荒漠之中了。

---

① 《论语·卫灵公》。
② 《论语·卫灵公》。
③ 《论语·子罕》。
④ 《史记·孔子世家》。

鲁哀公十四年（公元前 481 年）春，孔子进入垂暮之年，管理山林的虞人在曲阜西大野狩猎，捕获一只怪兽，众人都不知道此兽是什么。"孔子观之，曰：'麟也！胡为来哉！胡为来哉！'乃反袂拭面，涕泣沾襟。叔孙闻之，然后取之。子贡问曰：'夫子何泣尔？'孔子曰：'麟之至，为明王也，出非其时而见害，吾是以伤焉！'先是，孔子因鲁史记作《春秋》。……及是西狩获麟。孔子伤周道之不兴，感嘉瑞之无应，遂以此绝笔焉。"① 孔子认为麟是祥瑞之兽，只有太平盛世、明王在位才出现，而现在是礼崩乐坏的无道之世，麟出既非其时，又被猎获而被害，孔子联想到自己的命运，不是与麒麟一样生非其时吗？孔子早年感叹"凤鸟不至，河不出图"②，是命运不幸！而垂暮之年祥瑞"出非其时而见害"。孔子见麟，物伤其类，甚为感伤。孔子著《春秋》，写到"西狩获麟"后，就停笔不写了。

（八）哲人其萎

晚年的孔子极其不幸，先是夫人亓官氏于鲁哀公十年（公元前 485 年）死去，孔子那时还在卫国。三年后即鲁哀公十三年（公元前 482 年），唯一的儿子孔鲤在孔子 70 岁时又去世了，死时才 50 岁。夫人和儿子的死去，令孔子十分伤心！然而，真正让他悲伤欲绝的则是最心爱的学生颜回的去世。因为孔子以文自任，其生命是一文化生命、道德生命，而将其文化生命、道德生命传承下去的希望在学生。他最得意的学生颜回的死对他打击最大。

颜回，字子渊，又称颜渊，鲁国人。在《系辞》、《史记》等典籍中，常常称之为"颜氏之子"。他是孔门弟子中德行最高尚、才学最突出的学生，也是孔子精心栽培的文化事业传人。在众多弟子中，孔子认为只有颜回与自己心意相通，最相契合，因而也最为欣赏。颜子生于鲁昭公二十年（公元前 522 年），少孔子 30 岁，死于鲁哀公十四年（公元前 481 年），享年 41 岁，那时孔子 71 岁。颜回英年早逝，孔子听到消息，悲痛欲绝，叹息道："噫！天丧予！天丧予！"高呼老天要我的命呀！老天要我的命呀！《论语·先进》记载："颜渊死，子哭之恸。从者曰：'子恸矣！'曰：'有恸乎？

① 胡仔：《孔子编年》，钦定四库全书本，卷五第八页。
② 《论语·子罕》。

非夫人之为恸而谁为？'"对颜回的死，孔子哭得很伤心，以至于随从的人再三相劝，说老师太伤心了。孔子对颜回去世的伤心完全是发自内心的真情实感，是真情的自然流露！"颜渊死，门人欲厚葬之。子曰：'不可。'门人厚葬之。子曰：'回也视予犹父也，予不得视犹子也。非我也，夫二三子也。'"① 在如何安葬颜子、处理颜子的后事问题上，孔子与弟子是有区别的。孔子希望像对待自己的儿子一样安葬颜子，而弟子却要厚葬颜子，孔子只是感叹自己的心愿未能实现，并没有强加干涉。孔子是自有人类以来最伟大的老师，是爱护学生的典范。

颜子死后，孔子对颜子仍然念念不忘，"哀公问：'弟子孰为好学？'孔子对曰：'有颜回者好学，不迁怒，不贰过，不幸短命死矣！今也则亡，未闻好学者也。'"② "季康子问：'弟子孰为好学？'孔子对曰：'有颜回者好学，不幸短命死矣，今也则亡。'"③ 孔子对颜子是这样，对其他学生也是如此，只是表达方式不同而已。孔子 72 岁时，他的另一位心爱的学生子路死于卫难，晚年的孔子再次受到打击。

在连续遭受打击下，年迈的孔子病了。去世前七天的一个早晨，他早早起床，扶着拐杖站立门前，意态逍遥，自吟自歌道："高高的泰山啊，就要崩颓了！粗壮的梁柱啊，就要断折了！一代哲人啊，就要枯萎了！"歌罢走入房间，当户而坐，长叹道："大概我快要死了啊！"自此卧床不起。子贡前来探病，孔子说："端木赐啊，为什么来得这么晚呢？"可见，孔子临终牵挂的依然是自己的学生。七天后，即鲁哀公十六年（公元前 479 年）夏历二月十一日，孔子去世，享年 73 岁。

孔子死后，葬在曲阜城北的泗水河旁。对于孔子的去世，孔门弟子像对待父亲去世一样，为孔子服丧三年。三年丧礼毕，学生相拥而泣，挥泪告别。子贡送别同学，又回到孔子墓旁，并在墓旁筑起简陋的茅舍，为孔子再守丧三年，才离开老师的坟墓。孔子的学生和一些鲁国人为纪念孔子，把自己的住宅安到孔子的墓旁，这里渐渐形成了村落，名曰"孔里"。孔子去世了，但孔子的人格风范依然活着，孔子的精神依然活着，依然活在弟子和再

---

① 《论语·先进》。

② 《论语·雍也》。

③ 《论语·先进》。

传弟子心中，活在鲁国人的生活里。

三百多年过去了，有一位名叫司马迁的史学家来到曲阜，为眼前的景象所震撼，写下这样一段话：

> 余读孔氏书，想见其为人。适鲁，观仲尼庙堂、车服、礼器，诸生以时习礼其家。余祗回留之，不能去云。天下君王，至于贤人，众矣，当时则荣，没则已焉。孔子布衣，传十余世，学者宗之。自天子王侯，中国言六艺者，折中于夫子，可谓至圣矣！①

司马迁是位伟大的史学家，他对孔子的评价具有典范意义和指标性价值。司马迁在曲阜亲眼目睹了孔子庙堂、生前用过的车服、礼器，亲眼看见了"诸生以时习礼其家"，这些怎能不让司马迁感动呢！300 年，经几许战火离乱，经多少天灾人祸，而鲁国的儒生们世代在这里坚守，究竟是什么支撑鲁国儒生有这等耐力？究竟是什么给予他们这种力量？当然是孔子的精神感召！多少帝王将相，英雄豪杰，才智之士，"当时则荣，没则已焉"。"孔子布衣，传十余世，学者宗之。"这是孔子的伟大。"自天子王侯，中国言六艺者，折中于夫子，可谓至圣矣！"上至天子王侯，下至平民百姓，言说六艺，都以孔子为标准，司马迁感叹"可谓至圣矣！""至圣"即至高无上的圣人。这是对孔子的最高评价，也是对孔子的至上褒扬！是对孔子最好的历史定位。

二、孔学述要

牟宗三曾在 20 世纪 50 年代以道统、政统、学统为框架来解析中国传统文化的症结以及未来之路，1957 年 6 月 5 日在《人生》杂志发表《略论道统、学统、政统》一文中加以阐述。牟宗三先生的三统之说，要而言之，即中国传统文化"有道统而无学统"，"有治道而无政道"。牟先生这里所说的"学统"专指科学知识之统，"政统"指政体发展之统绪，简言之，可以

---

① 《史记·孔子世家》。

说就是民主政体，由此他指出中国文化的未来发展就是"道统"、"政统"、"学统"三统并建。

杜维明先生以道、政、学分析儒家思想乃至孔子的仁学思想，在《道·学·政——论儒家知识分子》一书中，杜先生指出："道"所关注的是人类存在的终极意义。学，是儒家的经典之学，可含五个部分，即诗、政、社会、史、形而上学，政是仁政。① 1981 年杜先生在《中国哲学》第五辑发表《孔子仁学中的道、学、政》一文，认为道即道德理性，学即人文关切，政即入世精神。② 这里所谓道、政、学、行，当然受到牟宗三、杜维明两先生解析问题的影响。不过，道是指孔子的性命合一的精神信仰，学是指孔子以文自任的文化统绪，政是指孔子平治天下的德治主张，行是指孔子践履的礼仪规范。道、学、政、行相互涵摄、浑然一体，构成了孔子思想的基本构架，并由此对中国文化产生了重大影响。

（一）道：形上智慧与精神信仰

黑格尔曾断言，"孔子只是世间的智者，在他那里思辨的哲学是一点也没有的——只有一些善良的、老练的道德教训"。他甚至刻薄地说："为了孔子的名声，假使他的书从来不会有过翻译，那倒是更好的事。"③ 黑格尔的断言，在西方和中国都产生了重大影响。在这种影响下，不少学者将孔子理解为一个重人事而轻天道的思想家，而对孔子的哲学思想尤其是他关于道的论述大都视而不见了。我们不期望黑格尔读懂孔子尤其是理解孔子思想的深邃意义，更不期望他能理解孔子"善良的、老练的道德教训"与"性与天道"的思辨义和境界义的浑然一体，但作为 21 世纪的学人，我们不能被黑格尔继续"忽悠"下去。虽然透过《论语》，我们看不到所谓的纯粹思辨体系，然而这并不表明孔子没有深刻的思想、超越的精神价值及高远的境界。在孔子"常识道德"语言表述的背后，我们可以窥见孔子"道"、"德"、"天"、"人"、"性"、"命"、"仁"等哲学范畴的深层含义及其之间的关系，发现其思想的形上学意味及超越的精神信仰意义，发现其超越族

---

① 郭齐勇、郑文龙编：《杜维明文集》（三），武汉出版社 2002 年版，第 503—513 页。
② 郭齐勇、郑文龙编：《杜维明文集》（五），武汉出版社 2002 年版，第 14—25 页。
③ 黑格尔：《哲学史讲演录》第一卷，贺麟、王太庆译，商务印书馆 1997 年版，第 119—120 页。

界、跨越时空的普世价值，"极高明而道中庸"是对孔子思想特质的最好说明，也可以说孔子的"性与天道"之学是言至简而意无穷。

1. 道是什么？

杨伯峻先生统计"道"在《论语》中出现 60 次①，郝大维、安乐哲指出"道"在《论语》中出现大约 100 次②，本人统计，"道"在《论语》中出现大约 84 次，其中在孔子的言论中出现约 64 次。杨伯峻认为，"道"在《论语》中有 8 种含义：（1）有时指道德，有时指学术，有时指方法："本立而道生"③。"吾道一以贯之"，"不以其道得之"等。④（2）合理的行为："三年无改于父之道"⑤。（3）道路，路途："中道而废"⑥。（4）技艺："虽小道必有可观者焉"⑦。（5）动词，行走，作："君子道者三"⑧。（6）动词，说："夫子自道也"⑨。（7）动词，治理："道千乘之国"⑩。（8）动词，诱导，引导："道之以政"⑪，"道之斯行"。⑫⑬ 杨伯峻从文字、语言学的角度理解孔子之"道"，指出了孔子"道"之含义的多样性和复杂性，非常可贵，但他没有深入分析孔子之"道"的哲学意义，令人遗憾。

韦政通不囿于对道的词源学分析，力图从哲学的意义上诠释孔子的"道"。他指出：孔子"把道的原始意义，提升到人生的大道上来，为人生、为道德提出一人人必须面对，又永远难决的问题"。⑭ 韦先生确然见到了孔子道的哲学意义，但他将孔子之道局限于人生大道层面上分析，未能对孔子道的超越价值及形上学意味进行发掘，仍留有不足。

---

① 杨伯峻：《论语译注》，中华书局 1980 年版，第 293 页。
② 郝大伟、安乐哲：《通过孔子而思》，何金利译，北京大学出版社 2005 年版，第 278 页。
③ 《论语·学而》。
④ 《论语·里仁》。
⑤ 《论语·学而》。
⑥ 《论语·雍也》。
⑦ 《论语·子张》。
⑧ 《论语·宪问》。
⑨ 《论语·宪问》。
⑩ 《论语·学而》。
⑪ 《论语·为政》。
⑫ 《论语·子张》。
⑬ 杨伯峻：《论语译注》，中华书局 1980 年版，第 293—294 页。
⑭ 韦政通：《孔子》，（台湾）东大图书有限公司出版 1996 年版，第 135 页。

　　对《论语》的"道"进行哲学解读最为完整者当推郝大维、安乐哲的著作《通过孔子而思》一书和杜维明的两篇有广泛影响的大文《孔子仁学中的道、学、政》和《古典儒学中的道、学、政》。郝大维、安乐哲从词源学的角度解读"道"的根源意义，由此指出"道"的几种派生意义，"导向"（to lead through）、"路"（road，path）；"方式"（way）、"方法"（method）、"技艺"（art）、"教导"（teaching）；"解释"（to explain）、"讲述"（to tell）。指出"道"在最根本意义上，似乎意味着主动筹划以"开创道路"（road making）。他们还注意到在《论语》一书中，"道"与文化传承、"道"与人的存在等的关系。他们指出："'道'存于人，由人发扬、习得。而且，每个人都是以绝无仅有和在质的意义上不同的方式接受和体现'道'的"，"'道'是人类文明绵延不断的过程，是一代又一代的人们勘察和铺垫出的人类经验的一种诠释。"① 显然，这些看法突破了韦政通"道"即人生大道的限制，从某种意义上说更准确地把握了《论语》中"道"的意义。不过，郝大维、安乐哲对《论语》中"道"的理解仍然存有不足：其一，他们拒绝《论语》"道"的超验意义；其二，没有将《论语》中孔子的"道"和孔子弟子的"道"作适当的区隔；其三，对"道"的意义有误读之处，如他们认为"人所特有的'义'一个重要作用即它是'道'的最初根源"。② 我们认为，这是对"道"的误读。无论从"隐居以求其志，行义以达其道"③ 的义与"道"关系来看，还是从"君子之仕也，行其义也。道之不行，已知之矣"④ 的义与"道"的关系看，都看不出义是"道"的最初根源。前者是说"行义"是"致道"的手段、方式、方法，义与"道"是手段与目标的关系，当然《论语》强调手段与目标合一，即道义合一、义道互释；后一个义是"应该"、"应然"义，大意是说，君子积极入世，是在做自己应该做的事情，至于目标、理想即"道"不能顺遂畅达，早已知道了。郝大维、安乐哲所引两处文献无一处可以说明"义"是"道"的"最初根源"。

---

① 郝大伟、安乐哲：《通过孔子而思》，何金利译，北京大学出版社 2005 年版，第 277—284 页。
② 郝大伟、安乐哲：《通过孔子而思》，何金利译，北京大学出版社 2005 年版，第 280 页。
③ 《论语·季氏》。
④ 《论语·微子》。

杜维明先生在《孔子仁学中的道、学、政》一文中指出："道"即道德理性，固然有据，惜乎语焉未详。而在《古典儒学中的道、学、政》一文中，"'道'所关注的问题是人类存在的终极问题"，进而指出："道""在本质上是人类学的，或更为恰当地说，是天人学的（anthropocosmic）问题"。① 放在人类存在终极意义上思考孔子"道"的意义比韦政通的"人生大道"可谓更进一步，尤其说"道"的问题"是天人学的问题"已经让我们嗅到了"道"的真意味。不过，杜先生的论述往往显得笼统、宽泛，重义理、思想的表达而不重视精细的文献分析与翔实的文献论证。

这里不拟对孔子的"道"作词源上的考察，仅就《论语》本身"道"的含义作简要的说明。我们同意杨伯峻先生对《论语》道的含义所作的（1）、（3）、（4）、（6）、（7）、（8）项分析；对其（2）项即"三年无改于父之道"理解为"合理的行为"，我们认为不妥。这里的"道"没有"动作"意，也不是"行为"，而是处事的原则、规矩。父母行为合理与不合理不可复制与还原，而对父母做事方式、原则、规矩、方法，则可继承。对其（5）项即"君子道者三"，解释为"君子所行的三件事"，我们也不认同。因为接下来的"仁者不忧，智者不惑，勇者不惧"显然不是"君子所行的三件事"，而是君子的三种境界或修为，因而古人训此处的"道"为"由"即遵循之意，比杨先生的"行走"、"做"意义更优。综合杨先生的观点，结合《论语》文本，我们认为"道"在《论语》中至少有如下几种含义：

（1）"道"指道路，如"道听而途说，德之弃也"②，"中道而废"等，这是"道"的古义，也是本义。（2）"道"指言说、表述。"益者三乐，损者三乐。乐节礼乐，乐道人之善，乐多贤友，益矣。乐骄乐，乐佚游，乐宴乐，损矣。"③"乐道人之善"之"道"即是称赞、称道、言说；"夫子自道也"④，"道"即表述、言说。（3）"道"即引导，引伸为治理。"道千乘之国，敬事而信，节用而爱人，使民以时。"⑤"道之以政，齐之以刑，民免而

---

① 郭齐勇、郑文龙编：《杜维明文集》（三），武汉出版社 2002 年版，第 503 页。
② 《论语·阳货》。
③ 《论语·季氏》。
④ 《论语·宪问》。
⑤ 《论语·学而》。

无耻；道之以德，齐之以礼，有耻且格。"① （4） "道"是技艺。"虽小道，必有可观者焉，致远恐泥，是以君子不为也。"② （5） "道"是指规矩、处事的原则。"三年无改于父之道，可谓孝矣。"③ "射不主皮，为力不同科，古之道也。"④ （6） "道"是合理的方法。"富与贵，是人之所欲也，不以其道得之，不处也。"⑤ （7） "道"指公正、合理。《论语》中经常出现的"邦有道"、"邦无道"，"天下有道"，"天下无道"等。 （8） "道"是目标、理想。"隐居以求其志，行义以达其道。"⑥ （9） "道"指思想、学说、主张等，如"道不同，不相为谋"⑦。"参乎！我道一以贯之"⑧。"非不说子之道，力不足也"⑨。 （10） "道"是超越的形上实体，与天、天命等同一层次，如"性与天道不可得而闻"。 （11） "道"是指精神价值和终极信仰，如"朝闻道，夕死可矣"⑩。"笃信好学，守死善道"⑪。在我们看来，《论语》中的"道"至少有这11种含义。当然，有些含义十分清楚、明白，没有哲学深意。这里仅就道之（5）至（11）项意义进行哲学分析，结合德、天、人、性、命、仁等范畴，就"道"的形上学意义和精神价值谈谈我们的看法。

2．"志于道"与"无言"之境

"道"，是中国哲学的根源性观念之一，在中国哲学的发展中，扮演着其他任何概念都无法替代的角色，甚至说一部中国哲学史就是道学发展史也不为过。孔子是真正体悟天道的人，"道"是他一生致力于体悟的境界，追求的目标、理想。"志于道，据于德，依于仁，游于艺"⑫既是孔子对生命根源意义的领悟，也是孔子道德境界的全面敞开。"志于道"之所以处于优

---

① 《论语·为政》。
② 《论语·子张》。
③ 《论语·学而》。
④ 《论语·八佾》。
⑤ 《论语·里仁》。
⑥ 《论语·季氏》。
⑦ 《论语·卫灵公》。
⑧ 《论语·里仁》。
⑨ 《论语·雍也》。
⑩ 《论语·里仁》。
⑪ 《论语·泰伯》。
⑫ 《论语·述而》。

先位置，在于道既是宇宙的客观原则，又是吾人生命的定向、目标，是人终生念兹在兹，不可游移之所在。

在孔子看来，道应是一切"士"的精神追求。所谓"士志于道，而耻恶衣恶食者，未足与议也"①。"士"相当于古希腊的"智者"，士阶层与农、工、商不同，它不应为衣食而忙碌，应当有超越物质生活之上的精神追求。如果将自己陷溺于物质财富的旋涡中而不能自拔，就不足以与之讨论"道"，士也就背离了士的使命。"道"代表着超越物质生活和物质财富之上的精神价值，追求精神价值、人间的公正、合理以及探讨天地四时运行的规律是士阶层的义务、责任和使命。一个士人，"邦有道，谷；邦无道，谷，耻也"②。不管政府好坏，不管君之昏明，唯官是求，以俸禄为念，这样不分是非曲直，就是士的耻辱。孔子一再强调："君子谋道不谋食"，"君子忧道不忧贫"③。道是"士"的生命呈现方式，是士存在的意义，证悟道、呈现道是士的生命最高理想。"人能弘道，非道弘人。"④ 人为道而生，道非为人而生，人生的意义是展现道、光大道。因为道的意义远远高于人的自然生命意义，孔子说："朝闻道，夕死可矣"⑤。甚至"笃信好学，守死善道"⑥。

孔子明确主张"志于道"，而子贡却说："夫子之文章，可得而闻也。夫子之言性与天道，不可得而闻也。"⑦ 朱熹解释："言夫子之文章，日见乎外，固学者所共闻；至于性与天道，则夫子罕言之，而学者有不得闻者。盖圣门教不躐等，子贡至是得始闻之，而叹其美也。"⑧ 朱子的解释是合理的。孔子并不是没有"性与天道"的学问，也不是不言"性与天道"的学问，只是不常言，不向常人言，故子贡有"性与天道不可得而闻"之感叹。孔门四科：德行、言语、政事、文学。孔子因材施教，子贡为言语科之高足，有颜子在，不得闻或者说不常闻"性与天道"完全可以理解。此时，颜子

---

① 《论语·里仁》。
② 《论语·宪问》。
③ 《论语·卫灵公》。
④ 《论语·卫灵公》。
⑤ 《论语·里仁》。
⑥ 《论语·泰伯》。
⑦ 《论语·公冶长》。
⑧ 朱熹：《四书章句集注》，上海古籍出版社 2006 年版，第 100 页。

可能已经过世，孔子始与子贡言"性与天道"之学，子贡得闻"性与天道"之道，故"叹其美也"。长沙马王堆出土帛书《易传》，有《要》篇记载子贡与孔子就大易之象、数、理、占进行深入讨论，这是颜子去世后孔子与子贡讨论性与天道之学的明证。子贡对孔子的"日月"之喻及"犹天之不可阶而升也"① 之赞叹，如不闻"性与天道"之学，子贡不会对孔子有如此体察。"性与天道"的学问用今天的话说，就是哲学之学，形而上学之学，即道学。

性是内在的客观性，天道是外在的客观性。性与天道的问题是天人之间最为核心的问题。在这一问题上，孔子认为人之德即人之本性来自于天：子曰："天生德于予，桓魋其如予何？"② 这是孔子对天人关系一次明确的表达，认为人之德性来自于天。不过，刘昌元先生认为孔子说自己只是一个"学而知之者"，因而孔子的"天生德于予"，"不是说德直接由天降，而是必须通过后天学习"③，我们认为这一观点难以成立。孔子在这里所说的"德"是指"德性"，如《大学》中的"明明德"的"明德"之德，而不是指具体的经验领域的日常生活的道德知识。"学而知之"与"天生德于予"是两个不同层次的问题，以学所达之德是后天的、经验的、知识的，天生之德即天生之性是先天的、超验的、形上的。两个层次虽有联系，但前者不能证明或否定后者。所以，孔子所谓的"天生德于予"就是指我的德性是直接来自于天。

天，超越的存在体；予，人也，具体的生命存在。"天生德于予"在孔子天人关系序列中的表达即"由天而人"这一重要环节。既然我的德性是天所赋予的，这样，我与天即人与天就通过"德"这一特殊的范畴而内在地串联起来。我的德性是天赋予的，天德表现为我德，我德体现着天德。天德表现为我德，天中有我；我德体现着天德，我中有天。就个体的我与天的关系言，"天生德于予"；如果就人与天的关系说，泛化为《中庸》的"天命之谓性"。《中庸》的"天命之谓性"不过是对孔子"天生德于予"这一

---

① 《论语·子张》。

② 《论语·述而》。

③ 刘昌元："仁的当代解释：一个批判的回顾及新的尝试"，见刘笑敢主编《中国哲学与文化》第一辑，广西师范大学出版社 2007 年版，第 155 页。

命题逻辑地推导、泛化、普遍化而已。天赋予我以"德"，我亦可以通过"德"之修为、培养而上达于天。

　　　　子曰："莫我知也夫！"子贡曰："何为其莫知子也？"子曰："不怨天，不尤人，下学而上达，知我者，其天乎！"①

　　劳思光先生谓此处"'天'字是习俗意义。孔子有时自不能免俗，亦偶有用习俗之语"。他告诫人们，"不可执此等话头，便曲解其全盘思想也"。②我们认为这是对孔子此处之"天"字的严重误读。因为如果将此处的"天"放到孔子思想整体脉络中加以分析，此"天"字有非常重要的意义，断非一个"俗"字可以轻忽带过。"莫我知也夫！"是孔子一种发自心灵深处的感叹，也可以说是孔子心灵境界一次非常罕见的具有震撼性的自我表白！颜子去世后，与孔子高度默契、心意无违的人已经没有了，孔子故而有"莫我知也夫！"之叹。当子贡问："何为其莫知子也？"孔子以不怨不尤、下学上达作答。"不怨天"，视自然界、人事间的一切皆天道流行不息、生生化化之过程；"不尤人"，一切皆内求诸己。不怨不尤，是心态的、境界的。"下学而上达"是德性生命成长的过程，这一过程是不断自我超越、不断升进的过程，由"而立"到"不惑"，由"知天命"到"耳顺"乃至"从心所欲，不逾矩"的过程。在世间，"莫我知也夫"，然而在超越的领域，"知我者，其天乎！"无人知却自有天知，这才是孔子晚年的心境。由"畏天"而"知天"，由"知天"到"天知"，孔子实现了天人之际不一不二的合一之境。此境的最高表现形态即"无言"之境。

　　　　子曰："予欲无言。"子贡曰："子如不言，则小子何述焉？"子曰："天何言哉？四时行焉，百物生焉，天何言哉"？③

　　"天生德于予"，由天而人；"下学而上达"，是由人而天，最终落为

---

①　《论语·宪问》。
②　劳思光：《新编中国哲学史》第一卷，广西师范大学出版社 2005 年版，第 108 页。
③　《论语·阳货》。

"无言"之境。"无言"不同于"忘言","忘言"是先"有言"后才谈得上"忘",否则"忘"无从谈起。"忘言"是言诠的、辩说的、有待的,而"无言"是本体的、形上的、无对的。"天何言哉?"不过是"四时行焉,百物生焉"而已,"无言"之境界下的孔子通体是天道的周流贯注,动息言默,无非天道之流行,实现予即天,天即予,在道的意义上天人合一。子贡确非颜子,如颜子侍侧,当下默契,不假言诠,而子贡一定要引出"子如不言,小子何述焉"之问题,求孔子作进一步言说。当然子贡之问对后人理解孔子的"无言"之境有重要意义。天无言或者天不言,我们可以通过"四时行焉,百物生焉"等体察天道,领悟天道,子无言,恰如天之无言,可以通过孔子的举手投足,动息语默,而了解夫子之道。"无言"之境下,夫子之道即天道,天道亦无非夫子之道。以往学者解析这段重要文献,常用此证明孔子天的自然义,然而此只是皮相而已。"无言"的重点不是说"天",此处天之自然义只是副产品,而其主旨是说"予",谈人之境界,或者说孔子是借天以明人。

3. 以仁显性与践仁以合天

作为个体的人,如何体道、悟道、呈现道?也就是说人如何通过下学而上达天德,实现由"畏天"、"知天"、"天知"进而实现"无言",即天人一如之境的升华?孔子告诉我们的方法就是"依于仁"。"依于仁"就是以仁为依归而"践仁"。

"志于道,据于德,依于仁,游于艺",在孔子那里不是割裂的,而是连贯的。"志于道"之后紧跟着"据于德",因为吾之德是天道之下贯于吾人者,是吾人之性,据守住吾之德即据守住吾人之性,"依于仁"即吾人之一切言行皆以仁德为依归,无违于仁,"游于艺"游戏于礼、乐、射、御、书、数六艺之中。钱穆先生认为志道、据德、依仁三者"有先后无轻重"。[①]我们认为,这里的"有先后"也只是逻辑上的先后,在实然领域即体现在当下的个体生命中,无所谓先和后。就逻辑言,道、德、仁层层下贯,步步落实,转化出孔子思想的中心观念——仁;就个体生命言,道就是德,德就是仁,仁就是道。即道即德即仁,道、德、仁三者浑然一体,既无轻重之

---

① 钱穆:《论语新解》,生活·读书·新知三联书店2002年版,第171页。

分，也无先后之别。

　　从仁的角度说，孔子的道是仁道，孔子的德是仁德。仁是什么？自孔子以后，尤其是近代西学传入以来，学者们殚精竭虑一定要用反向格义的方法将"仁"的概念界定清楚，众说纷纭，莫衷一是，甚至有一种越说越繁、越说越玄、越说越艰涩难懂的倾向。孔子本人对仁是否有明确的界定，学术界看法不一。有的学者认为有，大多数学者说没有，即使主张孔子对仁没有明确界定的学者也认为可以通过《论语》的材料归纳出仁的定义。张岱年先生认为："夫仁者，己欲立而立人，己欲达而达人①，就是对仁的定义。"②胡适先生认为："仁是理想的人道"，"能尽人道，即是仁"。③ 郭沫若先生认为："仁的含义是克己而为人的一种利他的行为。简单一句话就是'仁者爱人'。"④ 冯友兰先生认为：仁是"人之性情之真的及合礼的流露，而即本同情心以推己及人者也"。⑤ 匡亚明先生认为仁有多层含义，第一层含义是"爱人"；第二层含义是修身，"是对道德准则的遵从"。第三层含义"是人类对其本质的自我意识，是对于当时已经形成的关于人的各种学问特别是伦理学说的哲学反思"。⑥ 牟宗三先生认为仁"是我们真实的本体（Real Substance）；真实的本体当然又是真实的主体（Real Subject），而真正的主体就是真我（Real Self）"。⑦ 杜维明先生在《仁：〈论语〉中一个充满活力的隐喻》一文中指出："仁象征着人性在其最普遍的也是最高的完善状态中的整体表现。"⑧ 凡此种种解释，都有一定的理由与根据，都从不同的层面展现了仁的某方面的含义，然而又没有穷尽仁的全部意义，因而这种解释还会继续下去。

　　照目前学界这个研究思路走下去，永远也不会发现仁的真实意义。显然，所有学者归纳仁的意义时都不能离开《论语》中有关仁的材料，离开

① 《论语·雍也》。
② 张岱年：《中国哲学大纲》，中国社会科学出版社1985年版，第256页。
③ 胡适：《中国哲学史大纲》，东方出版社1996年版，第99页。
④ 郭沫若：《郭沫若全集》历史编（2），人民出版社1982年版，第88页。
⑤ 冯友兰：《中国哲学史》上册，中华书局1984年版，第97页。
⑥ 匡亚明：《孔子评传》，齐鲁书社1985年版，第182—183页。
⑦ 牟宗三：《中国哲学的特质》，（香港）人生出版社1963年版，第30页。
⑧ 郭齐勇、郑文龙编：《杜维明文集》（三），武汉出版社2002年版，第275页。

了这些材料，人们对仁的意义归纳无法进行、甚至不能对仁做任何的说明。然而，吊诡的是，《论语》中孔子对仁的所有论述都是如何"依于仁"的问题，如何"践仁"的问题，而不是仁的定义问题。孔子不是西方的智者，而是东方的圣人，他的学生不会从概念的角度问夫子仁是什么，而大量地问题是吾人怎样成为仁人。诚然，学者们可以依据这些材料从修辞学、语义学、符号学等角度去解释仁，然而仁不是解释学的问题；可以言说仁，但仁不是言说的问题；仁的问题是实践的问题即如何行仁的问题。孔子告诉所有学生的都是如何行仁、践仁，而非什么是仁。仁，只有在仁德的实践中呈现、体悟、感通，否则，一切对仁的理解都只是纸上功夫。

如何"依于仁"？如何"践仁"？孔子针对学生、时人情况的不同，告诉他们实现仁的不同的方法、修为、言行等。"樊迟问仁。子曰：'爱人'。"① "爱人"不等于仁，然而要做一个仁人，必须"爱人"。"爱人"是仁的基础义、传统义，孔子答樊迟，顺仁之传统义而答之。"夫仁者，己欲立而立人，己欲达而达人。能近取譬，可谓仁之方也已。"② 显然，"己立而立人，己达而达人"，将心比心，推己及人，是实现仁德、成就仁人的方法，也不是仁之本身。"颜渊问仁。子曰：'克己复礼为仁，一日克己复礼，天下归仁焉。'""克己复礼"仍然是成仁之方，至于"非礼勿视，非礼勿听，非礼勿言，非礼勿动"③；不过是为仁之方的具体化罢了。"仲弓问仁。子曰：'出门如见大宾，使民如承大祭。己所不欲，勿施于人。在邦无怨，在家无怨。'"④ 孔子都是在告诉他的学生如何成就仁，而不说仁是什么。

仁的问题是实践的问题，而不是理论问题。牟宗三先生指出："孔子是由践仁以知天，在践仁中或'肫肫其仁'中知之，默识之，契接之，或崇敬之。""孔子之提出'仁'，实由《诗》、《书》中之重德、敬德而转出也。"⑤ 牟宗三的观点是很有见地的。不过。牟先生是从历史传统说仁德之转出，如果从孔子哲学的逻辑架构下讲，我们可以说孔子的仁是从天道转化

---

① 《论语·颜渊》。

② 《论语·雍也》。

③ 《论语·颜渊》。

④ 《论语·颜渊》。

⑤ 牟宗三：《心性与性体》第一册，（台北）正中书局 1968 年版，第 21 页。

而来，顺这一路向即由道而德，由德而仁。

　　我们知道，在孔子的哲学中，"性与天道"对举，而且置"性"于"天道"之前，足见"性"在孔门中的重要作用。在孔子那里，"性"是人的内在根据，"天道"是客观的超越原则，"性"与"天道"对举，恰恰体现了孔子性与天道贯通的原则。但"性"字在《论语》并不多见，此处之外，《阳货》有一处孔子专门论及"性"，"子曰：'性相近也，习相远也。'"问题是人之相近之性是什么？或者说什么才是人之所以为人之处？孔子在"性相近"中没有说明。不过，我们认为"天生德于予"就是孔子对相近之性的注脚，也可说是孔子对"性相近"之性的回答。在天为道、为命，在人为德、为性，天生之德就是天道下贯于吾人者。德者，得也，吾人之德实得之于天者也。天生之德就是吾人之性。这个"天生"之"德"就是仁，故而孔子是"以仁显性"。牟宗三先生曾指出，孔子"未说仁即是吾人之'性'"①，但通过梳理孔子思想的脉络，则不难发现孔子仁与性之间的内在关联。"志于仁"是志于人性之彰显，"安仁"是安于人之本性之本分，"依于仁"是依照于人之本性而从事一切活动，"求仁"是求人性之实现。仁人就是依照人性之常而生活使人性得以充分呈现的人，即人性的辉煌完全实现的人。仁德的呈现过程就是"下学上达"之过程，即践仁以知天，践仁以合天的过程。合天者，天人一如也，天道即人道，人道即天道，即所谓的孔子"无言"之境。

　　如何践仁？孔子说："苟志于仁矣，无恶也。"② 这里的"志于仁"与"志于道"同义。志仁、依仁、好仁、安仁，自然会无恶而善。"志于仁"人人能为，人人可为。在孔子看来，仁是普遍性原则，"民之于仁也，甚于水火"③。水火，普遍、易得，人们时时、处处离不开它们。仁对于人，如同水火，亦是须臾不可离的道。钱穆先生认为，这是孔子勉人为仁语④，当然，在人人可为、能为的意义上，这个说法有道理。既然仁是普遍的原则，既然是人人可为、人人能为的德性，为什么又很少有人达到仁、依于仁呢？

---

①　牟宗三：《心体与性体》第一册，（台北）正中书局1968年版，第24页。

②　《论语·里仁》。

③　《论语·卫灵公》。

④　钱穆：《论语新解》，生活·读书·新知三联书店2002年版，第421页。

其至孔门弟子三千，只有颜子"三月不违仁"。人人有仁、能仁与人人实现仁、达到仁的境界不是一回事。正如《中庸》，一方面指出道是普遍的，是"不可须臾离"，另一方面孔子又再三感叹，"道之不行也，我知之矣"，"道之不明也，我知之矣"。道是普遍的，仁是普遍的，然而每一个个体生命能否体悟道、实现仁则存有许多现实的纠缠。这正如《中庸》所说"人不莫不饮食也，鲜能知味也"。故孔子感叹："知德者鲜矣。"①

在孔子看来，实践仁并非难事。只要人做到刚强、坚毅、质朴、慎言，就近于仁②。"求仁"就可"得仁"，"仁远乎哉？吾欲仁，斯仁至矣"③。"为仁由己，而由人乎哉？"④ 仁是内在吾人生命的本性，不是外在吾人生命的存在物，是人人可为、人人能为的。践仁对所有人来说，是愿不愿的问题，是为不为的问题，不是能不能的问题。然而孔子不以仁者自居，"若圣与仁，则吾岂敢？"⑤ 子路、冉求、公西华等弟子各有专才，堪当大任，孔子不以仁许之，以子文之忠，陈文子之清，孔子不以仁称之，仁为什么又如此难能呢？作为仁人，就是充分践行仁的品德的人，就是将人之所以为人的特质充分实现的人，就是"成人"，即完美的人、理想的人，而每一个体生命是具体的，特殊的，面对错综复杂的世界，面对各种各样人际关系，人难免有所憾，成就一个仁人，可谓易而难。

在孔子，"下学而上达"的过程就是"践仁以知天"、"践仁以合天"的过程。由知天而合天，由合天而"无言"，即由践仁而成全吾人之德性，吾人德性合于天道之流行，天人一如，到达此境即不可言，不可言即"无言"也。

4. 守道与知命

道在孔子形上学中，是一种理想，一种境界，孔子的形上学可称之境界的形上学，"无言"是这一境界的最高表现。

然而，孔子是位具有强烈现实关切的哲学家。境界的形上学如何面对错

---

① 《论语·卫灵公》。
② 《论语·子路》。
③ 《论语·述而》。
④ 《论语·颜渊》。
⑤ 《论语·述而》。

综复杂的现实社会？个体的生命如何在险恶的政治生态中既保有自己的操守，又能生存下去？由此，孔子告诉我们：守道与知命。

> 子曰："笃信好学，守死善道。危邦不入，乱邦不居。天下有道则见，无道则隐。邦有道，贫且贱焉，耻也；邦无道，富且贵焉，耻也。"①

"笃信"即信仰坚定，"好学"即爱好学习，"守死善道"即誓死捍卫人间正道。道是吾人出处进退的准则，在险恶的政治生态中，要"守死善道"，依道而行，既不能同流合污，也不能无谓牺牲，白白送死。"邦有道，危言危行；邦无道，危行言逊。"② 无论政治生态险恶，还是政治清平善良，不改变个人的道德操守，就是守道；既了解生存技巧，避免无谓牺牲，又能"见危致命"乃至"杀身成仁"，这就是"知命"。

在《论语》中，命有多重含义，有生命、寿命、命令、辞令等，然而这里所要强调的是：命与道同义，天命即天道。我们将"畏天命"理解为"畏天道"，"知天命"就是知天道，无不通洽。"不知命，无以为君子。"③ 这里的命就是道，就是不知道无以为君子之义。子曰："道之将行也与，命也；道之将废也与，命也。公伯寮其如命何！"④ 这里命不是个人之命，而是天命，天命亦是天道。道之行废是由天道决定的。但为什么孔子不说道而言命呢？因为命是道体之流行的目标指向。孟子对孔子的描述可以帮助我们理解孔子的命的意义。他说："孔子进以礼，退以义，得之不得，曰'有命'。"⑤ "进以礼，退以义"就是守道，即守住出处进退之道，"得之不得"即能否达到目的，不是自己所能决定的，这才能称之为"有命"，这就是"知命"。相反，如果为达到个人目的，不计较任何方式和手段乃至用卑劣之手段，这是"无义无命"，就是不知命。儒家的命在道的意义上指的是

---

① 《论语·泰伯》。
② 《论语·宪问》。
③ 《论语·尧曰》。
④ 《论语·宪问》。
⑤ 《孟子·万章上》。

"义命"。说到底，守道即是知命，知命即会守道。

在孔子道的境界形上学中，道复杂而多义。它既是客观原则，又是超越原则，既是价值尺度，又是信仰目标。孔子用"志于道"、"守死善道"，"朝闻道，夕死可矣"等向世人展示其道的超越意义。然而，人可"闻道"、"说道"、"弘道"，体认道，但道一旦为人所体认且借助言说将其表述出来，就由客观之道转化为主观之道。冉求说："非不说子之道，力不足也。"① 孔子说："道不行，乘桴浮于海。"② "子之道"、"道不行"之道，或"文武之道"，即主观之道。道为文王、武王、孔子所体认，由客观之道转化为思想、学说、主张、原则、理想，这种思想、学说、理想在孔子学派中具有信仰意义。孔子去世之后，面对孔门思想的分化，子张严正指出："执德不弘，信道不笃，焉能为有？焉能为亡？"③ 显然，在子张那里，道就是一种信仰，尤其是孔门的信仰，所以他要求信道要笃，对"信道不笃"的那些孔门中人物予以严厉地遣责！

在孔子的哲学观念中，天、人、性、命、德、仁等存在着既相互涵摄，又互不隶属等复杂关系。"性与天道"虽说孔子不常言，"志于道"、"守死善道"是孔子不懈的追求。在天为道、为命，在人为德、为性，通过"下学上达"、"践仁合天"之功夫，实现人与天道流行浑然无隔的"无言"之境。黑格尔说孔子只是"世间的智慧"，只能说明他不了解孔子的"道"的真谛。在孔子，"道"具有形上学意义和超越的信仰意义。沿孔子的道、德、仁、天、人、性、命之意义，《中庸》、《易传》建立起了原始儒家的天人性命之学。

（二）学：文化自觉与文化传承

1. 文化统绪的自觉与反省

柳诒徵先生在《中国文化史》中指出："孔子者，中国文化之中心也。无孔子则无中国文化。自孔子以前数千年之文化，赖孔子而传；自孔子以后

---

① 《论语·雍也》。
② 《论语·公冶长》。
③ 《论语·子张》。

数千年之文化，赖孔子而开。"① 从文化意识自觉的层面讲，柳先生之言，如实如理。

宋代无名氏有个流传甚广的说法："天不生仲尼，万古如长夜。"当然，这里的长夜不是自然、天象意义上的长夜，并不是说孔子没有出生之前，地球就不会自转和公转，或者说太阳就不存在，而说人们在道德世界、文化世界没有清醒的自觉与反省，即人作为类存在对其类本质即人之所以为人的意义没有清醒的觉解。孔子建立起"仁"学体系就是"人的发现"（郭沫若语）。我们理解，这里所谓的"人的发现"就是由"明德"之"明"，照亮了人的意义世界，使人明白了人的真实意义与人的生命方向，从而使之由"暗箱"敞开而为"明箱"。从"文化"即"人文化成"的意义上说，"无孔子则无中国文化"。这就是说没有孔子，人们对以人文化成天下这一社会的系统工程就没有清醒的意识。从文化是一个民族的生活方式的角度讲，当然并不是说夏、商、周三代以及三代以上的中国文化没有孔子就不存在，而是说没有孔子，孔子以前的中国文化可能就断绝了，而孔子以后的中国文化可能就不会是今天这个样子了。

以文自任，自觉地担当起华夏文化传承的历史责任，孔子是中国历史上旷古之第一人。在生命危急关头，他说："文王既没，文不在兹乎？天之将丧斯文也，后死者不得与于斯文也。天之未丧斯文也，匡人其如予何？"② "文"在这里究竟是什么？朱熹集注认为："道之显者谓之文，盖礼乐制度之谓。"③ 何北山认为，文是"指典章文物之显然可见者"，具体说来，就是"序《诗》、《书》，正礼乐，集群圣之大成"。④ 这些说法都有道理。不过，要搞清"文"的含义，还是要回到《论语》文本。

"文"在《论语》中有文学、文章、文德、文献等多重意义：（1）指文化知识，"行有余力，则以学文"⑤。（2）指文献典籍，"夏礼，吾能言之，

---

① 柳诒徵：《中国文化史》上，东方出版社 2008 年版，第 226 页。

② 《论语·子罕》。

③ 朱熹：《四书章句集注》，上海古籍出版社 2006 年版，第 141 页。

④ 程树德：《论语集释》，中华书局 1990 年版，第 579 页。

⑤ 《论语·学而》。

杞不足徵也。殷礼，吾能言之，宋不足徵也。文献不足故也。足，则吾能徵之矣"①。（3）与质相对，指文采，"文质彬彬，然后君子"②。（4）修饰、掩饰，"小人之过也必文"③。（5）道德教化，"远人不服，则修文德以来之"④。（6）礼乐制度，孔子称赞尧，"焕乎，其有文章！"⑤（7）思想学术，"夫子之文章，可得而闻也"⑥。韦政通先生指出："'文不在兹'与'斯文'之'文'，抽象地说，即周邦维新以后所行的周道，具体一点说，即治国大道所寄的礼乐诗书的传统，而以文王为其象征。"⑦ 韦政通先生视孔子之"文"等同于周文之"文"，引申牟宗三先生之说，但并不完备。我们认为，孔子虽以周文自任，但他认为夏、商、周三代礼乐因革损益，孔子之"文"继周而起，是对周文的继承与发展。"子以四教：文、行、忠、信。"⑧ "文，莫吾犹人也，躬行君子，则吾未之有得。"⑨ 周文侧重制度，而孔文继周文而起，含有礼乐制度，更侧重教化。孔子所谓的文既包括礼乐制度，也包含诗书传统、射御书数，还有化"野"为"文"的人文教化，是夏、商、周三代因革损益的历史演进所积累而成的整个华夏民族的文化传统。

牟宗三先生曾指出："孔子通体是文化生命，满腔是文化理想，表现而为通体是德慧。"⑩ 孔子以"斯文在兹"自任，直追周文王，认为自己是周文王文化统绪的传承者与善述者，自己一身承载华夏民族整个的文运与文命。自己的存在即是华夏民族文化传统之存在，华夏民族的文化传统如果不堕于地，那么自己的生命就一定能度过危险，化解匡地之厄。孔子不是文化狂人，而是文化意识清醒显豁之第一人。"这种自觉意识取决于一种根深蒂固的的信念，即人类文明的延续不只是历史的事实，而且也是超越的实在的

---

① 《论语·八佾》。

② 《论语·雍也》。

③ 《论语·子张》。

④ 《论语·季氏》。

⑤ 《论语·泰伯》。

⑥ 《论语·公冶长》。

⑦ 韦政通：《孔子》，（台北）东大图书有限公司1996年版，第31页。

⑧ 《论语·述而》。

⑨ 《论语·述而》。

⑩ 牟宗三：《历史哲学》，（台湾）学生书局1988年版，第90页。

展开（the unfold of a transcendent reality），使孔子能够培育出一种使命感。"① 这种使命感与"知我者，其天乎"相回应，构成了一种历史论意义的必然与宇宙论意义上的当然。

孔子认为自己与周文王、武王、周公等历史上圣王一样，负有天之所赋的历史使命。不过，古圣王历史使命的政治意义大于文化意义，而孔子的历史使命与之相反，是文化意义大于政治意义。我们可以通过孔子对管仲的评价看出其对文化的高度重视。"子贡曰：'管仲非仁者与？桓公杀公子纠，不能死，又相之。'子曰：'管仲相桓公，霸诸侯，一匡天下，民到于今受其赐。微管仲，吾其被发左衽矣。'"② 仁是极高的道德境界，也是孔子对历史人物极高的评价，以令尹子文之忠，陈文子之清，孔子不许之以仁，而对管仲，孔子则说"如其仁"，足见管仲在孔子心目中的地位。孔子之所以如此看重管仲，并非管仲个人之德有什么惊人之处，相反孔子认为"管仲之器小哉！""管氏而知礼，孰不知礼！"③ 而在于管仲的文化功业，在于管仲在"尊王攘夷"的旗帜下，对捍卫华夏文化所做出的重大历史贡献，"微管仲，吾其被发左衽矣"，管仲最大的历史贡献就是抵御夷狄的入侵，捍卫华夏文化，使中原文化免于"被发左衽"即夷狄化，保住了中华文化的主体性，故而他指谓管仲"如其仁"。

在孔子那里，文化高于政治，更高于军事。"卫灵公问陈于孔子。孔子对曰：'俎豆之事，则尝闻之矣；军旅之事，未之学也。'明日遂行。"④ "俎豆之事"是文化之事，"军旅之事"是争战之事，孔子主张以礼让治国，而卫灵公竟然向他讨教军旅之事，说明卫灵公重军旅而轻礼乐，喜争战而厌教化，于是，孔子坚决离开卫国。孔子并非不懂军事，而是认为战争不是解决社会问题、化解危机的最好方式，而礼乐文化、教化才能最终解决人类所面对的困境、冲突。"远人不服，则修文德以来之"⑤，而非整军执戈以讨之。在孔子看来，文德即道德教化对治理天下国家远比战争更根本、更健康、更

---

① 郭齐勇、郑文龙编：《杜维明文集》（三），武汉出版社 2002 年版，第 504 页。
② 《论语·宪问》。
③ 《论语·八佾》。
④ 《论语·卫灵公》。
⑤ 《论语·季氏》。

重要。

孔子是中国历史上文化自觉之第一人。尧、舜、禹、汤、文、武、周公都是政治人物，他们的思考侧重于政权如何才能长久、天下国家如何才能安定等政治问题。周公制礼作乐固然具有文化意义，但并没有清醒的文化自觉，周王朝的王权长存才是他思考的重心。由孔子开始，以"志于道"为使命，以传播知识为谋生手段的士（文士）阶层开始走上历史舞台，由此开辟了中国学术文化独立传承、发展的统绪，这一统绪韩愈称之为"道统"。道统即中华文化传承数千年而不堕的道之统绪，这是中国文化之所以为中国文化的本质之所在。无孔子，则不会有此道统，无此道统，中国文化就不成其为中国文化，柳诒徵谓"无孔子则无中国文化"，是之谓也。

2. "述而不作"与文化传承

孔子一生所关注的焦点问题之一：寻回行将丧失的周代礼乐文明，重建人类生活的秩序。

> 子曰："述而不作，信而好古，窃比于我老彭。"
> 子曰："我非生而知之者，好古，敏以求之者也。"①

在"述而不作"、"好古"等自我表白中，人们不难发现孔子是古文化的爱好者、继承者和善述者。孔子一生"发愤忘食，乐以忘忧"，孜孜以求者就是保持华夏文化于不绝，"学而不厌"，即学此文化，"诲而不倦"，即诲此文化，一"学"一"诲"，华夏文化在孔子那里得以薪火相传。

孔子"述"的是什么？或者说什么是孔子所好之古呢？朱熹认为："孔子删《诗》《书》，定礼乐，赞《周易》，修《春秋》，皆传先王之旧，而未尝有所作也，故其自言如此。……夫子盖集群圣之大成而折衷之。其事虽述，而功则倍于作矣，此又不可不知也。"② 朱子是将"信而好古"与"述而不作"视为一回事，认为都是指对六经的整理。我们认为"述而不作"与"信而好古"是两个问题："述而不作"是就文献言，"信而好古"是就

---

① 《论语·述而》。
② 朱熹：《四书章句集注》，上海古籍出版社 2006 年版，第 110 页。

道言。好是好古之人，信是信仰古之道，古之人即尧、舜、禹之人，古之道即尧、舜、禹之道。

孔子论尧："大哉，尧之为君也！巍巍乎！唯天为大，唯尧则之。荡荡乎！民无能名焉。巍巍乎！其有成功也。焕乎，其有文章！"① 孔子称颂尧、赞美尧，可谓高矣，至矣，无以复加矣。然而，孔子所称、所赞，主要是尧之德。唯有天最高大，只有尧能取法天道，其德可与至高无上的天等量齐观。尧之德，广大深远，无边无际，以至于民众找不出恰当的词称颂他。尧之德就是尧之道，尧之道就是孔子所信之道、所好之古。

孔子论舜、禹："巍巍乎！舜、禹之有天下也，而不与焉！"② 又说："无为而治者，其舜也与？夫何为哉，恭己正南面而已矣。"③ "子曰：'禹，吾无间然矣。菲饮食，而致孝乎鬼神；恶衣服，而致乎黻冕；卑宫室，而尽力乎沟洫。禹，吾无间然矣。'"④ 舜、禹之所以伟大，在于他们有天下为公的胸怀，在于他们俭朴的生活与高尚的操守。孔子赞舜、禹像赞颂尧一样，崇尚舜、禹之德。舜、禹之德也就是舜、禹之道。

尧、舜、禹皆为三代以上之事，由于文献不足，时代久远，不少事迹限于口耳相传。然而，尧、舜、禹的事迹之所以能长期流传，正是因为它寄托着华夏民族美好的向往、期待，代表着人间正道。"信而好古"，表明孔子对华夏民族文化的向往、期待，对其所体现的人间正道笃信不疑。当然，孔子所"好"之"古"也是其理想的"古"，代表着孔子对政治人物的期望与向往。

对"六经"孔子是"述而不作"。孔子与"六经"（乐经亡佚，实为五经）的关系，虽然有的学者如钱玄同等全盘否认孔子与六经有关，有的学者如康有为等则认为六经皆孔子所作。这两种极端观点都过于主观、武断、偏执，证之于史，不足采信。多数学者认为，孔子删《诗》、纂《书》、赞《易》、定《礼》、正《乐》，作《春秋》，并以此作为教授学生的课本是可信的。孔子明确说过，他自己整理《诗》、《书》、《乐》等文献。"子所雅

---

① 《论语·泰伯》。
② 《论语·泰伯》。
③ 《论语·卫灵公》。
④ 《论语·泰伯》。

言,《诗》、《书》,执礼,皆雅言也。"① 朱子注雅为常,雅言常言之,多不采。一般认为雅与俗对,雅言即标准的国语或官方话。孔子对《诗》、《书》、《礼》等都做过正音工作。"子曰:'吾自卫返鲁,然后乐正,《雅》、《颂》各得其所。'"② 这里明明白白告诉人们,孔子晚年从事过正《乐》和整理《诗》的工作。司马迁说:"孔子以《诗》、《书》、《礼》、《乐》教,弟子盖三千焉,身通六艺者七十有二人。"③《诗》、《书》、《礼》、《乐》这些文献自西周以来,是贵族子弟的基本教养,是那个时代的"经典"。只有具备了这种经典的教养,才具备与贵族阶层的人士交流与对话的资格并进而晋身贵族阶层。"子以四教:文、行、忠、信"。④ "四教"之文的文主要是指《诗》、《书》、《礼》、《乐》、《易》、《春秋》,"此五经者,殆莫不与孔子有关"⑤,此可断矣。今人董治安先生指出:"春秋以前,所谓'易'、'诗'、'礼'、'乐'、'春秋',大体都是某类文献的通称;每类文献,或有性质相类的典籍,或有不同的传本。整理、编订、传授,才推动了战国儒家对于'六经'研习和重视,并最终导致了《易》、《书》、《诗》、《礼》、《春秋》至西汉开始被普遍尊崇的特殊地位。"⑥ 蒋伯潜先生指出:"五经之材料虽古已有之,而经孔子加一番赞修笔削理董之手续后,殆莫不各赋以新含义与新生命,则与其谓为'述'无宁谓为'作'矣。……故孔子者,经学之开祖也。"⑦ 没有孔子的"述",这些凝结着华夏民族数千年心血与智慧的文献史料可能会亡于历史长河而后人无从知晓了。

3. 六艺汇归与经学开创

或删或纂,或定或正,或赞或作,向人们展示了孔子文化意识的高度自觉,自觉、清楚地意识到将这些文化继承下来,传述下去,孔子是开辟以来之第一人。翻开《论语》,孔子论《诗》,论《礼》,言《乐》、引《书》并不少见。作为"经学之开祖",孔子论《诗》、《书》、《礼》、《乐》开创了

---

① 《论语·述而》。

② 《论语·子罕》。

③ 《史记·孔子世家》。

④ 《论语·述而》。

⑤ 蒋伯潜:《十三经概论》,上海古籍出版社1983年版,第5页。

⑥ 董治安:《先秦文献与先秦文学》,齐鲁书社1994年版,第225页。

⑦ 蒋伯潜:《十三经概论》上海古籍出版社1983年版,第6页。

中国的诗学、礼学、书学、乐学等传统，对中国文化的发展发挥着无可替代的作用。

孔子论《诗》：

子贡曰："贫而无谄，富而无骄，何如？"子曰："可也。未若贫而乐，富而好礼者也。"子贡曰："诗云：'如切如磋，如琢如磨。'其斯之谓与？"子曰："赐也，始可与言诗已矣！告诸往而知来者。"①

子曰："《诗》三百，一言以蔽之，曰：'思无邪'。"②

三家者以《雍》彻。子曰："'相维辟公，天子穆穆'，奚取于三家之堂？"③

子曰："《关雎》，乐而不淫，哀而不伤。"④

子曰："兴于《诗》，立于礼，成于乐。"⑤

子夏问曰："'巧笑倩兮，美目盼兮，素以为绚兮。'何谓也？"子曰："绘事后素。"曰："礼后乎？"子曰："起予者商也！始可与言《诗》已矣！"⑥

子曰："诵诗三百，授之以政，不达；使于四方，不能专对；虽多，亦奚以为？"⑦

陈亢问于伯鱼曰："子亦有异闻乎？"对曰："未也。尝独立，鲤趋而过庭。曰：'学诗乎？'对曰：'未也。''不学诗，无以言。'鲤退而学诗。他日，又独立，鲤趋而过庭。曰：'学礼乎？'对曰：'未也。''不学礼，无以立。'鲤退而学礼。闻斯二者。"⑧

子曰："小子何莫学夫诗？诗，可以兴，可以观，可以群，可以怨。迩之事父，远之事君；多识于鸟兽草木之名。"⑨

---

① 《论语·为政》。
② 《论语·为政》。
③ 《论语·八佾》。
④ 《论语·八佾》。
⑤ 《论语·泰伯》。
⑥ 《论语·八佾》。
⑦ 《论语·子路》。
⑧ 《论语·季氏》。
⑨ 《论语·阳货》。

子谓伯鱼曰："女为《周南》、《召南》矣乎？人而不为《周南》、《召南》，其犹正墙面而立也与？"①

孔子的诗学就是孔子的诗教，孔子的诗教包含两方面的意义：其一，开出了《诗》之品鉴、欣赏、诠释之先河；其二，扩大、拓展了《诗》的教化功能。如说"《诗》三百，一言以蔽之曰：思无邪"。对"思无邪"一般理解为思想纯正，"不邪"为"正"是合理的，但"思"并不是思想，而是无意义的语气词，"思无邪"即中正意。这与孔子评《关睢》"乐而不淫，哀而不伤"完全一致，反映了孔子中和主义的美学观。孔子论《诗》之兴、观、群、怨，都是对《诗》的欣赏。

孔子欣赏《诗》当然有艺术的、美的角度，但更多是强调《诗》的教化意义。在诗教的意义上，孔子对《诗》之文本的原始意义往往存而不论，或许因为在孔子时代，《诗》的原始意义浅显明白，人人能喻，毋庸作解，而引申意义或者潜藏于文本背后的喻意才是当时上层社会关注的核心问题，才是《诗》的真义。诵诗三百，行政能达，使于四方，而能独立应对，是《诗》的政治功能，也是人们学《诗》主要目的。孔子一再强调"不学诗，无以言"，说明《诗》是当时贵族的基本修养，不学诗，一个人就无法进入当时上层社会政治活动、外交活动的话语系统，即没有发言权。在这一点上，孔子不过顺俗而言之，并无发挥。孔子论《诗》与前人不同的是，扩大《诗》的教化功能，开出了《诗》教系统。《礼记·经解》引孔子的话说："温柔敦厚，诗教也。"

作为《诗》的教化功能，我们可以从孔子与子贡、子夏、伯鱼等人有关《诗》的讨论中，进一步看出其对诗教的高度关注。子贡向孔子求教贫穷与富有的合理的人生态度时，子贡的态度是"贫而无谄，富而无骄"，孔子回答："可也，未若贫而乐，富而好礼者也。"子贡由孔子的回答马上联想到《诗》之《卫风·淇澳》"如切如磋，如琢如磨"，讲的就是老师所说的境界吗？孔子对子贡的引诗，大为赞叹："赐也，始可与言诗已矣，告诸往而知来者。"切磋琢磨即精益求精，好上更好。从《论语》到《大学》，

---

① 《论语·阳货》。

"如切如磋，如琢如磨"，被儒家人物反复引用。这说明：《诗》已经被经典化，其文本的原始意义指谓如何已经不十分重要，重要的是《诗》中的经典名句已经成为原始典范，已经是类比、类推、借喻的典型象征，《诗》的意义可以引喻、发挥、类推，从而使《诗》由具体升华到抽象，成为抽象的具体。

与回答子贡论《诗》不同，孔子回答子夏问《诗》，直接说"绘事后素"。此三句连读，不见于现存《诗经》，有人认为是佚诗。我们认为也有可能是今本《诗经》中亡佚了"素以为绚兮"一句。《诗·卫风·硕人》有"巧笑倩兮，美目盼兮"两句，而"素以为绚兮"一语可能亡佚了。如果子夏所问与此诗有关，《诗》之本义，其意义就很好理解，齐庄公之女，卫庄公之妻，齐国东宫得臣之妹，她乖巧的笑颜上跃动着两个美丽的酒窝，两个亮晶晶的眼睛黑白分明。如果《诗》只有本义，没有引申义，子夏不会问"何谓也"如此简单的问题。如果"素以为绚兮"紧接上两句而来，那么，孔子回答"绘事后素"就是对《诗》之文本合乎逻辑的引申。显然，庄姜出身高贵，地位显赫，生得"手如柔荑，肤如凝脂，领如蝤蛴，齿如瓠犀，螓首蛾眉"，然而所有这些美丽的外表，都是先天的、形体的、父母赐予的、自己所不能决定的，而"巧笑倩兮，美目盼兮"，一笑一盼，则是后天的、精神的、自己修为而获取的。无此一笑一盼，庄姜的美如同人造的蜡像，经此一笑一盼，这个形体立即生动、活跃起来了，这就是点睛之笔。"素以为绚兮"，如此鲜明、美丽、动人的庄姜，再饰以素粉，那就更加光彩照人，可谓锦上添花，此乃神来之笔。孔子答以"绘事后素"。"绘事后素"即一幅绘画，画面有丰富的内容，艳丽的色彩，但要经过素粉的勾勒才能生动地呈现出来。然而，子夏进一步回答"礼后乎?"的确耐人寻味，是《诗》意义的"转折上的突变"，是《诗》意的升华。不过，这种转折与突变完全顺孔子解《诗》的意义而来，是孔子解《诗》的逻辑引申，故而孔子赞赏地说："起予者，商也! 始可与言《诗》已矣。"几经转折，将《诗》引入诗教上来，这是儒门诗学。

从"不学《诗》，无以言"，到"人而不为《召南》，其犹正墙面而立也与"，足见《诗》在孔子心目中的地位。"无以言"就是无法言，"正墙面而立"就是无法行，《诗》的教养是春秋时代士人的基本教养，失却这种教养，士人之言行就会陷入进退无据的困顿之局。"迩之事父，远之事君"，事父，由自然伦理而成孝悌，事君，由社会伦理而成忠敬，《诗》之教化功能充分显现。《诗》之所以有"经夫妇，成孝敬，厚人伦，美教化，移风俗"之功，实乃孔门《诗》学开出。这是《诗》而为"经"的重要根据。

孔子与弟子论《诗》，孔子的《诗》评，究竟是否合乎《诗》的原义，或者是否是《诗》的应有之意？董治安先生曾指出："丰富多彩的诗歌事实上被很大程度地附会和曲解；而漫无涯际地演绎引申、支离零碎的考索求证，也往往阉割和掩盖了许多诗篇于生命力的内容，从而使得人们'只知有经，不知有诗'。"① 这种批评对恢复《诗》的原生态，当然有意义。然而一部《诗》的经学传承史果真是"附会和曲解；而漫无涯际地演绎引申、支离零碎的考索求证"吗？果真是"阉割和掩盖了许多诗篇于生命力的内容"吗？其实也不尽然。《诗》不入经，可能会如八索、九丘一样，淹没于历史的长河之中，唯其是经，才有了那么多的学者皓首以穷经，才有了《诗》学传统。"只知有经，不知有诗"，固然不对，但如果反过来说，只有诗，没有经，可能诗已不存。孔门对《诗》的诠释是创造性的诠释，不是还原主义的诠释。创造性诠释即《诗》的诠释者与《诗》之原作者的对话活动。它是透过《诗》的文本意义或者原始意义，去领会《诗》的深层意蕴或者象征、引喻、类推意义，究竟是否为《诗》所允许？是《诗》的本质问题，不能不作出说明。

自《诗》形成以来，创造性领悟《诗》就是解《诗》的流行方式。自春秋到战国，从政治人物到诸子，或引《诗》证事，或引《诗》论人，或引《诗》言理，或赋《诗》见志，皆非对《诗》进行还原主义的理解，而是对《诗》意进行类推、借喻、引申。董治安先生指出："《左传》、《国语》中七十四条赋诗，多涉及君国大事、要事，是时人在'聘'（周王与诸侯或诸侯与诸侯之间派专使访问）、'盟'（一般为诸侯间订立协议的盟会）、'会'（一般为诸侯、大夫政治性聚会）、'成'（相到协议）等场合发表意见、表白态度、表达愿望，以求达到某种政治目的的重要手段。""人们在

---

① 董治安：《先秦文献与先秦文学》，齐鲁书社 1994 年版，第 3 页。

交往当中不直言其事，有意采用唱诗、诵诗的方式，是春秋时代（甚至包括前后一段时间）一种特殊的社会风气。"① 大凡唱诗、诵诗之所以可以表达自己的意见、志向、愿望和要求，对方之所以可以了解自己的意见、志向、愿望和要求，在于人们对诗意有认知、理解上的共同的"前结构"，从而才能体察彼此的心意。唱《诗》者对《诗》意已作别解，而解《诗》者也非局限于《诗》之文本原始意义。当时如果一定要求还原到《诗》之文本的原意上去，一定会"诵诗三百，授之以政，不达；使于四方，不能专对"，恐为天下士人笑。

　　孔子的《诗》教，是顺应解《诗》之传统而来，而五四以后所谓还原主义的《诗》学传统恰恰背离了春秋时代解《诗》的方向，而将《诗》还原到原生态即采集前的状态。《诗》散在民间或只在士大夫手里，未经"王官采集"或未经献诗之前，诗之本文、原始义当然是第一位的存在，然而王官采诗总有所采之根据，那些不合乎其要求的当然不在其采集之列，即使采集上来也未必能编集成册，得以传唱、讽诵而流传下去。《诗》三百篇在春秋时代，重要的不是《诗》作者的本文，而是采集者、编纂者的意义、根据是什么？这些根据就是唱诗者、诵诗者理解诗的共同"前结构"。从而使《诗》具有了教化功能与政治功能，《诗》正是借助这些功能才上升到"经"的地位，才有了《诗经》传统。

　　关于《书》。《书》在《论语》中的称引次数远远不及《诗》，当然这并不能证明《书》的地位不如《诗》重要。在孔子心目中，《书》与《诗》可以等量齐观。所谓"子所雅言，《诗》、《书》执《礼》，皆雅言也"②。雅言即正言，即标准的官方话。《论语》称引《书》总共三处，除上面的所引外，还有两处，分别存于《为政》和《宪问》：

　　　　或谓孔子曰："子奚不为政？"子曰："《书》云：'孝乎惟孝，友于兄弟，施于有政'。是亦为政，奚其为为政？'"③

　　　　子张曰："《书》云：'高宗谅阴，三年不言'，何谓也？"子曰：

---

① 董治安：《先秦文献与先秦文学》，齐鲁书社 1994 年版，第 23—24 页。
② 《论语·述而》。
③ 《论语·为政》。

"何必高宗，古之人皆然，君薨，百官总已以听于冢宰，三年。"①

为政相当于今天的从政，致力国家的管理活动。有人问孔子为什么不出来从政？孔子以《书》为据，指出自己所从事的教化大众，让人人知道孝敬父母，友爱兄弟的工作，完全可以运用到政治上去，所以这就是"为政"。当然，这是否是孔子不出来从政的原因，我们无从知晓；不过，这反映了孔子的家国观念，即家国一体。治理国家应从整治家庭开始。从人人孝敬父母、友爱兄弟开始，这是孔子治国的逻辑秩序。

在《宪问》篇中，子张提出了看似具体历史知识的问题，而这一历史知识却关乎儒家价值取向以及对传统的态度。"谅阴"即居丧，孔子与学生宰我之间曾就三年之丧的问题发生了激烈的论争。宰我从社会的客观功效出发，认为三年之丧时间太长，为父母守丧一年就够了，孔子从情感角度论证三年之丧的合理性。子张"高宗谅阴，三年不言"之问，可谓呼应宰我三年之丧的疑问而来，子张以《书》中的历史事实使孔子进一步阐明三年之丧即天下之通丧的古老传统。

孔子直接评《书》，与学生直接讨论《书》的地方并不多，仅有三条，而论《诗》多达十条。这虽不能说孔子重《诗》而轻《书》，但说明孔子与学生对《书》的关注逊于对《诗》的关注。众所周知，孔门"四科"，德行、政事、言语、文学，文学即范宁谓"善先王之典文"，作为"先王之典文"的《书》的意义应大于《诗》的意义。从孔子自述"述而不作，信而好古"来看，《书》的意义也不逊于《诗》。孔子述往圣，开来学，缅怀尧、舜、禹、汤、文、武、周公之德，其根据无不在《书》的记载之列。

关于礼。如果说仁是孔子思想的核心，那么礼就是孔子思想的表现形式；如果说仁是孔子思想之体，那么礼就是孔子思想的显用或作用。礼体现了孔子对传统的继承，而仁代表了孔子对传统的创辟。孔子述往圣，开来学，融旧铸新，仁礼两范畴足以当之。礼言其旧，仁言其新；礼言其述，仁言其作；仁礼合一，是孔子学说的基本特质。

礼，古已有之。"殷因于夏礼，所损益，可知也；周因于殷礼，所损

---

① 《论语·宪问》。

益，可知也；其或继周者，虽百世可知也。"① 夏礼、殷礼、周礼因革损益，一脉相承。不少学者指出，在夏以前，具体地说在虞舜时代，虞礼就已经存在②，甚至还可上溯到唐尧之礼，这个说法我们认为合乎情理。礼作为社会制度、行为规范不是突然降生的，它从萌生到形成有一个漫长的历史过程。在这个过程中，可能经几许变化、过滤、沉淀、累积，逐步使礼完善、丰富起来，即使到夏、商、周三代，礼仍然在发展中、变化中和完善中。在孔子时代，周礼最为完备，故而孔子有从周之叹，但孔子认为，周礼依然是变化的、发展的甚至是会被继周者所损益。

孔子精于礼，幼年的孔子，在母亲颜徵在的教导下，"为儿嬉戏，常陈俎豆，设礼容"③。孔子的妈妈是一位伟大的母亲，是寓教于乐的典范，一个"常"字将读者带入孔子幼时演礼的场景。"子入大庙，每事问。"④ 孔子所问者何？曰：礼也。"孔子去曹适宋，与弟子习礼大树下。"⑤ "卫灵公问陈于孔子。孔子对曰：'俎豆之事，则尝闻之矣，军旅之事，未之学也。'"⑥ 俎豆之事即礼仪之事。孔子的一生是践行礼义的一生，也是教授礼、演习礼的一生，无论是造次，还是颠沛；是进，还是退；是燕居，还是临民；一切皆以礼为标准。克己复礼，视、听、言、动合乎礼，是孔子的追求。他要求学礼、习礼而最终"立于礼"。礼在孔子那里，由春秋早期的天之经、地之义、物之则、民之行等哲学总括，落实为国家制度及个人修养的道德规范体系，这是孔子对礼的改造与发展。

孔子与三礼⑦究竟是什么关系？一般学者认为，孔子与《周礼》没有直接关系，即使依汉人刘歆的说法，《周礼》是周公致太平之书，为周公所作，著作权也不在孔子。后世学者多疑此说，不少学者认为它是战国时期的作品。不过，至今没有翔实的史料说明《周礼》的出现与孔子有直接关联。

---

① 《论语·为政》。
② 杨向奎、邹衡、陈戍国等人主张此说。参见陈戍国《中国礼制研究》（先秦卷），湖南教育出版社 1999 年版，第 96—97 页。
③ 《史记·孔子世家》。
④ 《论语·八佾》。
⑤ 《史记·孔子世家》。
⑥ 《论语·卫灵公》。
⑦ 指《周礼》、《仪礼》、《礼记》。

《礼记》（指小戴礼四十九篇），《汉书·艺文志》："《记》百三十一篇"，班固自注云："七十子后学者所记。"唐人陆德明《经典释文叙录》："《礼记》者，本孔子之徒共撰所闻，以此为记。后人通儒各有损益。"司马迁谓："《书传》、《礼记》自孔氏。"① 对史迁之说，学者多不采信。我们认为，《礼记》有孔子的影子，或贯彻着孔子的礼学思想，或是对孔子礼学思想的发挥，主要为孔子弟子和再传弟子所撰。

《仪礼》，又称《礼》、《士礼》或称《礼经》。有的学者指出，《仪礼》出于孔子。《礼记·杂记》载："恤由之丧，哀公使孺悲之孔子学士丧礼，士丧礼于是乎书。"《论语·阳货》记载，孺悲欲见孔子，孔子辞以疾，将命者出户，孔子取瑟而歌，使之闻之。如果孺悲欲见孔子一事发生在孺悲学士丧之礼后，孔子不见，可能是因孺悲学士丧礼而无士之行。如果此事发生于孺悲学士丧之礼之前，《礼记·杂记》所记就值得怀疑。在没有新证出现之前，暂且存疑。蒋伯潜在《十三经概论》中，引证《论语·乡党》、《礼记·礼运》、《礼记·仲尼燕居》等有关材料，证明《仪礼》十七篇，"当为孔子所定，以教弟子，正因冠昏丧祭乡射朝聘八者，已足揽礼之大纲"。② 蒋氏之说在《史记》中也有根据。孔子之时，所谓"幽厉微而礼乐废，诸侯恣行，政由强国。故孔子闵王路废而邪道兴，于是论次《诗》《书》，修起礼乐"③。"孔子之时，周室微而礼乐坏，《诗》《书》缺。追迹三代之礼，序《书传》，上纪唐虞之际，下至秦缪，编次其事。""故《书传》、《礼记》自孔氏"④。周室微而礼乐坏，但礼乐并没有完全失传。重整礼乐，接续文、武、周公传统，保存华夏礼乐文明，是孔子终身的事业。"卫公孙朝问于子贡曰：'仲尼焉学？'子贡曰：'文武之道，未坠于地，在人。贤者识其大者，不贤者识其小者，莫不有文武之道焉。夫子焉不学，而亦何常师之有？'"⑤ 圣人无常师，能者为师，这里的文武之道即周代的礼乐，所谓"贤识其大者"，乃是说贤者犹能掌握礼乐规范之大体，所谓"不贤者识小

---

① 《史记·孔子世家》。

② 蒋伯潜：《十三经概论》，上海古籍出版社1983年版，第328—329页。

③ 《史记·儒林传》。

④ 《史记·孔子世家》。

⑤ 《论语·子张》。

者"，乃言不贤者犹能记住礼乐文化之末节。师襄、苌弘、郯子等，都是子贡心目中"识其大者"，而"入太庙，每事问"，所问可谓礼之小节。孔子订定礼，应是历史事实。不过，即使礼乐经孔子所订定，甚至《仪礼》果真为孔子所作，然而周旋揖让、出处进退之仪节，自然会因革损益，与时推移，《仪礼》的内容对当代社会的制礼作乐只有参考价值了。"三礼"对后世影响最大，至今仍然有不可低估的理论与实践价值者在《礼记》。

《乐》，是"六经"之一，后世亡佚了。《诗》、《书》、《礼》、《乐》，是先秦时代士大夫的基本教养。《诗》、《书》代表了文化知识，《礼》代表着制度与规范，《乐》有类于今日的艺术与美育。"兴于《诗》，立于礼，成于乐。"① 《诗》为诗教，《礼》为礼教，《乐》为乐教，三者三位一体，共同发用才能造就健全的人格和人的全面发展。乐，古已有之，周室微而礼乐坏，"乐之坏"坏于"郑声之乱雅乐也"②。孔子厌恶这种状况，故坚决地予以纠正。"子曰：'吾自卫返鲁，然后《乐》正，雅、颂各得其所。'"③ 鲁哀公十一年（公元前484年），季康子礼迎孔子归鲁，此后孔子专心从事整理"六经"与教授学生的工作。正《乐》，是孔子晚年工作的重心之一。"三百五篇，孔子皆弦歌之，以求合韶、武、雅、颂之音，礼乐自此可得而述，以备王道，成六艺。"④ 依司马迁的看法，《诗》全部入乐，使之合于韶、武、雅、颂之音，自孔子始。传至战国，纵横捭阖之士直接言利陈害，合纵连横，赋《诗》见志已不流行，"聘问歌咏已不行于列国"。乐之多样性已是大势所趋，《诗》、《乐》分家已不可避免，最终《诗》传而《乐》亡。

与礼一样，孔子对乐也注入了新的精神、新的内涵，即引仁入乐。所谓"乐云乐云，钟鼓云乎哉？"⑤ 乐，当然不能只是徒有其音的钟鼓之声，乐有乐的内在精神，这个精神就是仁。"人而不仁，如乐何？"⑥ 乐有了内在精神，就不在仅仅是"乐"（lè），而是承载着"道"的乐教了。

乐教，是孔子教育学生的重要内容，也是孔子教化学生的重要手段。

---

① 《论语·泰伯》。
② 《论语·阳货》。
③ 《论语·子罕》。
④ 《史记·孔子世家》。
⑤ 《论语·阳货》。
⑥ 《论语·八佾》。

《史记·孔子世家》载："《诗》三百篇，夫子皆弦歌之。""弦歌之"之后
并不是将其束之高阁，而是用以教化学生，进而教化大众。"子曰：'由之
瑟奚为于丘之门？'门人不敬子路。子曰：'由也升堂矣，未入于室也。'"①
《说苑·修文》记载，子路鼓瑟有"北鄙之声"、"杀伐之气"，与孔子所主
张的雅、颂之音不合，故孔子批评子路。但从孔子的批评中，我们知道子路
之瑟确实出于孔子之门。《论语·先进》篇记载，曾晳"鼓瑟希，铿尔，舍
瑟而作"，说明乐与孔门如影相随。即使在陈蔡绝粮之际，"从者病，莫能
兴。孔子讲诵弦歌不衰"②。"子与人歌而善，必使反之，而后和之"。③ 诸
如此类，在早期儒家典籍中并不稀少，足见乐教在孔子教育体系中占有重要
地位。

　　孔子的乐教指向学生的同时，也指向社会大众，最终化民成俗。《礼
记·经解》引孔子的话说："入其国，其教可知也。其为人也，……广博易
良，乐教也。"乐教可使人民豁达、平易和善良。孔子的学生子游任武城
宰，推行孔子的礼乐教化，成效显著，深得孔子的赞赏。"子之武城，闻弦
歌之声，夫子莞尔而笑曰：'割鸡焉用牛刀？'子游对曰：'昔者偃也闻诸夫
子曰：君子学道则爱人，小人学道则易使也。'子曰：'二三子，偃之言是
也，前言戏之耳！'"④ 满城遍闻弦歌声，在两千五百多年前的中国大地竟
然出现了，这是多么令人向往的生活情景啊！这种以乐教治国，让"弦歌
之声"上达君子，下及寻常百姓，这是孔门的真精神。

　　孔子乐教的另一意义，是开出了乐之鉴赏之先河，为乐乃至为一切艺术
作品规定了评鉴标准。"子语鲁大师乐，曰：'乐其可知也：始作，翕
如也；
从之，纯如也，皦如也，绎如也，以成。'"⑤ 从"始作"到"以成"，孔子
向人们展示了乐之跌宕起伏、层层推进的演奏过程。"翕如也"，言乐始起
即将人的精、气、神提起来，凝聚起来；"纯如也"，言乐调之和谐；"皦如
也"，言乐调之鲜明、清晰；"绎如也"，言乐绵绵不绝，余音绕梁，令人陶

---

① 《论语·先进》。

② 《史记·孔子世家》。

③ 《论语·述而》。

④ 《论语·阳货》。

⑤ 《论语·八佾》。

醉。正是："师挚之始，《关睢》之乱，洋洋乎，盈耳哉!"① 乐之感人心之深，让你想忘不容易!"子在齐闻韶，三月不知肉味。曰：'不图为乐之至于斯也。"② 《淮南子·主术训》记载："孔子学鼓琴于师襄，而谕文王之志，见微以知明也。""谕文王之志"，由乐之演奏、欣赏可以思见乐之作者的志向、情操、动机，想象其为人的态度、处事的风格、精神的品质，这就是"见微以知明也"。

孔子对乐规范了评鉴标准。"子谓韶：尽美矣，又尽善也。谓武：尽美矣，未尽善也。"③ 韶，虞舜时代的乐名；武，武王乐。朱子认为："舜绍尧致治，武王伐纣救民，其功一也，故其乐皆尽美。然舜之德，性之也，又以揖逊而有天下；武王之德，反之也，又以征诛而得天下，故其实有不同者。"④ 朱子的解释是政治学的解释，当然不是全无道理。然而，换一角度，也许更合乎孔子本义。显然，孔子认为评鉴乐乃至一切艺术品有两个标准：一是美的标准，即艺术标准，一是善的标准，即社会标准。韶乐用艺术标准评价可称得上是完美的作品，从社会效果上看，韶乐完全合乎善的标准。而武乐在艺术上是完美的作品，而在社会效果上，由于充满杀伐之气，故而还有不完善之处。在孔子看来，艺术品应是美与善的统一。

关于《易》。在汉人看来，《易》与孔子有重要关系，《史记·孔子世家》载："孔子晚而喜《易》，序《彖》、《系》、《象》、《说卦》、《文言》，读《易》，韦编三绝。曰：'假我数年，若是，我于《易》则彬彬矣。'"《汉书·艺文志》亦云："孔氏为之《彖》《象》《系辞》《文言》《序卦》之属十篇。故曰《易》道深矣，人更三圣，世历三古。"孔子作"十翼"两汉并无异辞。自宋以下，不少学者怀疑孔子与"十翼"的关系，降至现代，坚持汉人说法的学者已经十分稀少了。无论"十翼"是否是孔子所亲著，孔子与《易》有着密切关系是大多数学者承认的事实。

《论语》一书至少两处直接言《易》。其一，"子曰：'加我数年，五十

---

① 《论语·泰伯》。

② 《论语·述而》。

③ 《论语·八佾》。

④ 朱熹：《论语集注》，上海古籍出版社1987年版，第13页。

以学易，可以无大过矣。"① 其二，"子曰：'南人有言曰：人而无恒，不可作巫医。善夫！不恒其德，或承之羞。子曰：不占而已矣。'"② "五十以学易"既合乎《史记》"孔子晚而喜易"，又合乎1973年湖南长沙马王堆汉墓出土的帛易《要》中"夫子老而好易，居则在席，行则在囊"之说。孔子与《易》有关很少有人否认。"不恒其德，或承之羞"，是《恒》卦九三爻辞，现代易学界对这句话有不同的理解。李境池先生认为，这是狩猎时代的社会情形，意思是说狩猎不常常得到，但依然可以得到珍羞享用。结合《论语》上下文，大多数学者认为，这句话是说一个人没有恒常的操守，难免会招致羞辱。孔子说，对没有恒常操守的人不用占算了（肯定没有好结果）。孔子的这一思想与《要》篇的思想完全符合。当子贡问孔子："夫子亦信其筮乎？"孔子的回答是："我观其德义耳，吾与史巫同途而殊归。""观其德义"是孔门易最大的特征，由此而开出易之义理系统。《易》含象、数、理、占四方面内容，孔子对筮占并不陌生，虽然孔子之占也只能"百占而七十当"，不过，也足以说明孔子所说的"不占而已矣"不是无根之谈。

　　《春秋》，一经而三传。经，以传统的说法，为孔子作，传分《春秋左氏传》、《春秋公羊传》、《春秋谷梁传》，是对孔子之经的解释。《春秋左氏传》自汉以下，属古文经，其他两传属今文经。近代以来，不少学者主张，《春秋》经传分离，经自经，传自传。然而也有学者坚决反对经传分离之举，主张《春秋》经、传（指《左传》）一体，不可分离。孔子著《春秋》，始见《孟子》。孟子指出："世衰道微，邪说暴行有作，臣弑其君者有之，子弑其父者有之，孔子惧，作《春秋》。《春秋》，天子之事也。是故孔子曰：'知我者，其惟《春秋》乎！罪我者，其惟《春秋》乎！'"③ 又说："昔者禹抑洪水而天下平，周公兼夷狄，驱猛兽而百姓宁，孔子成《春秋》而乱臣贼子惧。"④《史记·孔子世家》载：子曰："'弗乎！弗乎！君子病没世而名不称焉。吾道不行矣，吾何以自见于后世哉？'乃因史记作《春

① 《论语·述而》。
② 《论语·子路》。
③ 《孟子·滕文公下》。
④ 《孟子·滕文公下》。

秋》，上至隐公，下讫哀公十四年，十二公。据鲁、亲周、故殷，运之三代。"又说："孔子在位听政，文辞百可与人共者弗独有也。至于为《春秋》，笔则笔，削则削，子夏之徒不能赞一辞。"《史记·太史公自序》也说："孔子知言之不用，道之不行也，是非二百四十二年之中，以为天下仪表，贬天子，退诸侯，讨大夫，以达王事而已矣。子曰：'我欲载之空言，不如见之于行事之深切著明也。"又说："夫《春秋》上明三王之道，下辨人事之纪，别嫌疑，明是非，定犹豫，善善恶恶，贤贤贱不肖，存亡国，继绝世，补敝起废，王道之大者也。"由孟子、司马迁对《春秋》的评价衡之，《春秋》与其说是编年史，不如是说政治哲学、历史哲学著作。

以孟子的见解，"王者之迹熄而《诗》亡，《诗》亡然后《春秋》作"①。当然，这里的《春秋》是各国史书的通称，未必专指孔子所作之《春秋》，孟子认为孔子著《春秋》集诸国书史之大成。"其义则丘窃取之矣"，是文化史上的重大事件，标志着文化形态的转变，这种转变即由"诗"的形态而转向"史"的形态。这一转变意味着"史官"把握历史的评判权。

孔子所著的《春秋》与传本《春秋》，究竟是什么关系？依熊十力先生的说法："孔子《春秋》经、传全亡，公羊氏传口说，何休以后遂无闻。"②或如匡亚明先生所言：孔子编修《春秋》毫无疑问，然而"孔子是把《春秋》作为现代史教材进行教学的。这只是一部教学大纲"③。经数千年之流传，在文字传播相当落后的古代社会，孔子著《春秋》的历史真相也许很难还原了，但绝不可能如熊十力所说经、传全亡，传本《春秋》肯定有孔子的影子。孔子著《春秋》在中国文化史上的最大意义，在于开出了中国独特的史学传统，即寓褒贬，别善恶，盖棺论定，鉴古知来，以史论政。

《诗》、《书》、《礼》、《乐》、《易》、《春秋》，古已有之，然而经过孔子的"删""纂""修""正""赞""作"等工夫，六经（实为五经）发生本质上转化。孔子在中国文化上的意义，不仅仅在于他是古文献的整理者、传授者，还在于他是中国经学文化的真正奠基者、文化典范的创造者。由他

---

① 《孟子·离娄下》。
② 熊十力：《熊十力全集》第六卷，湖北教育出版社2001年版，第430页。
③ 匡亚明：《孔子评传》，齐鲁书社1985年版，第353—355页。

开始，《诗》而为《诗经》，由《诗经》而为诗教；《书》而《书经》，由《书经》而为书教；《礼》而为《礼经》，《礼经》而为礼教；《乐》、《易》、《春秋》皆可以此类推，无不然也。"六经"或"六教"是一完整的文化系统，它们共同发用，共同型塑了中国人的性格与品格。"其为人也，温柔敦厚而不愚，则深于《诗》者也；疏通知远而不诬，则深于《书》者也；广博易良而不奢，则深于《乐》者也；絜静精微而不贼，则深于《易》者也；恭俭庄敬而不烦，则深于《礼》者也；属辞比事而不乱，则深于《春秋》者也。"① 在《庄子·天下篇》看来，《诗》、《书》、《礼》、《乐》代表了中国古代的"内圣外王之道"的"道术"，此道术"邹鲁之士，搢绅先生，多能明之"。"《诗》以道志，《书》以道事，《礼》以道行，《乐》以道和，《易》以道阴阳，《春秋》以道名分。"在荀子看来，六经包罗万象，囊括天地理。"故《书》者，政事之纪也；《诗》者，中声之所止也；《礼》者，法之大分，类之纲纪也；……《礼》之敬文也，《乐》之中和也，《诗》、《书》之博也，《春秋》之微也，在天地之间者毕矣。"② 《汉书·艺文志》亦言："六艺之文：《乐》以和神，仁之表也；《诗》以正言，义之用也；《礼》以明体，明者著见，故无训也；《书》以广德，知之术也；《春秋》以断事，信之符也。五者，盖五常之道，相须而备。"从先秦到两汉，学者大都视五经为一个整体，代表或体现中国文化的基本构造。直到 20 世纪，马一浮先生仍然认为，六艺是孔子之教，"吾国二千余年来普遍承认一切学术之原，皆出于此，其余都是六艺之支流。""今楷定国学者，即六艺之学，用此代表一切固有学术，广大精微，无所不备。"③ 由马一浮先生之思想，完全可以推出孔子乃国学真正的奠基者。

　　六经、六艺或六教，随着孔子的地位在中国历史上的抬升，《诗》、《书》、《礼》、《乐》、《易》、《春秋》等早已冲破文辞文本的限制，在中国文化、学术、思想史中取得了至上性、神圣性地位，形成了源远流长的经学传统，长期扮演着官方意识形态的角色，由此对中国政治、经济、文化、风俗习惯、民族性格、思想方式等都发生了重大影响。这种影响至今依然

---

① 《礼记·经解》。

② 《荀子·劝学》。

③ 《泰和会语》，见《现代新儒家学案》上册，中国社会科学出版社 1995 年版，第 680 页。

可见。

4. 下开九流：孔子乃诸子之源

上承六经，孔子乃经学之鼻祖，下开九流，孔子乃诸子之源。我们说，孔子以文自任，是文化自觉之第一人。"六经"通过孔子的整理，不再是孤立的、个体存在的先王之旧典，而是作为一个系统出现于中国历史舞台。这是孔子对中国文化的最大贡献，也是他超越尧、舜、禹、汤、文、武、周公而成为集诸圣之大成者的最重要根由。由此，"自孔子以前数千年之文化，赖孔子而传"。

"自孔子以后数千年之文化，赖孔子而开"，孔子下开九流，乃诸子学之源。没有孔子，就没有战国时代诸子并作、百家争鸣时代的出现。"夫周室衰……而礼乐坏，诸侯恣行，政由强国。故孔子闵王路废而邪道兴，于是论次《诗》《书》，修起礼乐。适齐闻《韶》，三月不知肉味。自卫返鲁，然后乐正，《雅》、《颂》各得其所。……故因史记作《春秋》，以当王法，以辞微而指博，后世学者多录焉。"① 司马迁认为孔子就是中国文化的善述者、继承者、集大成者。孔子打破"学在官府"的局面，开创私人讲学之风，在"有教无类"原则下，他所办的学校向全社会敞开，向所有人开放。他是中国历史乃至人类历史最杰出、最伟大的教育家，是位最成功的老师。他办学的目的：一方面是培养改造社会、管理社会的从政人员，另一方面，培养中国文化统绪的传人，以求中国文化继往开来，让华夏文化薪火相传，生生不息。就前者言，孔子"以道易天下"的理想在他活着的时候并没有实现，就后者说，他却取得了极大的成功。正是通过他的弟子代代相传，中国文化不仅被保存下来，而且还不断被发扬光大。

"自孔子卒后，七十子之徒散游诸侯，大者为师傅卿相，小者友教士大夫，或隐而不见。故子路居卫，子张居陈，澹台子羽居楚，子夏居西河，子贡终于齐。如田子方、段干木、禽滑釐之属，皆受业于子夏之伦，为王者师。是时独魏文侯好学。"② 孔子是中国历史乃至人类历史上最成功的教育家，终身从事教育活动，弟子众多，以孔子为中心形成了庞大的文化集团与

---

① 《史记·儒林列传》。
② 《史记·儒林列传》。

学者团队。在孔子生前，孔门弟子就已经开始散游四方，澹台灭明率弟子三百余人过江（有的学者认为此事不可信，我们认为怀疑的理由不充分），而其他学生的弟子肯定也不是少数。所谓子张氏之儒、颜氏之儒、漆雕氏之儒、子思之儒（子思即原宪，非孔子之孙），子夏的西河学派、曾参的洙泗学派等，孔子及其学术群体的出现悄然之间成为影响中国历史进程的重大事件，不期然而为中国文化史、思想史上第一个黄金时代——百家争鸣的出现奠定了基础。正是孔子及其学生乃至再传学生的努力，使文化迅速下移而且广为传播，一大批社会底层人士由于接受教育而由农、工、商转化为士（文士），由士进而转入家、国、天下事务的决策与管理集团，并造就了士（文士）阶层的出现。士阶层的崛起，为战国时代诸子并作、百家争鸣的出现提供了人力资源与文化准备。如果百家争鸣是中国文化史上一座高峰，那么孔子及其学生就是这座高峰的基石。

　　班固《汉书·艺文志》明确指出：儒、墨、道、法、名、阴阳、纵横、杂、农等诸子百家皆"六经"之支与流裔，"六经"可谓先秦一切诸子的总源头。这里的"六经"当然是指经孔子删述的"六经"，因而可以说，孔子是诸子之总源头。《汉书·艺文志》指出："诸子十家，其可观者九家而已。皆起于王道既微，诸侯力政，时君世主，好恶殊方，是以九家之术蜂出并作，各引一端，崇其所善，以此驰说，取合诸侯。其言虽殊，辟犹水火，相灭亦相生也。仁之与义，敬之与和，相反而皆相成也。……今异家者各推所长，究知究虑，以明其指，虽有蔽短，合其要归，亦《六经》之支与流裔。"《汉书·艺文志》的诸子起于王官说，章太炎确信无疑，而胡适则力驳其非，认为诸子皆报救世之热忱，应时而起。"诸子出于王官"说与其说是诸子出现之"因"，不如说是"果"，即诸子学说出现之后，班固因以诸子的学术倾向而类比于周代的王官职能，而不是说周代某种王官失守而降为某某子及创立某家学说。六经或六艺乃孔子以前中国文化总汇，即古之道术，为中国思想文化的总源头，从这个意义上说，诸子为六经之支与流裔。"六经"之总汇在孔子，从这个意义说，诸子又为孔子之支与流裔。

　　诸子出于王官固不可全信，而诸子皆六经之支与流裔则确然有据。《庄子·天下篇》认为"配神明，醇天地，育万物，和天下，泽及百姓，明于本数，系于末度，六通四辟，小大精粗，其军无乎不在，其明而在数度者，旧法世传之史尚多有之。其在于《诗》、《书》、《礼》、《乐》者，邹鲁之士、搢绅先生多能明之。《诗》以道志，《书》以道事，《礼》以道行，《乐》以道和，《易》以道阴阳，《春秋》以道名分。其数散于天下而设于中国者，百家之学时或称而道之"。"古之道术"存在于《诗》、《书》、《礼》、《乐》之中，而《诗》、《书》、《礼》、《乐》只有"邹鲁之士、搢绅先生"多能明之。邹鲁之士当然是指孔门之徒的儒者，"搢绅先生"是指具有官守的人。降至战国，六经所代表的古之道术已"为天下裂"，为百家之学的"方术"取代了。《庄子·天下篇》的作者认为：墨翟、禽滑釐、宋钘、尹文、彭蒙、田骈、慎到、关尹、老聃、庄周、惠施等诸子都只是体现"古之道术"之一端的"方术"，而孔子等儒家人物体现了全体大用的"道术"，所以孔子不与诸子并列，甚至颜子、子思、孟子等儒家著名人物都不与诸子并列。在《庄子·天下篇》作者看来，孔子所代表的儒家显然高于诸家，不能与诸子所代表的百家之学等量齐观。因为这些"邹鲁之士"深谙"道术"，而诸子即墨翟、禽滑釐、宋钘、尹文、彭蒙、田骈、慎到、关尹、老聃、庄周、惠施只明"方术"，"道术"是中国文化之大体，而"方术"是对中国文化之大体某一方面的抽演，"邹鲁之士"高于诸子百家之学。

章太炎先生论儒家有共名、达名、私名之分，我们至今对"儒"的用法仍然如此。当我们说某人是"儒商"，某人是"儒将"，某人很"儒雅"时，这里的儒显然不是说他属于儒家学派或是儒家的信徒，而是说他是一个有教养、有水平、有文化的人，这是儒之共名。从共名的意义上，近代人甚至称西方传教士利玛窦等人为"西儒"，凡一切有教养、有文化的人都可以称为"儒"。"与人敬而无失，恭而有礼，四海之内皆兄弟也。"①兄弟者，儒者之同道也。从这个意义上说，墨、道、名、法等皆可称为"儒"。孔子只是顺应中国文化的大流、主流而来，只有以文自任的"斯文在兹"的意识，只有"有教无类"育化大众、泽被苍生的理想，只知努力从事"以道易天下"的客观实践和"知其不可而为之"的主观努力，本无什么宗，也非什么派，既然"天下一家"，"何家之有"？故而孔子所代表的是华夏文化

---

① 《论语·颜渊》。

的主流和人之所以为人的教养，如果说孔子是儒家，也只是在共名意义上的儒家。战国时代，诸子蜂出并作，中国文化主流、大流开始分化了、歧出了，出现了许多支流，有些支流有时甚至可以与主流分庭抗礼，出现了主流与众多支流界限模糊的现象。墨家、道家、法家、名家、阴阳家、纵横家等学派的出现，"各得一察焉以自好"，道术已为天下裂，代表与呈现"道术"的孔子后学不得不与之争是非，论短长，辨善恶，于是孔子门徒及其后学才有了儒家之名。

除儒家外，在先秦时期最为显赫的学派当属墨家。《韩非子·显学》篇开头便说，"世之显学，儒墨是也"，墨家与儒家并称显学，墨家的创始人墨子像孔子一样受到其信徒的热捧。墨学是从哪里来的呢？《淮南子·要略训》说："墨子学儒者之业，受孔子之术，以为其礼烦扰而不说，厚葬靡财而贫民，久服伤生而害事，故背周道而用夏政。"墨学源于儒家，或者说是从儒家阵营中出走的反对派。没有孔子"有教无类"的办学方针，像墨子这样出身于社会低层的人不可能成为一代学者并开宗立派。孔子死后，孔子弟子散游四方，儒学在不同地区、从不同的方面对孔子思想进行引申和发展。然而，墨子从何处"学儒者之业，受孔子之术"？

我们认为，墨子很可能是从子张那里"学儒者之业，受孔子之术"的。理由有三：其一，墨子与子张一样都来自于社会的低层即所谓"贱人"，大致相同的出身背景容易形成共鸣、找到知音，墨子向子张学习是有可能的。从性格上分析，孔子称"师也辟"，师就是子张，辟就是偏激，就是不合乎中道原则即适度原则的"过"。墨子的行为是对孔子救世热忱的进一步强化，兼爱对仁爱不就是一种"过"吗？其二，从《论语》记载的子张言论中，我们可以看到子张的思想倾向与墨家最为接近。子张主张"尊贤而容众，嘉善而矜不能"[①]。"尊贤"与"尚贤"同义，"容众"与"兼爱"同功。其三，由荀子对子张氏之儒的批判，可以看出子张之儒与墨家接近。子张氏之儒当然不限于子张，而是指由子张所开出的整个学脉系统。"弟佗其冠，神禫其辞，禹行而舜趋：是子张氏之贱儒也。"[②]"逢衣浅带，解果其

① 《论语·子张》。
② 《荀子·非十二子》。

冠，略法先王而足乱世术，缪学杂举，不知法后王而一制度，不知隆礼义而杀诗书；其衣冠行伪（为）已同于世俗矣，然而不知恶者；其言议谈说已无异于墨子矣，然而明不能别。"①"禹行而舜趋"恰恰同于墨子的"背周道而用夏政"，"神禪其辞"正是《墨子》一书写作的最大特征。"其衣冠行伪已同于世俗矣"这里的"俗儒"就是子张之儒。墨子出于子张氏之儒，而子张氏之儒可能到战国后期依然是墨家的同盟军，由此荀子指斥子张之儒为"贱儒"、"俗儒"就完全可以理解了。

　　道家与孔子似乎关系不大。长期以来，不少人认为道家的创始人老聃是孔子的老师，《庄子》、《礼记》、《史记》等书都记载了孔子问礼的老聃。我们认为，孔子问礼于老聃这个人，不是写《老子》五千言的老聃。从古至今同名者多矣，在先秦，至少有两个公孙龙，有两个子思，有两个扁鹊等，不一一列举。老聃至少也有两个：一个是孔子向其问礼的老聃，一是著《老子》的老聃。两个老聃思想观念、价值趋向完全不同，到司马迁时就将两个人混同了。其一，孔子不可能向一位批判礼义忠信者问礼。既然是问礼，当然会向明礼、懂礼、崇礼之人问，而向批判礼的人问礼岂不是十分可笑吗？孔子问礼之老聃非著《老子》之老聃。孔子的"窃比于老彭"之老，即使这个"老"指老聃也不是道家创始人的老聃，而是孔子问礼的老聃。其二，韩愈、汪中、梁启超、冯友兰、罗根泽等都作了大量、翔实的考证，证明《老子》的作者不是春秋末年的老聃，而是战国初期的周太史儋。我们认为这个结论是可信的，虽然有的学者力驳其非，但证据不充分。

　　《老子》一书，其理念与价值观无不与《墨子》相反，可以说是墨家兴起后对墨家的挑战或者是对墨家学派的反动。墨子贵强，老子贵柔；墨子有为，老子无为；墨子主辩，老子弃辩；墨子贵义，老子弃义；墨子尚贤，老子主张不尚贤；墨子主张尚同，老子主张小国寡民；墨子天志，老子天道无亲；墨子兼爱，老子讲天地不仁、圣人不仁；墨子明鬼，老子无鬼。凡此种种，殆无一不与墨子相反也。这种相反，充分说明《老子》产生于墨学兴起之后，是对墨家思想的逻辑反动。

　　当然，我们不是说《老子》一书的思想直接源于孔子，但道家学派的

①《荀子·儒效》。

出现并不在孔子之前，也不可能在墨家之前。从中国哲学发展的逻辑过程看，它是在墨子对儒家反动之后的再一次反动。但我们可以说，老子学说之所以出现，得益于孔子及其后学所开创的学术氛围与思想环境，得益于儒、墨之间的争辩。

道家学派的真正形成始于庄周。庄子思想源于颜氏之儒，或者说庄子就是由颜氏之儒出走的人物，这一点早已被学术界思想敏锐的学者如章太炎、郭沫若、童书业等先生所指出。章太炎指出："《庄子》书中，自老子而外，最推重颜子，于孔子尚有微辞，于颜子则从无贬语。"他甚至认为，正因颜子不幸短命，庄子才有一生死、齐彭殇之说。"七国之儒，皆托孔子之说以糊口，庄子欲骂倒此辈，不得不毁及孔子，此与禅宗呵佛骂祖相似。禅宗虽呵佛骂祖，于本师则无不敬之言。庄子虽揶揄孔子，然不及颜子，其事正同。"① 在章太炎先生看来，颜子正是庄子及其学派的"本师"。显然，在他看来，庄学出自颜子。郭沫若先生指出："我怀疑他（庄周）本是'颜氏之儒'。"他特别引证《庄子》篇中的《田方子》、《人间世》、《大宗师》等资料与《论语》记载的颜子思想倾向作比较，确证"庄子是从颜氏之儒出来的，但他就和墨子'学儒者之业，受孔子之术'而卒也'背周道而用夏政'一样，自然成立了一个宗派"。② 童书业先生指出："庄子可能本是儒家颜渊的后学，后来才学习杨朱、老子的学说，自成一家的。"③ 这些先生的论证尤其是郭沫若的论证已相当详细，有理有据。

儒、墨在先秦并称显学，道家异军突出，一度与儒、墨相抗衡。法家就学术势力而言，无法与儒家、墨家相比，但就其客观、现实的实践效果言，它深得统治者的赏识，并最早在统一的大帝国里推行和实验。法家源头在哪里？郭沫若认为：法家的产生可以上溯到郑国执政大夫子产，因为子产铸《刑书》。不过我们认为铸《刑书》与法家的产生应是两回事。《刑书》正式颁布并不意味着法家作为一个思想学派出现。郭先生也看到了这一点，在他看来，铸《刑书》、铸刑鼎等，只表明他们是"法家式的前驱者"。他指出：在严格的意义上，法家的始祖是李悝。不少学者认为李悝就是李克，李

---

① 章太炎：《国学讲演集》，华东师范大学出版社 1995 年版，第 208—212 页。

② 《郭沫若全集》历史编二，人民出版社 1982 年版，第 190—197 页。

③ 童书业：《先秦七子研究》，齐鲁书社 1982 年版，第 140 页。

克是"子夏弟子，为魏文侯师"。郭沫若将吴起也视为早期法家重要代表人物。吴起师事子夏、曾参，也是儒家氛围中陶冶出来的人物。商鞅是李悝的学生，"他也是在魏文、武侯时代儒家气息十分浓厚的空气中培养出来的人物，他的思想无疑也是从儒家蜕化出来的"。① 法家理论的集大成者韩非和法家理论的具体实践者李斯，都出自儒家人物荀况门下。如果郭沫若先生的研究属实的话，我们完全有理由说法家源于儒家或者法家是儒家的变异。商鞅源于李悝，李悝出自子夏，子夏出自孔子，韩非、李斯出自荀况，法家与以孔子开创的儒家学派的关系不是相当清楚了吗？

先秦百家主要就是儒、墨、道、法四家，其他诸如纵横家，因应时势而起，以顺为正，无自己的原则与坚持，不足称之为家。阴阳家依章太炎之说，"乃儒家之别流也"。② 名家作为辨察之术，孔子实开其先河，儒家有"正名"，墨家有"墨辩"，名家乃工具之学，为众家所用，并非一解决人类生存与发展问题的学说。农家、小说家等，影响有限，不再评之。

孔子上承三代文明，祖述尧舜，宪章文武，集上古文化之大成。他开创私人办学之风，是人类历史上最为成功的教师，相传他有学生三千之众。在他死后，这些学生散游四方，授徒讲学，传播孔子学说与主张，师生代代相传，生生不息，由是拉开了战国时代百家争鸣的大幕，可谓下开九流。孔子顺应华夏文化的大流而来，是中国文化史上继往开来的一代文化伟人。司马迁评孔子：

> 高山仰止，景行行之，虽不能至，然心乡往之。余读孔氏书，想见其为人。适鲁，观仲尼庙堂、车服、礼器，诸生以时习礼其家。余祗迴留之，不能去云。天下君王，至于贤人众矣，当时则荣，没则已焉。孔子布衣，传十余世，学者宗之。自天子王侯，中国言六艺者，折中于夫子，可谓至圣矣！③

---

① 《郭沫若全集》历史编二，人民出版社 1982 年版，第 322 页。
② 章太炎：《国学讲演录》，华东师范大学出版社 1995 年版，第 176 页。
③ 《史记·孔子世家》。

孔子在世时，有人称许他为圣人与仁人，孔子谦言"岂敢"①；有人向子贡询问"夫子圣者与"？子贡言孔子"固天纵之将圣"，评价"犹天之不可阶而升也"②。有若甚至发出"生民未有"之感叹！法家人物韩非亦称："仲尼，天下圣人也。"③ 至司马迁有"至圣"之称，可谓高矣。然而，近代以来尤其是五四以后，始而拉孔子与诸子并，进而抬诸子以压孔子，最后全民性批判、讨伐孔子。降至今日，"去圣化"一时成为风尚，而"去圣乃得真孔子"，鼓噪而出。事实上，孔子以其全部的生命实践在中国文化史上壁立千仞地树立起"人伦之至"（圣人）的典范。当然这并不是说孔子生来就是圣人，而是说他以人生实践成就了"圣人"。一百年前许之衡曾发问："孔子之为中国教，几于亘二千年，支配四百兆之人心久矣。而忽然夺其席，与老墨等视。夫老墨诚圣人，然能支配四百兆之人心否耶？"④ 许之衡百年前之问，至今无人作答。事实说明，"去圣没有真孔子"。"孔子之地位之形成，乃有孔子自己之伟大，与后世之一切崇敬孔子之历史人物之伟大之合力而成。"⑤ 孔子之圣人乃由其生命本身呈现为圣人以及后世崇敬孔子之历史认可其为圣人而成，因其为圣人，儒教才能为圣教，长期占据中国社会的主体地位并影响了中国两千多年，至今这种影响依然存在，在可以预见的未来，孔子依然是人们争议、讨论的对象，依然影响、支配着我们的价值标准、是非观念、善恶意识。随着现代化进程的加剧，中国在世界上的崛起，孔子学院在世界各地的设立，孔子在中国、在世界的影响不是在减少，而是在增加。承认孔子是圣人，不过是承认两千多年来的历史事实而已，承认儒学在中国历史文化中的主体地位罢了。

（三）政：德治主义与平治天下

《史记·太史公自序》引孔子言："我欲载之空言，不如见之于行事之深切著明也。"有的学者认为这里的"行事"是指"往事"，当然有道理。

---

① 《论语·述而》。
② 《论语·子张》。
③ 《韩非子·五蠹》。
④ 许之衡：《读"国粹学报"感言》，《国粹学报》1905 年第 6 期。
⑤ 唐君毅：《中华人文与当今世界补编》上，（台湾）学生书局1988 年版，第 336 页。

不过，我们认为孔子这里所"行"之"事"包括"往事"，但不限于"往事"，而是指整个的实践活动。这种实践活动从时间的维度讲，既包括以往的实践活动（往事），也包括正在进行的实践活动乃至未来的实践活动；从空间的维度说，既包括个人的身心修养以及个人政治、社会活动所构成的个体实践，也包括社会集团的政治活动与社会活动所形成的集体实践。孔子一生反对空言、巧言，而努力笃行、敏行，为"道易天下"，建立一个有序、合理、公正、和谐的社会而终身努力。怎样才能建立起一个理想的社会？他提出了"为政以德"这一德治主义的基本原则。这一原则的最大特点就是强调道德优位或者道德优先性原则，肯定道德人格的确立是解决一切社会问题最基础和最根本的原则，是构建良性社会秩序的基本原则。这一原则的具体含义为：第一，德治优先于法治，但不否认法治的客观有效性，因而在具体的施政方针上，强调"宽猛相济"即德治与法治相辅为用；第二，礼让优先于竞争，但不放弃竞争，而是主张"其争也君子"甚至"当仁不让"；第三，从政者的德性优先于才智，但"智及"才能谈得上"仁守"。

1. 为政以德：德治主义的基本原则

德，在甲骨文中就已出现。《尚书·尧典》有"克明俊德"，《尚书·皋陶谟》"行有九德"、"天命有德"，《尚书·盘庚》"非予自荒兹德，惟汝含德，不惕予一人"、"施实德于民"、"汝有积德"等，在《尚书》中德字已十分流行。不过，这些德字主要是指贵族个人的道德修养或道德境界，还没有提升到政治层面加以论述。因为无论是夏代的统治者，还是商代的统治者，都自恃"我生不有命在天"①，因而都未能将统治者个人的德行修为提高到政治安危、天命得失的高度。周公从夏、商两代失去政权的历史教训中，得出了"天命靡常"，"皇天无亲，惟德是辅"的结论。他再三告诫周代统治者，天子只有"其疾敬德"②，才能"永言配命"。在周公那里，统治者个人的道德修为与政权的稳定联系起来，虽然没有明确提出德治主张，而德治主义的观念已呼之欲出了。

孔子承接文王、周公之传统，以"斯文在兹"自任，通过"述"的方

---

① 《尚书·西伯戡黎》。
② 《尚书·召诰》。

式完成了新时代礼乐文化的重建，实现了先民原始典范的突破与转换，开出了中国儒家德治主义的治道传统。虽说孔子的德治主义是顺应周公的敬德传统而来，但不可否认孔子是中国德治主义治道传统的真正开山。

孔子的德治主义与周公的敬德意识有着明显的不同：周公的敬德是零碎的、被动的、消极的，而孔子的德治主义则是系统的、主动的、积极的。周公的"敬德"是统治者的道德操守，是被动保有天命的方式，孔子所敬之德是全民的德，德治不仅仅是统治者的问题，而是全民的问题。周公的敬德是手段，保天命是目的，而孔子德治既是手段，又是目的，或者说化手段为目的。周公的德指向外在的天命，对天命负责，孔子的德治不仅仅指向外在的、超越的天命，更重要的是指向内在的自己。总之，在周公那里德是工具理性，而目的在于保有天命，在孔子那里德为价值理性，"德"本身就是目的。

德治主义是孔子政治哲学的第一原则，是其全部政治哲学的理论基石。这一原则的简洁表达就是"为政以德"。"子曰：'为政以德，譬如北辰，居其所而众星共之。'"[1]"为政以德"是德治主义的经典命题，这个命题的提出标志着德治主义作为一种治国平天下的方略正式走上历史舞台。"为政以德"即以德为政之意，它要求政治人物尤其是处于决策层的政治人物，既要以高尚的人格操守从事国家事务的决策与管理活动，树立起为政者的政治威信，又要在政治运作和国家、社会管理过程中始终将对民众的礼义教化、德性培养置于首位。

"为政以德"一向有不同理解，何晏《论语集解》引包咸说："德者无为，犹北辰之不移而众星共之。"[2]朱熹《论语集注》亦谓："为政以德，则无为而天下归之，其象如此。"[3]而王夫之、毛奇龄、黄式三等人坚决反对以"无为"解"为政以德"说，强调"为政以德，正是有为"。本人认为，王、毛、黄等人的观点比包咸、朱熹等人的解释更合乎孔子本意。"居其所"之居是安居或位于，"所"即所在即位置，"居其所"即位于自己应处的位置上，用今天的话说即安于自己的行政角色。为政者的行政级别有高

---

① 《论语·为政》。
② 李学勤主编：《十三经注疏·论语注疏》，北京大学出版社 1999 年版，第 14 页。
③ 朱熹：《四书章句集注》，中华书局 1983 年版，第 53 页。

低，职位有大小，然而只要在自己的行政角色上以德行政，就像北极星一样，众星无不环绕着它。

《礼记·哀公问》有一段文字，可视为孔子"为政以德"的注脚：

> 公曰："敢问何谓为政？"孔子对曰："政者，正也。君为正，则百姓从政矣。君之所为，百姓之所从也。君所不为，百姓何从？"公曰："敢问为政如之何？"孔子对曰："夫妇别，父子亲，君臣严，三者正，则庶物从之矣。"公曰："寡人虽无似也，愿闻所以行三言之道，可得闻乎？"孔子对曰："古之为政，爱人为大。所以治爱人，礼为大。所以治礼，敬为大。"

从鲁哀公与孔子的三问三答中，我们不难发现，孔子的"为政以德"不是无所作为，而是为其所应为。为其所应为即端正自己，为民表率，引导百姓，正是"君所不为，百姓何从？"至于怎样为政即如何实行德治或者说"德"如何"治"。孔子回答"夫妇别，父子亲，君臣严"三端而已。而三端最重要的就是"爱人为大"，即将爱人放在最重要的位置上。如果说德治最重要的是爱人，传统的法治则为罚人、刑人乃至杀人。德之为治即是"以人治人，改而止"①，就是将心比心，推己及人。

既然"君所不为，百姓何从？"恰恰说明为政者是民表率，表率"无为"，百姓就会无所适从。既然"为政以德"是有为，那么如何理解孔子的"无为而治"呢？孔子曾说："无为而治者，其舜也与？夫何为哉，恭己正南面而已矣。"② 认真体会孔子"无为而治"的"无为"，其实与"为政以德"的"有为"并不矛盾，而是二而一的问题。孔子"无为而治"的"无为"不是消极的"无为"，而是积极的"无为"。消极的无为是无所作为，什么也不干，而积极的无为是以高尚的道德人格安居其位，完成自己应完成的角色。其具体表现就是"思不出其位"和"行不越其分"，就是为其所应为，为其所当为。"为其所当为"就是顺乎天下之理而为之，从这个意义上

---

① 《论语·中庸》。
② 《论语·卫灵公》。

说"为"即"无为"，"无为"即"为"。大舜德为圣人，富有大智，"好问而好察迩言，隐恶而扬善，执其两端，用其中于民，其斯以为舜乎！"① "用其中于民"的"中"即中道，中道即天理，"用中于民"即顺天下之理而治民，即为其所应为，"舜有天下，选于众，举皋陶，不仁者远矣"②。"选于众，举皋陶"就是舜之为，"舜有臣五人，而天下治"③。有皋陶、大禹等能臣五人，所以舜可以"恭己正南面而已矣"。可见舜不是无所作为，而是为其所应为，为其所当为，即顺天理而为之，此"为"即"无为"，"无为"即"为政以德"的"有为"。在孔子看来，德治主义是中国古老的政治传统，尧、舜就是德治主义的典范。

孔子认为，"政"字就是"正"的含义，要求从政者端正自身的思想与行为。"季康子问政于孔子。子曰：'政者，正也。子帅以正，孰敢不正？'"④ 又说："其身正，不令而行，其身不正，虽令不从。"⑤ 当政者处于社会的主导地位，其行为、作派对社会大众起着导向、示范等作用。因而，"为政以德"首先要求当政者、处于管理层位的人以身作则，正己正人。"苟能正其身矣，于从政乎何有？不能正其身，如正人何？"⑥ 舜之所以可以"恭己正南面而已矣"，在于他"举直错诸枉"，如果是"邪南面"，"举枉错诸直"，即使有臣百人也未必能使天下治。

天下有道，表明社会是一合理的、有序的、公正的群体组织系统，这一系统的良性运作需要群体组织结构中的每一个成员付出努力。然而，在社会"金字塔"结构中，越是接近塔尖的人士对社会的影响力也就越大，对社会的范导性也就越强，社会大众对其要求也就越高。一个人所处的社会地位与其承担的社会责任成正比，其道德境界的高低、才能的大小与其所处的社会地位成正比，这才是良性社会，这就叫天下有道，反之，就是天下无道。孔子认为，端正社会风气，提高全社会的道德水平，先从当政者开始。"君子

① 《论语·中庸》。
② 《论语·颜渊》。
③ 《论语·泰伯》。
④ 《论语·颜渊》。
⑤ 《论语·子路》。
⑥ 《论语·子路》。

之德风，小人之德草，草上之风必偃。"① "德治"包含着"治德"，治德重在治当政者之德或说是官德，而不是民德，官德正，百姓之德自然得正；官德不正，而要求民德厚、风俗淳可谓痴人说梦。在这个意义上，孔子的德治首先从治官始，治官首先从官者自爱、自治始，由自爱而爱人，如此"爱人为大"。

2. 道之以德：德治优先于法治与"宽猛相济"

"为政以德"当然不是万能的，更不是一劳永逸的，而是最基础的。他说：

> 子曰："道之以政，齐之以刑，民免而无耻；道之以德，齐之以礼，有耻且格。"②

这是孔子论述德治与法治最为透彻的一段名言。"道之以政，齐之以刑"就是用行政命令来引导百姓，用法律手段来整治百姓，说到底就是用外在、强制的手段来管理天下国家。这些外在的、规范性手段，用今天的话说就是"法治"，结果是"民免而无耻"，即人民慑于刑罚的威力而不触犯法律，虽可免于处罚，但没有廉耻之心。孔子在这里明确告诉当政者：仅凭法治不能建立起人们内心世界的精神信仰。相反，如果"道之以德，齐之以礼"，就是说用道德教化引导百姓，用礼义规范来整治百姓，那么人民就会"有耻且格"，即人民不仅有廉耻心，而且还会心悦诚服。德性成长与提高是合乎人之本性的内在要求，教化的过程就是人的自我本性不断呈现、成长的过程，礼义缘人情而设，礼义规范合乎人情，礼义规范整治的过程是人由野而文的过程，是教养、修为成长的过程。"道之以德，齐之以礼"不是外在的、强制性的手段，而是建立在人的内在精神需要基础上的德治。由于德治可以建立起人们内心世界的精神信仰和价值标准，可以引导整个社会乃至整个人类社会向上提升，故而德治比法治更基础、更根本，故而德治优先于法治。

---

① 《论语·颜渊》。
② 《论语·为政》。

德治优先于法治这一原则体现在国家治理中，要求当政者将道德教化、提升国民的道德意识与德性品质放在首要地位，而对那些冥顽不化之徒以及触犯法律的人进行法律惩罚是无奈之举。孔子明确指出："不教而杀谓之虐，不戒视成谓之暴，慢令致期谓之贼。"①皇侃解释说："为政之道必先施教，教若不从，然后乃杀，若不先行教而即用杀，则是酷虐之君也。为君上见民不善，当宿戒语之，戒若不从，然后可责，若不先戒勖，而急卒就责目前，视之取成，是风化无渐，故为暴卒之君也。暴浅于虐也。与民无信而虚期，期不申勅丁宁，是慢令致期也。期若不至而行诛罚，此是贼害之君也。"②一句话，作为当政者治理国家，平治天下，应当将对百姓的道德教化放在优先考虑的位置。如果对民众道德教化缺失，动辄对百姓进行法律惩罚，孔子认为这是虐政、暴政。是将道德教化放在首要位置，还是将刑罚惩治放在首要位置，这是儒家的德治与法家乃至后来一切法治的区别之一。

季康子是位崇尚法治的执政者，他迷信刑法惩罚在国家管理中立竿见影的效用，带着这样的心态向孔子请教治国之道，受到孔子的严厉批评。"季康子问政于孔子。曰：'如杀无道，以就有道，何如？'孔子对曰：'子为政，焉用杀？子欲善，而民善矣。君子之德风，小人之德草，草上之风必偃。'"③季康子认为，用杀戮的方式消灭蛮横无理之人以成就有道之士会取得孔子的赞赏，不料孔子态度与之完全相反，不仅反对杀戮，而且还要求他为民表率，引导民众向善。孔子之所以反对季康子将刑罚放在首位尤其反对以杀戮的方式对付他所谓的无道之士，是因为有道与无道的裁决权往往取决于当政者而不取决于百姓，当政者极有可能利用这种"杀无道以就有道"的理由清除政治上的异己。即使季康子无铲除异己之心，然而以季康子之修为，也不可能好恶得其中，分清有道与无道，因为"唯仁者能好人，能恶人"。正是基于这一考量，孔子认为当社会出现问题的时候，当政者应当首先反躬自问：自己的道德操守尤其是政治操守是否起到了为民表率的作用？民众屡屡触犯刑律自己是否尽到了教化之责？而不是动辄诉诸残酷的刑法甚至暴力手段。因为当政者通过自己的道德操守以及对民众的礼义规范教化以

①《论语·尧曰》。
②转引自《论语集解义疏》卷十，《知不足斋丛书》本。
③《论语·颜渊》。

豁醒民众的廉耻感比刑罚更根本、更有效。

当然，孔子并不是一味地、无条件地反对法治，更不是要求废弃刑罚、放弃法治，相反，他认为法治不可缺少。孔子做鲁国大司寇（鲁国最高法官），"沈犹氏不敢朝饮其羊，公慎氏出其妻，慎溃氏逾境而徙，鲁之粥牛马者不豫贾，必蚤正以待之也"①。孔子在法治实践中对法的现实效用有自己的独到体认，虽然他认为德治优先于法治，但并不要求放弃法治或取消法治。《左传·昭公二十年》载：郑国的执政大夫子产临终时告诫他的继任者大叔说："惟有德者能以宽服民，其次莫如猛。"意思是说，只有德行高尚的人能以德治国，使百姓心悦诚服，如果自己的德行不够，那就用"猛"即以法治国。大叔执政后，"不忍猛而宽"，结果郑国多盗。大叔后悔没听子产的教诲，从而对盗贼实行严厉镇压手段。孔子得知大叔的做法后，评论道："善哉！政宽则民慢，慢则纠之以猛。猛则民残，残则施之以宽。宽以济猛，猛以济宽，政是以和。"在孔子看来，宽与猛是治理国家的两种手段，这两种手段应掌握时机，交替使用，即当猛则猛，使之不失法度；当宽则宽，使之不失仁民之心。猛以济宽，宽以济猛，宽猛相济，才能造成和谐的政治局面。孔子是一位理想主义者，但他的理想主义是建立在现实基础之上的。宽猛相济即德治与法治并行不悖，相辅为用。

"'善人为邦百年，亦可以胜残去杀矣。'诚哉是言也！"② 即使是善人执政也要经过百年以上，才能"胜残去杀"。"胜残去杀"用今天的话说，就是废弃残酷的刑罚，废弃死刑，并不是废弃法治。诚然，孔子说过："听讼，吾犹人也，必也使无讼乎！"③ 但这段话可作两层理解：其一，就具体的诉讼案件言，孔子判决诉讼案件的依据与程序与其他法官一样，他的追求更加合情合理，让当事人心服口服，不会有上诉之事发生；其二，就德治与法治的终极关系言，在执法的过程中，他与其他法官一样，但他的最终理想与其他法官不同，法治是手段，而德治是目的，当德治充分实现之时，就不会有诉讼案件发生了，法的意义也就自行消失了。这两层含义在孔子那里可能兼而有之。不过，无论是何种含义，都不意味着孔子要求当下就放弃法

---

① 《荀子·儒效》。

② 《论语·子路》。

③ 《论语·颜渊》。

治，而是将"无讼"视为理想与目标。

由此我们可知，孔子的根本理念是德治优先于法治，具体治国策略是宽猛相济，理想目标是"无讼"社会的实现。

3. 为国以礼：以礼让优于竞争与"当仁不让"

孔子以前，中国文化可以说是礼文化，礼是天之经，地之义，物之则，民之行。它包罗万象，涵盖了中国文化的方方面面。礼既是社会制度，也是人们的行为规范，更是协调人与人之间尤其是统治集团内部关系的方式和手段。孔子继承中国远古的礼乐文化传统，坚决反对争夺，主张以礼让治国。

子曰："能以礼让为国乎，何有？不能以礼让为国，如礼何！"①

朱熹注云："让者，礼之实也。何有，言不难也。言有礼之实以为国，则何难之有。不然，则其礼文虽具，亦且无如之何矣，而况于为国乎？"②钱穆接朱子之说，继续发挥："故让者，礼之质。""孔子常以仁礼兼言，此章独举让字。"③朱子和钱穆的解释过分强调了"让"，将"礼"等同于"让"，我们认为，这一解释不能反映孔子礼让思想的精神实质。显然，"礼"不等于"让"，也不就是"让"，否则，直接说让好了，何必说"礼让"呢？"礼让"的实质不是"让"，而是"礼"，礼是让的标准、尺度，意思是说以礼让之。这里的潜台词是不合于礼的东西要坚决争之甚至不惜一切代价抗争之，故而孔子坚决声讨与批判季孙氏以大夫的身份使用天子之八佾舞、祭祀泰山等违礼活动。陈恒弑其君，孔子不顾年迈，沐浴而朝，呼吁鲁哀公及三家大夫出兵讨伐。由此可见，在这里的"礼让"治国重在以礼治国，不是以"让"治国。在孔子那里，以礼治国是"为政以德"的具体体现。当然，孔子反对争夺，主张礼让，然而让必须合乎礼。礼是让的主导，不是相反。

伯夷、叔齐相让的故事是孔子称颂的典范，在孔子看来他们都是"贤人"。

---

① 《论语·里仁》。
② 朱熹：《四书章句集注》，中华书局1983年版，第72页。
③ 钱穆：《论语新解》，生活·读书·新知三联书店2002年，第96页。

冉有曰："夫子为卫君乎？"子贡曰："诺，吾将问之。"入曰："伯夷、叔齐，何人也？"曰："古之贤人也。"曰："怨乎？"曰："求仁而得仁，又何怨？"出，曰："夫子不为也。"①

这里的卫君是指卫灵公之孙卫出公辄。卫灵公在位时，长子蒯聩与南子发生矛盾，卫灵公怒而逐蒯聩去国。卫灵公死，时蒯聩在晋国，卫国人立卫灵公之孙、蒯聩之子辄为国君，是为出公。被逐的蒯聩在晋国的帮助下，力图回到国内，争回君位，于是父子相争，大动干戈。伯夷、叔齐是殷末孤竹国国君的儿子，兄弟相互礼让国君之位而离开朝堂，来到首阳山下，周代殷而起，两人不食周粟而饿死首阳山下。当卫国出现父子争夺国君之位时，孔子及其弟子正在卫国，冉有等学生自然会有孔子是否支持卫出公之疑问。子贡不直接问孔子是否会帮助卫出公，而是向孔子请教他对伯夷、叔齐兄弟礼让的看法。子贡相当睿智，一方面他不愿孔子帮助卫出公，另一方面又想知道孔子对卫国政治变局的态度。孔子高度评价伯夷、叔齐，认为他们是"古之贤人也"。子贡进而问："怨乎？"孔子回答："求仁而得仁，又何怨？"对于一个仁人，其全部追求就是依礼行事，实现人间正道，即使会付出利益上的代价乃至付出生命的代价，自然会无忧无惧，坦坦荡荡，无怨无悔，孔子称颂伯夷、叔齐兄弟礼让，从而鄙视蒯聩与卫出公父子争夺。伯夷让之以礼，因父命之；叔齐让之以礼，因伯夷为长兄。蒯聩争之无礼，因父（卫灵公）已经废己；辄争之以无礼，以卫灵公命公子郢为国君，辄亦不当立。

以礼让治国说到底就是以礼治国。"齐景公问政于孔子，孔子对曰：'君君，臣臣，父父，子子。'公曰：'善哉！信如君不君，臣不臣，父不父，子不子，虽有粟，吾得而食诸？'"②君君，就是君要以君的标准要求自己，有个君的样子；臣臣，就是臣要以臣的标准要求自己，有个臣的样子；父父，就是父要以父的标准要求自己，父要有个父的样子；子子，就是儿子要以儿子的标准要求自己，有个做儿子的样子。当然，君、臣、父、子

---

① 《论语·述而》。
② 《论语·颜渊》。

的标准自然是礼。整个社会每一角色都以礼的标准要求自己，使自己完全合乎这个社会角色的礼的要求，尽职尽分地完成自己、实现自己，这样国家就会得以治理了，天下也就因此实现太平了。为政者要做好自己并完成自己，就要善于处理各种关系尤其是上下级之间的关系：

> 定公问："君使臣，臣事君，如之何？"子曰："君使臣以礼，臣事君以忠。"①
> 子路问事君。子曰："勿欺也，而犯之。"②

政治伦理的重心是领导与被领导、管理者与管理对象之关系即上下关系。君可理解为国君，当然也可以理解为最高决策者，臣可以理解为高级管理者，臣是联系君与民之间关系的纽带。臣相对于君而言是下级，相对于民而言，又是上级。孔子认为，在处理君臣关系上，君使用臣下，要讲究礼节，而臣事奉国君要做到忠诚。忠是臣下的本质要求，因而孔子说"勿欺也，而犯之"，即臣下对于君上可以冒犯，但不能欺骗。冒犯可能是出于对君上的忠诚，但欺骗就背离了臣下的本质即背离了礼。君礼臣忠归根到底是君臣都合乎礼的要求。

站在士的立场上，孔子一方面主张积极入世，正如子路所说：那些自命清高的隐士不懂得"不仕无义"，恰恰犯了"欲洁其身，而乱大伦"的错误。"君子之仕也，行其义也。"③"君臣之义"这一政治伦理对一个有责任心的人来说，正如血缘伦理中"长幼之节"一样是不可废弃的；另一方面，孔子又主张，"以道事君，不可则止"④。即怀抱着政治理想与救世方案事奉国君，如果不能实现自己的理想就放弃。所谓"用之则行，舍之则藏"⑤。如果不讲原则，违背礼义，为了拿俸禄去侍奉昏君、乱君，孔子认为应深以为耻。总之，孔子认为一个具有人文修养的知识分子应该"进以礼，退以

---

① 《论语·八佾》。
② 《论语·宪问》。
③ 《论语·微子》。
④ 《论语·先进》。
⑤ 《论语·述而》。

义"①，出处进退都应符合礼的要求。

为政者应如何对待民众呢？孔子再三强调仁民爱民，富民教民，使民以时，待民以礼。孔子认为民众是国家政权的基石。

> 子贡问政。子曰："足食，足兵，民信之矣。"子贡曰："必不得已而去，于斯三者何先？"曰："去兵。"子贡曰："必不得已而去，于斯二者何先？"曰："去食。自古皆有死，民无信不立。"②

孔子认为，一个政权存在与稳定有三个必要条件，一是物质基础（足食），一是完备的国防（足兵），三是取信于民（民信之矣），三者缺一不可。当然"足食"、"足兵"体现一个国家的物质力量，可谓"硬实力"，而"民之信"是精神力量，可谓"软实力"。在孔子看来，软实力或这个无形的东西才是国家或政权存在的最重要因素，因而当政者的全部努力都应围绕这三个方面展开，其中最重要的是围绕如何取信于民展开。

> 子曰："道千乘之国，敬事而信，节用而爱人，使民以时。"③
> 哀公问于有若曰："年饥，用不足，如之何？"有若对曰："盍彻乎？"曰："二，吾犹不足，如之何其彻也？"对曰："百姓足，君孰与不足？百姓不足，君孰与足？"④
> 子适卫，冉有仆。子曰："庶矣哉！"冉有曰："既庶矣，又何加焉？"曰："富之。"曰："既富矣，又何加焉？"曰："教之。"⑤

"敬事而信，节用而爱人，使民以时"旨在取信于民，实行彻（即十一之税）法，藏富于民，也是为了取得百姓的信任，富而后教也是为了取得百姓的信任。孔子提倡"为政以德"、以礼行政，视取信于民为重要的政治

---

① 《孟子·万章上》。
② 《论语·颜渊》。
③ 《论语·学而》。
④ 《论语·颜渊》。
⑤ 《论语·子路》。

目标。当然，在孔子看来，取信于民最好的方式莫大乎待民以礼。"季康子问：'使民敬、忠以劝，如之何？'子曰：'临之以庄则敬，孝慈则忠，举善而教不能则劝。'"① 当政者是民之表率，因而自己做到庄重，百姓自然就会敬畏，自己孝慈，老百姓自然就会忠诚，推举有能力的好人而教才能低劣之人，百姓自然就会劝勉。

孔子认为，"为政以德"，以礼行政，关键在取得民众信任。而取得民众信任的关键在于以礼临民、使民（"使民如承大祭"，《颜渊》）、待民（"临之以庄"），甚至"远人不服，则修文德以来之"②，这就是"为国以礼"③。"为国以礼"就是"以礼让为国"。在孔子看来，"为国以礼"就可以避免纷争、争夺，减少社会的动荡，实现社会和谐。

> 子之武城，闻弦歌之声。夫子莞尔而笑，曰："割鸡焉用牛刀？"子游对曰："昔者偃也闻诸夫子曰：'君子学道则爱人，小人学道则易使也。'"子曰："二三子！偃之言是也，前言戏之耳。"④

子游这里所称引的孔子之"道"，孔安国、朱熹等人都认为是指"礼乐"，因而这里的以道治国就是以礼乐治国。他的学生子游在武城这个小小地方实现了，当政者接受礼乐教化从而慈爱百姓，百姓接受礼乐教化更易于管理，在这种观念的指导下，子游使武城四处洋溢着弦歌之声。

孔子主张"礼让"，"让"的前提是合乎"礼"。礼让并不等于放弃抗争、取消竞争。在孔子看来，不在于争与不争，而在于怎样争，争什么。其一，孔子主张争之以礼即"君子之争"；其二，孔子主张在道义面前要勇于争，即"当仁不让。"先看"君子之争"：

> 子曰："君子无所争，必也射乎！揖让而升，下而饮，其争也

---

① 《论语·为政》。
② 《论语·季氏》。
③ 《论语·先进》。
④ 《论语·阳货》。

君子。"①

争名、争利、争权、争地位、争面子、争风头等，这些争不少人十分热
衷。对于这些争，孔子说"君子无所争"。一个有修养的君子不会与人争
名、争利、争权、争地位、争面子、争风头等，"无所争"不等于没有竞争
或者说取消一切竞争，而是君子的竞争一定要遵守规则，争出修养，如射箭
之争，"揖让而升，下而饮"，优雅而合乎射之礼。射是六艺之一，是西周
以来一切贵族子弟都必须掌握的一种技能，孔子并不反对与别人竞技，而是
讲竞之以礼，争之以礼，争应体现出君子的风度。

其二，在仁德面前，孔子主张绝不能"让"，而是要"争"。"当仁，不
让于师。"② 当仁，师都不让，何况他人？"欲仁"、"求仁"，努力去做仁
人，甚至"杀身成仁"，在这里不仅不能"让"，而且要"争"。由此，我们
可以说，孔子是以礼让克服争夺，并非以礼让消灭竞争。不过，孔子的
"不让"、竞争与现代人所说竞争在目标、层次、境界上有着天壤之别，现
代所说的竞争是争名次、争权力、争利益，而孔子的"不让"或者争是超
越物质利益、个人权位的争，是道德人格上的争，是成就圣贤人格上的争。

孔子主张"礼让"，但并不反对竞争。孔子的"让"不是无条件、无原
则地退让与妥协，而是"让"之以礼。孔子不反对"争"，而主张以礼争
之，即"君子之争"。"君子之争"是说争要讲究争的方式、方法，要有风
度、修养、品位，而不是不择手段；"当仁不让"是说不在于争与不争，而
在于他争什么，要争风度、品位与修养。

4. 举贤才：美德优先于才智与"智及仁守"

天下国家的治理离不开人才，没有人才，一切政治理想的实现都无从谈
起。孔子十分重视人才建设，他开办私学、终生讲学，目的就是培养治国之
人才。既要培养人才，更要选用人才，由此他提出了"举贤才"的理论。

仲弓为季氏宰，问政。子曰："先有司，赦小过，举贤才。"曰：

---

① 《论语·八佾》。
② 《论语·卫灵公》。

"焉知贤才而举之？子曰："举尔所知。尔所不知，人其舍诸？"①

在孔子看来，为政伊始应将任用各级部门主管放在首位，如果对人才求全责备，没有"赦小过"的雅量，永远也不会发现人才，"举贤才"也就无从谈起。"举贤才"是孔子重要的人才观，这一观念的提出在中国历史上产生了深远的影响。

孔子的人才观说到底是贤才观。"贤才观"最大的特征是要求德性优先才智，即将人之德放在首位，才智服从或服务于德行。《论语·颜渊》载：

> 樊迟问仁。子曰："爱人。"问知。子曰："知人。"樊迟未达。子曰："举直错诸枉，能使枉者直。"樊迟退，见子夏。曰："乡也，吾见于夫子而问知。子曰：'举直错诸枉，能使枉者直。'何谓也？"子夏曰："富哉言乎！舜有天下，选于众，举皋陶，不仁者远矣；汤有天下，选于众，举伊尹，不仁者远矣。"

长期以来，学界一直将孔子在这里所说的"爱人"视为仁的基本含义，而未将其放到举贤才的意义上进行理解。放到贤才观层面进行理解，联系到孔子这里的"知人"是发现、识别、推举贤才，这里所说的"爱人"是指爱护、珍惜、关怀贤才而不是"泛爱众"。在孔子看来，贤才之所以为贤才在于贤才之贤，因而，孔子主张"举直错诸枉"，即将正直的人推举上来去规范、领导不正直的人，德在当政者那里有着特别意义。

正直是政治人物的基本品格。政治人物正直，民众才能心悦诚服，才能构成和谐的社会。"哀公问曰：'何为则民服？'孔子对曰：'举直错诸枉，则民服；举枉错诸直，则民不服。'"② 孔子之所以再三强调"举直错诸枉"，在于春秋时代已经是偏邪悖乱，枉道横行，如臧文仲为鲁国司寇，柳下惠在鲁国做士师，他明知柳下惠是个贤才，故意废置而不用，孔子批评臧文仲的做法为"窃位"。柳下惠为士师，竟然遭遇三次被罢免的命运，有人

---

① 《论语·子路》。
② 《论语·为政》。

劝他离开鲁国，柳下惠竟然发出了"直道而事人，焉往而不三黜"① 的感叹。"直道"在春秋末期已是从政者难能可贵的品质了，这是孔子强调"举直错诸枉"的真正原因。在孔子看来，德性优先于才智。

德性优先于才智，但不等于才智不重要。"直"是美德，但仅有美德是不够的，从政者必须具备才智。"季康子问：'仲由可使从政也与？'曰：'由也果，于从政乎何有？'曰：'赐也可使从政也与？'曰：'赐也达，于从政乎何有？'曰：'求也可使从政也与？'曰：'求也艺，于从政乎何有？'"② 以子路之果决，子贡之通达，冉求之多才多艺，才是他们从政的资具。对于贤才，孔子主张量才使用。"子曰：'君子易事而难说也，说之不以道，不说也；及其使人也，器之。小人难事而易说也，说之虽不以道，说也；及其使也，求备焉。'"③ "器之"就是识才爱才，量才使用。

当然，在孔子看来，贤才既要有仁的品质，又要有与德相匹配的智慧，再加上良好的修养，才可以称其职，尽其责。"子曰：'知及之，仁不能守之，虽得之，必失之。知及之，仁能守之，不庄以莅之，则民不敬。知及之，仁能守之，庄以莅之，动之不以礼，未善也。'"④ 知即智，"知及"是说智慧或才智具备，"仁守"德行足守。"贤才"之所以为贤才，既要"智及"，也要"仁守"，二者缺一不可。即使是智及仁守兼备，不能以庄严的态度对待自己的职责与百姓，行为不接受礼义规范，也称不上是完美。智及仁守，仁智双彰，是孔子对贤才的要求。

5. 平治天下的诉求

政治说到底就是统治者如何对家、国、天下实行有效的控制与管理。古往今来，东西万国，或专制，或民主，或资本主义，或社会主义，虽然政治形态不同，但就其目的言，则无不是为了实现对社会进行有效的控制与管理，达致社会的和谐。无论东方，还是西方；无论古代，还是现代，只要人类社会还存在，就需要对人类群体实行控制与管理，就有管理阶层和被管理阶层的存在，可以说如何对人类群体进行有效控制与管理，如何实现管理阶

---

① 《论语·微子》。
② 《论语·雍也》。
③ 《论语·子路》。
④ 《论语·卫灵公》。

层与被管理阶层的和谐相处，是人类的永恒话题。孔子的德治主义恰恰是为实现人类社会的和谐服务的，就德作为人区别于动物的最基本的特性而言，德治主义是人类政治原则最普遍、最基本的要求。德治即德化的治道，指周流贯注人类德性、体现人类良知的治理国家与社会的方式。这种管理方式是人类自身从事自我管理、自我调控的最高境界，以德行政对管理者与被管理者而言可以说是永久的期盼。

从这个意义上说，德治主义是检验治道良善的标准。自人类诞生以来，为了对人类社会进行有效的管理与控制，出现过种种制度。而什么样的制度才是最理想、最合理的制度呢？马克思主义以促进还是阻碍生产力的发展为标准，在孔子那里，则以德治主义为标准。这两个标准我们认为不是对立的，而是从不同层面展示人类对管理方式的不同诉求，二者可以相互配合。在孔子看来，凡是接近或合乎人类良知、公平、正义的社会制度就是良性的制度，相反就是恶性的制度。显然，保护人类尊严、族群的公平、公正是人类的追求，也是检验一个社会制度是否优劣的标准。孔子的德治主义主张"以人治人"、"以德服人"、以德育人，最大限度地保护了人类的尊严与价值，维护了社会的公平与正义。由此，可以说孔子的德治主义贡献给人类的不是社会的组织架构甚至不能简单地概括为治理方式，而是社会组织架构或治理方式的价值之源。

法治，自人类进入阶级社会以来，成为一切统治阶级治理国家不可或缺的工具。然而，法治背后的价值支撑不是法本身，而是"德"。法可以无情，但不能无义，更不能无道，法之良否的评断尺度不在于法，而是取决于是否有德。凡能够维护人类尊严、保障族群公正、代表族群正义、反映人类良心的法即有德性的法就是良法，否则就是恶法，恶法不如无法。"徒善不足以为政，徒法不能以自行。"[①] 更何况，法治一定要经过人来解读、诠释、执行才能发挥作用，没有德性高尚的国民，没有德性高尚的执法队伍，任何良法也会流质变异。在孔子那里，良法与德治并不矛盾，相反，德与法相辅而行，宽与猛应时而用，德治并没有否认法治，而是认为法治不是人类的终极追求，也不是人类社会的理想之境。由"有讼"而入"无讼"才是孔子

---

① 《孟子·离娄上》。

的用心所在。

进入 21 世纪，自由、民主、法制、人权等是人类的共同诉求。民主、法制是社会政治形态的组织架构及运作方式问题，自由、人权则体现着人类的价值观，是人类之"德"的两端或者说两种德目。健全的社会管理制度及良好的运行架构作为人类共享的政治资源任何一个民族都可得而用之，然而无论怎样完善的政治制度及运行架构都需要有德行的人加以执行。民主、法制固然重要，然而如果国民无德，在民主的旗号下就会造就无德之政府，就有可能财阀、黑道、政客三位一体，互交为用，贿选、打杀、鼓惑一齐上阵，玩弄选民。而有德性的选民，才能造就有德性的政府，政治人物参与选举既要有孔子所设想的那种"当仁不让"的担当，也要有"君子之争"的修养。

随着科技的发展，资讯业的发达，互联网的广泛使用，人们对政治文明的要求越来越高。科技的发展，民主、法制的健全，并不是说德治不需要了，而是为德治的实现提供了可能。人们对政治透明度、知情权的呼声越来越高，民众参与的意识越来越强烈，对公平、正义的追求越来越迫切，任何一个政党、任何一个政治人物都只能顺应这一世界性潮流，而违背这一潮流的反向操作只能加速其灭亡或身败名裂。现代政治说明：一个政党只有修政党之德，才能得到民众的拥护；一个政治人物只有修为官之德，才能占据政治的中心；一切治理国家的方法、措施只有合乎德性之要求，才是良法。否则，可以得逞于一时，但最终会被人民唾弃！

德治的用心不是将政治视为外在的客观对象、作为外在于我的物而治之，而是治己治人或者说"以人治人"。如果将政治架构比喻为计算机的"硬体"，而将具体施政方针视为"软体"的话，那么德治主义就是编码系统。"硬体"可以淘汰、更新、换代，"软体"可以不断开发、升级，但支配软体的编码方式则是恒定的。无论政治架构如何变换、也不管东西万国或任何时代，德治主义的原则都是有效的。可以说，无论什么"硬体"（组织架构）都需要它，无论什么"软体"（施政措施）也离不开它，它是将政治视为治己治人的过程。它要求管理者或当政者不能溢出被治之外，以人为对象而治之，从这个意义上说，德治主义是超政治的。正因它是超政治的，故它可以为一切政治模式提供价值之源、价值之基。

何者才能在真正的意义上实现平治天下？不能靠法治，更不能靠严刑峻法，"为政以德"的德治主义是人类实行有效管理与控制的最基本的手段，也是最高明的手段。

（四）行：生活规范与践履智慧

行，在孔子的哲学系统中占有重要地位。孔门之学，归根到底是践履之学，牟宗三先生称之为实践的智慧学。践履或实践在孔子哲学中称为"行"，我们称之为践履之学即行学或躬行之学、行动哲学，牟先生称之为实践的智慧学即"行的智慧学"。长期以来，学术界将孔子的"行"比附于"实践"，即认识世界与改造世界的客观活动（此实践与牟先生所说的实践意义不同），视"行"为认识论、知识论的一个环节，从而造成了对孔子思想的误解。孔子的行不是知识论或认识论的行，而是成己成物的行，是德行之行。在孔子那里，行既是成就理想人格的方式，又是理想人格展开的方式，是贯穿孔子思想学、道、政等方方面面的通道，孔学一言以蔽之，躬行之学，即践履之学。

1. 行是孔子哲学的重心

行是孔子哲学的基本范畴，也是孔子哲学的重要内容。"子以四教：文、行、忠、信。"① 皇侃《论语义疏》引李充注，"孝悌恭睦谓之行"②；陈天祥《四书辨疑》认为，"行为所行诸善之总称"③，行乃"修行"之行；刘宝楠《论语正义》认为行是"躬行"。以上诸说大同小异，基本上都认为孔子"行"是道德的实践。

孔子以"四教"，行为四教之一，陈天祥《四书辨疑》认为："忠与信特行中之两事，存忠信便是修行，修行则存忠信在其中矣。"④ 刘敞《公是弟子记》谓："文，所谓文学也。行，所谓德行也。政事主忠，言语主信。"⑤ 依陈天祥说法，孔子四教实质上只有两教：文与行。依刘敞的说法，

① 《论语·述而》。
② 转引自《论语集解义疏》卷四，《知不足斋丛书》本。
③ 陈天祥：《四书辨疑》，钦定四库全书本，卷四第25页。
④ 陈天祥：《四书辨疑》，钦定四库全书本，卷四第25页。
⑤ 刘敞：《公是先生弟子记》，《知不足斋丛书》本，第15页。

孔子"四教"也可以归为两教，忠属于行，信属于文。一句话，行是孔学的重心。"文"一向被理解为孔门四科中"文学"之"文"，即《诗》、《书》六艺之文。这里的"文"是"文之以礼乐"① 之文，"文质彬彬"② 之文，"君子质而已矣，何以文为"③ 之文，非纯知识的记诵之学的"文"。文即以文化之。孔子"四教"并非四种教学科目或内容，而是四科教法。孔门四科即德行、言语、政事、文学，是孔子的教学内容，也是孔门的四个专业。"文、行、忠、信"之"四教"是孔子"化法四教"即孔子教化学生的四种方式、手段：以文教化之，以行教化之，以忠教化之，以信教化之。"以文化之"即"文之以礼乐"，"以行化之"即"行笃敬"，"以忠化之"即"与人忠"，以信化之即"言而有信"。文、行、忠、信化法四教最终都要落到行。行是孔子哲学的重心。

践履是孔子学说的重心。吾人之一切活动无不是行，行是吾人为学的基础。《论语·为政》记载：

> 子曰："弟子入则孝，出则弟，谨而信，泛爱众而亲仁。行有余力，则以学文。"
>
> 子夏曰："贤贤易色，事父母，能竭其力，事君，能致其身，与朋友交，言而有信。虽曰未学，吾必谓之学矣。"

孔子告诉我们，行是第一位，学是第二位；子夏告诉我们，学就是行，行就是学，学行不二。孔子与子夏的"行"都是德行即道德的实践活动。入孝出悌、爱众亲仁无不是行，无不是道德的实践活动。贤贤易色、事父母、事君、与朋友交无不是行，亦无不是学。行之学或曰道德实践之学就是孔子的"为己之学"。学是为了完善自己，使自己期于君子，致力于成为圣贤，而君子、圣贤不是在典籍文献中表现出来的，而是在生活中、在行动中展现自身，表现于社会的。这是孔子及其弟子将德行即道德实践看做是其学问基础的缘由。

---

① 《论语·宪问》。
② 《论语·雍也》。
③ 《论语·颜渊》。

践履之学就是做人的学问。而人依靠两个管道与外在世界相联系，相沟通，这就是言与行，同样依靠这两个通道来体现自己、证明自己，让人们了解自己、认识自己。孔子说："不知言，无以知人也。"① "仲尼曰：'《志》有之：言以足志，文以足言。不言，谁知其志？言之无文，行而不远。"② 在孔子看来，言辞固然重要，然而行动比言辞更有力量。他坚决批判那种夸夸其谈而了无实际或者说而不行的人。"子曰：'巧言令色，鲜矣仁。'"③ "巧言乱德。"④ "子曰：'其言之不怍，则为之也难。'"⑤ 与此相反，孔子主张敏行讷言。

> 子贡问君子。子曰："先行其言而后从之。"⑥
> 子曰："古者言之不出，耻躬之不逮也。"⑦
> 子曰："君子欲讷于言而敏于行。"⑧
> 子曰："君子耻其言而过其行。"⑨

以上凡引，并不是说孔子不重视言，恰恰相反，由于他非常在乎"言"，所以他才强调"先行其言"、"讷言"、"慎言"。孔子专门讨论了"言"的技巧："侍于君子有三愆：言未及之而言谓之躁，言及之而不言谓之隐，未见颜色而言谓之瞽。"⑩ 他还认为《诗》的修为就是让我们学会言，所谓"不学《诗》，无以言"⑪。言固然重要，但与行相比，言应当从属行、服务行、配合行。在孔子看来，行动比言语更重要。

之所以要注意言，慎言，子贡对此做了诠释："君子一言以为知，一言

---

① 《论语·尧曰》。
② 《左传·襄公二十五年》。
③ 《论语·学而》。
④ 《论语·卫灵公》。
⑤ 《论语·宪问》。
⑥ 《论语·为政》。
⑦ 《论语·里仁》。
⑧ 《论语·里仁》。
⑨ 《论语·宪问》。
⑩ 《论语·季氏》。
⑪ 《论语·季氏》。

以为不知，言不可不慎也。"① 言，之所以要谨慎，除了言表现一个人的聪明才智之外，还在于言语不慎，一旦说出，就覆水难收，所谓"驷不及舌"②。当然，理想的状态是言与行的统一，而言过其实，说得漂亮而做得很差，君子耻之。

言与行是人与外界沟通的两种基本管道，二者不是矛盾的，而应该是相互配合的。孔子说："慎于言者不华，慎于行者不伐。……故君子知之曰知之，不知曰不知，言之要也。能之曰能之，不能曰不能，行之至也。言要则知，行至则仁。既知且仁，夫恶有不足矣哉！"③ 言表现着智慧，行体现着仁德，有德者必有言，有言者未必有德，仁者必智，智者未必仁。仁且智即是行与言达到了高明之境。

2. "礼以行之"与"行笃敬"：行之样态与行之根据

行是孔子哲学的重心。不过，其行之哲学里面必须回答两个问题：第一，何以行？即依于什么而行或者说行之根据是什么？第二，怎么行？即行如何展开？

"行"之前提是"立"，"立"不起来就谈不上行。孔子告诉我们，立之根据在于礼。他说："兴于《诗》，立于礼，成于乐。"④ "不学礼，无以立。"⑤ 礼是人立身处世的根据，学习礼仪规范就了解了出处进退、与人相处相与之道，一个人就可以挺立起来，独立于天地之间，"立天下正位"。孔子的"立于礼"，指君立于君位，臣立于臣位，父立于父位，子立于子位，每一个复杂的社会角色承担其角色的责任、义务，行使其角色应有的权利，就是"立于礼"。

先挺立起自己，才有行之可能。何以行？孔子回答"礼以行之"。

> 子曰："君子以义为质，礼以行之，孙以出之，信以成之。君

---

① 《论语·子张》。
② 《论语·颜渊》。
③ 《荀子·子道》。
④ 《论语·泰伯》。
⑤ 《论语·季氏》。

子哉!"①

"礼以行之"就是以礼行之即依礼而行。礼是吾人立身处世的根据,也是吾人道德实践的根据。子曰:"非礼勿视,非礼勿听,非礼勿言,非礼勿动。"② 视、听、言、动无不是行,这些行都合乎礼的规范而行就是道德的践履活动,就是为仁、行仁。

"礼以行之"的反面则是"放于利而行,多怨"③。"放于利"即以利为依据、为标准,择取自己的行为取舍就会招致怨恨。"放于利而行"是典型的功利主义原则,这种人的出发点、行为动机完全是出于个人利益的考量,凡是于己有利的事就干,否则就不干,趋利避害,当然会招致人们的怨恨。是"礼以行之",还是"放于利而行",这是两种不同的人生态度,显示不同人的道德思想境界和层位:"礼以行之"是道德的理想主义者,"放于利而行"则是功利主义者。

"礼以行之"是君子修养的普遍原则,然而由于每个人的社会位阶、职责、角色不同,这一普遍原则又表现为不同的形式。"子张问政。子曰:'居之无倦,行之以忠。'"④ "居之无倦",郑玄注,"身居正位,不可懈倦"。郑注告诉我们,"居之无倦"就是说为政者要立于礼,与礼无所违逆。"行之以忠"是说为政者要以忠行政,保持对自己事业的忠诚。忠是为政者行之根据。君礼、臣忠、父慈、子孝、兄友、弟恭、夫义、妇顺等就是每一个社会角色、家庭角色所行之根据。礼、忠、慈、孝、友、恭、义、顺等都是礼之不同表现形式,都可说是礼。

第二个问题是如何行或者说怎样行的问题。这个问题就是行展现形态的问题或展开方式的问题,这个问题是孔子关注的重点。

> 子张问行。子曰:"言忠信,行笃敬,虽蛮貊之邦行矣;言不忠信,行不笃敬,虽州里行乎哉? 立,则见其参于前也;在舆,则见其倚

---

① 《论语·卫灵公》。
② 《论语·颜渊》。
③ 《论语·里仁》。
④ 《论语·颜渊》。

于衡也，夫然后行。"子张书诸绅。①

行有广、狭之分，广义的行包括视、听、言、动，言也是行；从狭义的角度说，言与行相对，言是口头言说，行是通过身体力行所从事的社会活动。子张问行，孔子答以"言忠信，行笃敬"，可见孔子这里的"行"即包括言说和行为。"言忠信，行笃敬"，虽然只有六个字，但在孔子看来，这六字却道出了"行"的真谛。坚持"言忠信，行笃敬"六字原则，在孔子看来，就无往而不通，背弃了这六字原则就寸步难行。只有念念不忘这六字原则，无论是站在那里，还是坐在车中，这六字原则永远在眼前，"夫然后行"。

"言忠信，行笃敬"虽然是行事的普遍法则，然而，一个人所遭遇的具体政治情势、社会状况不同，在具体行使这一法则时应有所不同，所谓："邦有道，危言危行，邦无道，危行言逊。"② 《广雅》："危，正也。"国家政治清明，贤者在职，正言正行，亦无不可；国家政治昏暗，暴君污吏布满国中，一个人做事依然要保持自己的道德操守，但说话要逊让一些，不必逞口舌之快而"忘其身以及其亲"。孔子甚至主张"慎行"。"子张学干禄。子曰：'多闻阙疑，慎言其余，则寡尤；多见阙殆，慎行其余，则寡悔。言寡尤，行寡悔，禄在其中矣。'"③

3. "行己"到"行义"：行之目的

从日往月来、月往日来的昼夜交替到春夏秋冬循环往复，从行云流水到鸟鸣虫唱，无不是行。行就是运动，就是变迁。运动与变迁既有上升，也有下降；既有生长，也有衰朽。孔子曾经面对滔滔流水，回想时光的流逝，发出"逝者如斯夫，不舍昼夜"④ 的感叹。人之行与宇宙运动、万物生长与衰朽毕竟不同，大化流行，生生灭灭，灭灭生生，永无止息，是无意志、无目的的自然变化，而人之行皆受其意志、思想、情感的支配，则有着明显的目的性、趋向性。人生的修养不同，道德境界不同，因而行之旨趣也就不同。

---

① 《论语·卫灵公》。
② 《论语·宪问》。
③ 《论语·为政》。
④ 《论语·子罕》。

有道之士十分注重自己的行为。

> 子贡问曰："何如斯可谓之士矣？"子曰："行己有耻，使于四方，不辱君命，可谓士矣。"曰："敢问其次？"曰："宗族称孝焉，乡党称弟焉。"曰："敢问其次？"曰："言必信，行必果，硁硁然小人哉，抑亦可以为次矣。"曰："今之从政者何如？"曰："噫！斗筲之人，何足算也。"①

"行己有耻"就是要求士人对自己的行为有高度的警觉，时刻防止偏离中正而流于邪僻，这种警觉就是"耻感"。有耻感从而知耻，才拥有道德力量。内在于自己有耻感，外在堪大任即"使于四方，不辱君命"，孔子认为这就是理想的知识分子。而只能做到入孝出悌而不能为社会建功立业的人可以说是次一等的知识分子，顽固地保住言信行果不知以义裁之者是又一次等的知识分子，孔子甚至称他们为"小人儒"。而那些从政之辈，个个器量狭窄，根本称不上知识分子。

"行己有耻"是消极的说法，积极的说法是"行己也恭"。孔子称子产："有君子之道四焉：其行己也恭，其事上也敬，其养民也惠，其使民也义。"②"行己也恭"就是庄重地看待自己的行为。能庄重地看待自己的行为是君子之道即君子处世的方法。行己有耻还是无耻，行己恭还是不恭，是检验"修己"效果的试金石。

行什么？为何而行？孔子认为君子旨在"行义"，而小人"行小慧"。

> 孔子曰："见善如不及，见不善如探汤，吾见其人矣，吾闻其语矣！隐居以求其志，行义以达其道，吾闻其语矣，未见其人也！"③
> 子曰："群居终日，言不及义，好行小慧，难矣哉！"④

---

① 《论语·子路》。
② 《论语·公冶长》。
③ 《论语·季氏》。
④ 《论语·卫灵公》。

"行义以达其道"，即通过践履仁义以实现自己的理想；"行小慧"即玩弄小聪明，是"言不及义"，可以"小知"而不可大受的小人。"行义"，还是"行小慧"，是君子与小人的分野。在孔子看来，"行义以达其道"是非常高远之境界。"吾闻其语矣，未见其人也！""行义"所要达的道应该是实现仁道于天下。"子张问仁于孔子。孔子曰：'能行五者于天下，为仁矣。'请问之。曰：'恭、宽、信、敏、惠。恭则不侮，宽则得众，信则人任焉，敏则有功，惠则足以使人。'"① "行义"就是"行仁"。"行仁"就是"仁以为己任"。"行仁"具体落实下来就是秉持"恭"、"宽"、"信"、"敏"、"惠"五德而行。

就主观层面的践履而言，行义或行仁旨在"成己"、"修己"，而就客观层面的践履而言，"行义"或"行仁"旨在"以道事君"，道易天下。主观层面的践履操之在我，即"为仁由己"。而客观层面的践履则有"遇"与"不遇"之别，故而孔子指出："用之则行，舍之则藏"。② "邦有道，则仕；邦无道，则可卷而怀之。"③ 诚然，用行是行仁，舍藏也是行仁；邦有道仕，是行仁，邦无道卷而怀之，也是行仁。进以礼，退以义，就个体的道德生命言，无不是以仁为己任，无不是行仁、行道。

孔子的哲学就是力行哲学。孔子的一生栖栖遑遑，席不暇暖，就是力行的一生。"为之不厌，诲人不倦"④ 是力行，"德之不修，学之不讲，闻义不能徙，不善不能改，是吾忧也"⑤。修德、讲学、徙义、改过同样是力行，孔子是力行的言诠者，也是力行的实践者。《中庸》引孔子说："力行近乎仁"，力行哲学就是仁学。孔子的仁学就是孔子的道，即以仁为道。诚然，孔子重学，重《诗》、《书》经籍之典文，然而，学是为了"行"，行可以促进学，学与行相互发明，相得益彰。换句话说，学本身就是"行"。"学而时习之"，学之过程也是行的过程，行之过程也是学的过程。"修己以安百姓"的内圣外王之道也是行，"修己"是个体道德之行事，"安百姓"是客

---

① 《论语·阳货》。
② 《论语·述而》。
③ 《论语·卫灵公》。
④ 《论语·述而》。
⑤ 《论语·述而》。

观的实践活动。重行是孔子思想的重要品格，也是中国文化与西方文化重要
不同之点。儒家由重行传统开出了为己之学之传统，开出了为学与为人、人
品与学品的统一。

第二章　墨子其人其说

在先秦诸子的著述中，《墨子》一书最为奇特，其中既乏深邃的智慧，又无空灵的玄境。全书透露着诚挚的劝诫，弥漫着热烈的救世情怀。现在我们很难想象墨家学说在先秦的显赫地位，《韩非子·显学》篇开头一句便说，"世之显学，儒墨是也"，墨家与儒家平分天下。如果我们透过两千年的厚厚帷幕，重新触摸那个时代，也许墨子思想所开辟的思维理路便会在我们心灵深处引起巨大的振荡。墨家能成为与儒家并列的显扬当世的学派，并非无因。在先秦古人开放的、一无所滞的心灵面前，代表着不同思维方式的儒墨两家同样引人入胜。从历史的层面看，儒家学说最终战胜了墨家，两千年来占据了中国人的心灵；墨家却从此淹没无闻，成了僵死的理论而尘封在历史的记忆中。但试想一下，如果当年墨家学说占据了天下，那将会发展出一种怎样的文化形态呢？仅在墨学鼎盛的那一段不长的时间内，它就发展出了极具抽象性的逻辑学说以及极具实用性的科学技术，可见它的深处隐含着怎样的潜能。因此，对墨学的深入研究便显得十分重要。

一、墨子其人、其书

《史记》未曾给墨子单独立传，仅在《孟荀列传》中附带言，"盖墨翟，宋之大夫，善守御，为节用，或曰并孔子时，或曰在其后"。这一段语焉不详的记述，使后世对墨子姓名、里籍、年代等基本情况的考察争论不断。

关于其姓名，历来以为其姓墨名翟。直至元人伊士珍说墨子姓翟名乌，始启墨翟姓名之争。他在《瑯环记》中引用《贾子·说林》曰："墨子姓翟，其母梦乌而生，因名之曰乌。"① 清人周亮工沿用其说："墨子姓翟，母梦乌而生，因名之曰乌。"② 亦说姓翟名乌，墨非其姓。近人钱穆认为："故墨为刑徒，转辞言之，便为奴役，墨家生活菲薄，其道自苦为极，故遂被称为墨子。"③ 以墨为刑徒之称。冯友兰亦说："墨乃古代刑名之一。"④ 然而《孟子·滕文公下》曰："杨朱、墨翟之言盈天下。天下之言不归杨，则归墨。杨氏为我，是无君也；墨氏兼爱，是无父也。"孟子以杨、墨并举，杨朱姓杨名朱，以此类推，墨子当姓墨名翟。相似的例子还见于其他典籍。《荀子·非十二子》："不知壹天下，建国家之权称，上功用，大俭约而僈差等，曾不足以容辨异，县君臣。然而其持之有故，其言之成理，足以欺惑愚众，是墨翟、宋钘也。"《庄子·天下篇》："古之道术，有在于是者，墨翟、禽滑釐。闻其风而说之。"《吕氏春秋·博志篇》："孔丘、墨翟昼日讽诵。"这些例子足以说明墨子姓墨名翟。《墨子》一书屡称"子墨子"，且书中没有任何关于墨子是刑徒的记载，"墨"为姓，相当明显；墨子也多次以翟自称，故知"翟"为其名。

关于墨子的里籍，主要有三种说法。第一，墨子为鲁人。孙诒让引《墨子·贵义篇》"墨子自鲁即齐"，《鲁问篇》"越王为公尚过束车五十乘，以迎墨子于鲁"，《吕氏春秋·爱类篇》"公输般为云梯，将以攻宋，墨子闻之，自鲁往见荆王"等语，断定墨子为鲁人。近人杨向奎、张知寒均主此说。第二，墨子为宋人。《史记》言墨子曾为宋大夫，班固亦以墨子为宋大夫。孙诒让《墨子间诂》记载："墨子十五卷，旧本题为宋墨翟撰。考《汉书·艺文志》，墨子七十一篇，注曰：名翟，宋大夫。《隋书·经籍志》亦曰宋大夫墨翟撰。"《庄子》郭象注曰："墨翟宋大夫。"因墨翟曾做过宋大夫，遂有人定其里籍为宋。后人对墨子是否曾任宋大夫作过多方面的考证，证明其为宋大夫的说法基本不可靠，而且即使曾为宋大夫，也不能因此就说

---

① 伊世珍：《瑯环记》，明汲古阁刻本，卷下第6页。
② 周亮工：《书影》，上海古籍出版社1981年版，第292页。
③ 钱穆：《墨子》，商务印书馆1932年版，第2页。
④ 冯友兰：《中国哲学史》上卷，中华书局1961年版，第110页。

宋为墨子里籍。不过，顾颉刚先生明确说："近人以墨姓不多见，对于墨子的姓氏祖籍等起了很多的猜测。我们以为，墨确是他的真姓氏，而且从这个姓上可以知道他是公子目夷之后，原是宋国的宗族。"① 明确认定墨子为宋国宗族。第三，墨子为楚人。这主要是以为鲁不是齐鲁之鲁，而是指楚之鲁阳。《墨子》一书记载了不少墨子与鲁阳君的对话。清人毕沅在《墨子注》中说："高诱注《吕氏春秋》以为鲁人，则是楚鲁阳，汉南阳县在鲁山之阳，本书多有鲁阳君问答，又亟称楚四境，非鲁卫之鲁，不可不察也。"今人徐希燕进行了大量的实地考察，根据现存的遗迹，认定鲁阳为墨子里籍。② 至于有学者断言墨子是印度人，则为好奇过甚的不经之谈。以上三种主要说法均言之成理，但也都不是无懈可击。由于里籍在很大程度上无关乎墨子思想，因此本文仅将诸家之成说备列于此，以供参考。

墨子的生卒年代，自《史记》便已不能确定，只说"或曰并孔子时，或曰在其后"。《汉书·艺文志》则说，"墨子在孔子后"。《后汉书·张衡传》曰："张衡《奏书》：墨翟，当子思时，出孔子后。"孙诒让认为，墨子"盖生于周定王时，居鲁，尝见百国春秋。惠王时，墨子献书，止楚攻宋。年近三十，游于越。宋昭公时，尝为大夫，宋信子罕之计而囚墨子。卒盖在周安王末年，当八九十岁"。按：周定王于公元前 468 年—前 441 年在位，计二十八年；周考王于公元前 440 年—前 424 年在位，计十七年；周威烈王于公元前 425 年—前 402 年在位，计二十四年；周安王于公元前 401 年—前 376 年在位，计二十六年。据此推定墨子当生于周定王元年（公元前 468 年），卒于周安王二十六年（公元前 376 年）。其后诸家皆有论述，但仍未取得一致意见。如梁启超在《墨子学案》中认为，墨子生于周定王初年（元年至十年之间，相当于公元前 468—前 459 年），约在孔子卒后十年。墨子卒于周安王中叶（十二年至二十年之间，相当于公元前 390 年—前 382 年），约在孟子出生前十余年。享年八十岁左右。钱穆于《先秦诸子系年考辨》中认为，墨子生于周敬王四十一年至周定王二年（公元前 479 年—前 467 年）之间，卒于周安王八年至十八年（公元前 394 年—前 384 年）之间，享

---

① 顾颉刚：《禅让传说起于墨家考》，《古史辨》第七册下，上海古籍出版社 1982 年版，第 66 页。
② 徐希燕：《墨学研究》，商务印书馆 2001 年版，第 4—14 页。

年八十多岁。徐希燕认为，诸家关于墨子生卒年的考证皆有所据，提出了采诸家之说用交集来推算的取舍方法，最终认为墨子生于公元前480年，卒于公元前389年，指出生年的误差不超过三年，卒年的误差不超过五年。①

《墨子》一书，《汉书·艺文志》记载为七十一篇，今存五十三篇。胡适将《墨子》五十三篇分为五组：第一组包括《亲士》、《修身》、《所染》、《法仪》、《七患》、《辞过》、《三辩》，共计七篇；第二组包括《尚贤上中下》、《尚同上中下》、《兼爱上中下》、《非攻上中下》、《节用上中》、《节葬下》、《天志上中下》、《明鬼下》、《非乐上》、《非命上中下》、《非儒下》，共计二十四篇；第三组包括《经上》、《经下》、《经说上》、《经说下》、《大取》、《小取》，共计六篇；第四组包括《耕柱》、《贵义》、《公孟》、《鲁问》、《公输》，共计五篇；第五组包括《备城门》、《备高临》、《备梯》、《备水》、《备突》、《备穴》、《备蛾傅》、《迎敌祠》、《旗帜》、《号令》、《杂守》，共计十一篇。

第一组前三篇②恐为伪托或后人胡乱掺入，梁启超明确说："这三篇非墨家言，纯出伪托，可不读。"③《亲士篇》云："入国而不存其士，则亡国矣；见贤而不急，则缓其君矣。非贤无急，非士无与虑国；缓贤忘士而能以其国存者，未曾有也。"与《尚贤》同。但后文曰："今有五锥，此其铦，铦者必先挫。有五刀，此其错，错者必先靡。是以甘井近竭，招木近伐。"又曰："是故江河不恶小谷之满己也，故能大；圣人者，事无辞也，物无违也；故能为天下器。是故江河之水，非一原之水也，千镒之裘，非一狐之白也。"近于老、庄思想。《修身》篇首云："君子战虽有陈，而勇为本焉；丧虽有礼，而哀为本焉。"与"非攻"、"节葬"思想抵牾，反与儒家相似。关于《所染》篇，吴毓江曰："毕云：《吕氏春秋》有《当染》篇，文略同。苏云：篇中言中山尚、宋康皆墨子后事，而禽子为墨子弟子，至与傅说并称；此必非墨子之言，盖亦出于门弟子。汪中云：宋康之灭，在楚惠王之卒后一百五十七年。墨子盖尝见染丝者而叹之，为墨子之者增成其说耳。"④

---

①　徐希燕：《墨学研究》，商务印书馆2001年版，第14—21页。

②　前三篇指《亲士》、《修身》、《所染》。

③　梁启超：《墨子学案》，《十家论墨》，上海人民出版社2004年版，第7页。

④　吴毓江：《墨子校注》，中华书局1993年版，第17页。

这是说所染篇是墨子后学顺墨子思想增加而成。不过严灵峰认为："此言'舜染于许由、伯阳，禹染于皋陶、伯益，汤染于伊尹、仲虺，武王染于太公、周公。'又与'尚贤'的思想有出入。'尚贤'乃选贤举能，由上到下，故尧举舜，禹举益，汤举伊尹，文王举闳夭、泰颠。墨子主张：'上同而不下比'，'有从上之正下，无从下之正上'。显然与《所染》不合。"① 这是说，即使《所染》是墨学弟子所加，实际上也违背了墨子思想的基本脉络。《法仪》、《七患》、《辞过》、《三辩》则是墨学纲要，梁启超曰："这四篇是墨家记墨学概要，很能提纲挈领，当先读。"②

第二组二十四篇，除《非儒篇》无"子墨子曰"，乃后学传述外，其他十目二十三篇当为门弟子记述墨子之言。《鲁问篇》云："子墨子曰：'凡入国必择务而从事焉，国家昏乱，则语之尚贤、尚同；国家贫，则语之节用、节葬；国家憙音湛湎，则语之非乐、非命；国家淫僻无礼，则语之尊天、事鬼；国家务夺侵凌，即语之兼爱、非攻。'"以上篇目，与此完全相符，可见这十目是墨子的基本理论。至于分作上、中、下三篇，《韩非子·显学》篇说："自墨子之死也，有相里氏之墨，有相夫氏之墨，有邓陵氏之墨……墨离为三。"严灵峰曰："足证这各有三篇，必为墨子后学三派并有所记，而自相传授，乃详略不同；一如《论语》之有齐、鲁、古三家，内容之大同小异；想孔、墨之时，学术的传授继承，大抵如此。"③

第三组六篇，晋人鲁胜曰："《墨辩》有上下经，经各有说，凡四篇。"④ 这是以《经上》、《经下》、《经说上》、《经说下》四篇为《墨辩》。汪中云："《经上》至《小取》六篇，当时谓之墨经。"⑤ 这是把《经上》、《经下》、《经说上》、《经说下》、《大取》、《小取》合在一起统称"墨经"。胡适根据以上说法，以此六篇为《墨辩》，学者多加沿用。这里主要有两个问题：第一，《墨辩》作者问题；第二，《墨辩》与"十论"关系问题。关于作者问题，学者意见不一。较有代表性的有两种观点：梁启超以《经上》、《经

---

① 严灵峰：《墨子简编》，《十家论墨》，上海人民出版社 2004 年版，第 255 页。

② 梁启超：《墨子学案》，《十家论墨》，上海人民出版社 2004 年版，第 7 页。

③ 严灵峰：《墨子简编》，《十家论墨》，上海人民出版社 2004 年版，第 256 页。

④ 《晋书·鲁胜传》。

⑤ 汪中：《述学·内篇》，《丛书集成初编》，中华书局 1991 年版，第 48 页。

下》、《经说上》、《经说下》为墨子所自著，《大取》、《小取》则为后学所述①；胡适认为六篇俱非墨子所为，而是"别墨"所作，这是将作者归于墨子后学。如果承认"墨辩"为墨子后学所为，则说明它是沿墨子思想而来的发展，也就是说是对"十论"思想的进一步理论化。如果认为《墨辩》为墨子所自著，则它与"十论"的关系存在两种可能：一是《墨辩》是墨子晚年对自身学说的进一步提高，比如徐希燕就认为，"十论"为墨子早年以通俗易懂的语言所写，《墨辩》则为其晚年以艰深古奥的语言所写②；二是"十论"是由《墨辩》推衍而成，如杨宽认为，《墨辩》所述为墨家要旨，又其论"全以理据，无浅陋迷信之言，惟学理既深，难以语俗，乃不得不借助于社会迷信，以图发展其说，又不得不以理论改至通畅，以应世俗，此或《尚贤》、《尚同》十论之所以作也"。③这两种说法各有所据，前者大致遵守的是归纳法，由具体到一般，由通俗到艰深；后者遵守的是演绎法，由一般到个别，由艰深到通俗。我们认为，就一门系统的理论而言，按照其内在的逻辑顺序，普遍性的概念必然先于具体性的概念；但就其实际的形成历史而言，则最具普遍性的概念必然在最后完成。譬如亚里士多德所谓的形而上学，从理论上讲它作为第一科学是一切科学的最后支持者，一切科学皆依此而演生；但实际上，只有在其他科学具有一定意义的完备性之后，第一科学即形而上学才有出现的可能。基于这种理论学说形成的规律，我们倾向于认为《墨辩》为墨子基本思想"十论"更高级的发展。如果达成这种认识，抛开思想史从哲学的角度看，《墨辩》为墨子亲著还是后学所著都无关大局。因为这都是顺"十论"而来的应有发展，是理论本身演化的必然，至于由谁完成这个过程并不重要。

　　第四组五篇，多记墨子言行，乃门人弟子所为。郑杰文教授认为：《耕柱》等五篇中多次记载了某些人对墨子学说的质疑，多次记载了其学生对他家学说的倾慕和对所学内容的疑问，多次记载了学生对墨子的批评，另外此五篇论说不及"十论"内容丰富、论证缜密，又多论说文体，不及"十

---

① 梁启超：《墨子学案》，《十家论墨》，上海人民出版社 2004 年版，第 7 页。
② 徐希燕：《墨学研究》，商务印书馆 2001 年版，第 21—22 页。
③ 杨宽：《墨经哲学》，严灵峰《无求备斋墨子集成》第 42 册，台湾成文出版社 1975 年版。

论"篇章长大，故当为墨子初创学说时的主要内容。[①]

第五组十一篇，专言守御之法，与哲学思想无关。

二、墨学述要

（一）背周道而用夏政

《吕氏春秋·当染篇》载："鲁惠公使宰让请郊庙之礼于天子，桓王使史角往，惠公止之。其后在于鲁，墨子学焉。"这是说墨子曾于史角处学礼，故《汉书·艺文志》称："墨家者流，盖出于清庙之守。茅屋采椽，是以贵俭；养三老五更，是以兼爱；选士大射，是以上贤；宗祀严父，是以非命；以孝视天下，是以上同。"但墨子对礼并非是一种直接的接受，而是"入室操戈"，在对礼批判的基础上建立了自己的学说。《淮南子·要略训》说："墨子学儒者之业，习孔子之术，以为其礼烦扰而不说，厚葬靡财而贫民，久服伤生而害事，故背周道而用夏政。禹之时，天下大水，禹身执蔂垂，以为民先，剔河而道九岐，凿江而通九路，辟五湖而定东海。当此之时，烧不暇撌，濡不给扢，死陵者葬陵，死泽者葬泽，故节财薄葬，闲服生焉。""背周道而用夏政"便是墨子的基本态度。所谓"周道"，指周代的制度，它以礼乐为文饰，为墨子所反对；所谓"夏政"，指夏代尤其是禹的行为所表现的实用主义的态度。《庄子·天下篇》亦曰："墨子称道曰：'昔者禹之湮洪水，决江河而通四夷九州也，名川三百，支川三千，小者无数；禹亲自操橐耜而九杂天下之川，腓无胈，股无毛，沐甚雨，栉疾风，置万国。禹大圣也，而形劳天下也如此。'使后世之墨者，多以裘褐为衣，以跂蹻为服，日夜不休，以自苦为极，曰：'不能如此，非禹之道也，不足谓墨。'"盖指此而言。"周道"和"夏政"，一个是理想主义的人文思路，一个是现实主义的实用思路，而后者正是墨子学说的特征。故荀子曾站在儒家的立场上批评墨子"蔽于用而不知文"。

[①]　郑杰文：《中国墨学通史》上册，人民出版社 2006 年版，第 1—4 页。

（二）兼爱：解决苦难的根本之道

春秋战国时代是社会大变革的时代，也是充满苦难的时代。是什么原因造成了社会的现实痛苦？如何才能够从根本上解决一系列的社会危机？这是当时的思想家苦苦思索并试图解决的问题。但不同学派的思想家由于观察社会问题的出发点不同，因而提出的解决社会问题的方案也就不同。墨子"背周道而用夏政"，这是他解决社会问题的视角。以此为基础，他提出了十项主张。《墨子·鲁问》记载："子墨子游，魏越曰：'既得见四方之君，子则将先语？'子墨子曰：'凡入国，必择务而从事焉。国家昏乱，则语之尚贤、尚同。国家贫，则语之节用、节葬。国家熹音湛湎，则语之非乐、非命。国家淫僻无礼，则语之尊天、事鬼。国家务夺侵凌，即语之兼爱、非攻。故曰：择务而从事焉。'"十项主张即"尚贤"、"尚同"、"兼爱"、"非攻"、"节用"、"节葬"、"天志"、"明鬼"、"非乐"、"非命"。墨子的这十项主张，兼爱是中心，是其理论的出发点，也是其理论的最终归宿。

墨子认为仁人志士就要以"兴天下之利，除天下之害"为自己的使命。而天下之害在于国与国相攻，家与家相篡，人与人相贼；在于君臣不惠忠，父子不慈孝，兄弟不和谐。而这些大害之所以发生，在于人们相恶而不相爱。他说，现在的诸侯国只知爱自己的国，而不知爱他人之国，所以不惜倾全国的人力、物力、财力攻打别国；现在的家庭成员只知爱自己的家而不知爱他人之家，所以不惜举其全家去破坏别人之家；现在的人只知爱惜自己而不知爱惜他人，故而不惜全力去坑害别人。正是由于天下人都不相爱，所以强必执弱，富必侮贫，贵必傲贱，诈必欺愚，于是天下祸害怨恨就发生了。在墨子看来，不相爱就是社会一切祸害的总根源。

墨子认为天下的一切灾难，人间的一切邪恶，包括盗窃、杀人、战争、怨恨、嫉妒、欺诈等现象都是不相爱带来的。一旦实现了"兼相爱"、"交相利"，所有这些灾难与邪恶都会烟消云散，自然消除，天下会形成一个相亲相爱、和睦相处的大家庭。如何实现兼爱呢？墨子提出了"兼以易别"的主张。所谓兼就是爱人若己，所谓别就是人我有别。墨子认为兼的真谛就是"视人之国若己国，视人之家若己家，视人之身若己身"。总之，"为彼者，犹为己"。兼就是不分彼此，不分人我，视人若己，爱人若己。相反，别则是"处大国以攻小国，处大家以篡小家，强劫弱，众暴寡，诈欺愚，贵傲贱"。它是一种使人与人、家与家、国与国相互侵害、相互仇视的社会现象，是社会的病态反映。"兼以易别"就是要用爱人若己去取代相互仇视和侵害的不良风气。

在墨子的心目中，兼爱决非是可望不可及的梦想，更不是一种抽象而不现实的理论，相反，它完全可以得以实现，完全可以应用于社会。墨子认为，一个理论如果不能得以应用，即使是他自己的理论也应加以反对，凡是好的理论都是可以应用的。正是基于这种思想，墨子从朋友、君主等多方面对兼爱的实现作了说明。他举例说，现在如果有两个人，一个人主张别相恶，一个人主张兼相爱。主张别相恶的人说，我怎能视朋友的身体为自己的身体呢？又怎能视朋友的父母为自己的父母呢？于是朋友饿了，有饭也不给他吃，朋友生病了，也不给他医治，朋友死掉了，也不把他埋葬。主张兼相爱的人说，作为天下高士，对待朋友就像对待自己，朋友饿了，主动给他饭吃，朋友生病了，主动给他治疗，朋友死去了，应含悲将其埋葬。这两个人的言行善恶不是一清二楚了吗？假若你披坚执锐，行将走向生死未卜的战场，假若你奉国君之命出使遥远荒僻的国家而不知归程，你是将妻子、财产托付给主张兼相爱的人，还是托付给主张别相恶的人，结果不是一清二楚了吗？墨子指出，或许有人会认为可以选择主张"兼相爱"的人做朋友，但不宜选择他们做国君，这种说法同样是错误的。他说，若有两个国君：一个主张兼相爱，一个主张别相恶。主张别相恶的国君说，人生在世就像骏马奔驰过缝隙一样短暂，我怎能视天下老百姓的身体为自己的身体呢？这太不合乎情理了。他这么说，也这么做。于是天下老百姓饥饿了，他不去赈济；天下老百姓寒冷了，他也不去设法给予衣服；天下老百姓生病了，他也不想法给予治疗；天下老百姓死亡了，他也不去料理后事。相反，主张兼相爱的国君则说，作为一位贤明的君主，应视老百姓的身体为自己的身体，这样说，也这样做。于是老百姓饿了，他就设法赈济；老百姓挨冻了，他就设法给予衣服；老百姓生病了，他就想法给予治疗；有的老百姓死亡了，他就派人前去埋葬。那么老百姓是选择主张别相恶的人做国君呢？还是选择主张兼相爱的人做国君呢？不是很明白了吗？在墨子看来，主张兼相爱的人，不但不会受害，反而会得到善报。

（三）尚同、尚贤：墨学的政治主张

在政治上，墨家有两条重要主张，即"尚同"、"尚贤"。尚同有两种含义，其一是说下级同一于上级，层层上同，以至于天；其二是说崇尚同一的国家意志即"一同天下之义"，也就是说天下人应步调一致，保持同一的是非标准。墨子认为尚同是治理国家的根本大法。他的尚同，就是建立一个上下通情的行政机构。他指出，应首先"选择天下贤良、圣知、辩慧之人，立以为天子"①，使天子"从事乎一同天下之义"。但天子一人不能独同天下之义，是故"选择天下赞阅贤良、圣知、辩慧之人，置以为三公。与从事乎一同天下之义"②。由天子与三公组成中央政权，中央以下是星罗棋布的小诸侯国，国君、将军、大夫是诸侯国的执政者。诸侯国以下是乡，乡以下是里，乡有乡长，里有里正。这样从中央到地方一整套行政机构就建立起来了。凡上级认为是正确的，下级也必须认为是正确；凡上级认为是错误的，下级也应认为是错误。下级有好的想法和建议可以献给上级，上级有失误，下级也应给予规劝。上下级保持一致，但任何下级不能在下面结党营私。墨子的"上同而不下比"的确有走向专制主义之嫌疑。虽然他一再指出，天子是由圣知、贤良、辩慧之人担任，各级政府官员也是由贤人充当，但如何保证天子、诸侯国君及各级行政官员是圣知、贤良、辩慧之人，墨子没有想出具体办法。

墨家的政治理论最可贵的是他的"尚贤"学说。墨家的尚贤学说反映了春秋战国时代下层民众对现行官吏任用制度的不满，同时也表达了他们参与国家管理的强烈愿望。墨子主张在官吏的选拔与任命上，应不分贫富，不分贵贱，不分出身门第，有能则举之，不肖者则抑而废之。他说："故古者圣王之为政，列德而尚贤。虽在农与工肆之人，有能则举之，高予之爵，重予之禄，任之以事，断与之令。"③ 墨子要从根本上否定世袭的官吏制度，打破家天下、私天下的局面，建立一种能上能下的人才竞争机制。"以德就列，以官服事，以劳殿赏，量功而分禄。故官无常贵，而民无终贱，有能则

---

① 《墨子·尚同中》。
② 《墨子·尚同中》。
③ 《墨子·尚贤上》。

举之，无能则下之。"① "不党父兄，不偏贵富，不嬖颜色。贤者举而上之，富而贵之，以为官长；不肖者抑而废之，贫而贱之，以为徒役。"② 墨子的尚贤思想充分体现了他的平民意识，代表了社会大多数无权无势、处于社会下层民众要求参政的强烈愿望。德才面前人人平等，这一思想打破了西周以来的宗法世袭制度，是中国人才思想史上的一大进步。

（四）天志：墨学的终极根据

兼爱是墨子思想的核心，非攻、非乐、非命、节葬、节用、尚同、尚贤都是这一核心思想的具体展开，而天志则是其全部思想的最终根据。春秋以来，随着人文思潮的兴起，神的地位下降，天命鬼神观念已经受到普遍怀疑。然而墨子却坚信天命鬼神的存在。他认为天既是世界的最高主宰，又是人间正义的保证，具有赏善罚暴的功能。他说："我有天志，譬若轮人之有规，匠人之有矩。轮匠执其规矩以度天下之方圜，曰：中者是也，不中者非也。"③ 墨子的"天"，不同于孔子的"天"，也不同于老子的"天"。孔子的天主要是义理之天，老子的天是自然之天，而墨子的天则是有意志、有情感、有行为的天，是人格神即人格化了的天。天之意志如何？他说："天之意，不欲大国之攻小国也，大家之乱小家也。强之暴寡，诈之谋愚，贵之傲贱，此天之所不欲也。不止此而已，欲人之有力相营，有道相教，有财相分也。"④ "顺天意者，兼相爱、交相利，必得赏。反天意者，别相恶、交相贼，必得罚。"⑤ 天志是衡量一切是非善恶的标准，它具有赏善罚恶之功能。"子墨子之有天之意也，上将以度天下之王公大人为刑政也，下将以量天下之万民为文学、出言谈也。观其行，顺天之意，谓之善意行；反天之意，谓之不善意行。观其言谈，顺天之意，谓之善言谈；反天之意，谓之不善言谈。观其刑政，顺天之意，谓之善刑政；反天之意，谓之不善刑政。故置此以为法，立此以为仪，将以量度天下之王公、大人、卿大夫之仁与不仁，譬

---

① 《墨子·尚贤上》。
② 《墨子·尚贤中》。
③ 《墨子·天志上》。
④ 《墨子·天志中》。
⑤ 《墨子·天志上》。

之犹分黑白也。"① 天志就是天之意志，天志是判断王公大人刑政好坏的客观法仪，是衡量天下百姓言论是否正确的标准。它是社会正义、人间公正的客观保证，也是人间正义产生的根源。

墨子认为天下最珍贵的东西是义，义也就是正义。而这种最珍贵的东西不可能从愚且贱的东西中产生，只能从最高贵最聪明的东西中产生。天子固然高贵，然而天能支配天子，故而天远比天子高贵。由此墨子认为，义只能是天之所生。天是正义的来源，也是正义的保证。

墨子的天志，不是对殷商西周以来的上帝观念的简单复活，而是对中国原有上帝观念的改造。如果说原始的天志、天意、上帝等是统治者意志的化身的话，那么墨子的天志则是平民意志的化身。原始的天命观念经孔子之内化、老子之自然化之否定，到墨子重新肯定，经过了一个否定之否定的过程。这一否定开启了西汉董仲舒"天人相副"、"天人感应"以及"屈民以伸君，屈君以伸天"思想之先河。

（五）后期墨学在逻辑及知识论上的贡献

墨子去世后，墨学继续得到发展。据《韩非子·显学篇》说："自墨子之死也，有相里氏之墨，有相夫氏之墨，有邓陵氏之墨。……墨离为三，取舍相反不同，而皆自谓真墨。"到《庄子·天下篇》写作的时代，墨子后学对墨家学说的理解已产生了很大的分歧。这种学派的分化，恰恰表明墨子后学势力之大，墨家集团成为当时社会上一股相当活跃的力量。学术界一般将《墨子》书中的《经上下》、《经说上下》、《大取》、《小取》六篇视为后期墨家的作品。这六篇作品充分展示了后期墨家的理论贡献及学术成就，从某种意义上，也进一步突出了墨学的特征。后期墨家继续高举"兼相爱，交相利"的旗帜，捍卫墨子所倡导的学说，使墨子的思想得以继续发展。而且更为可贵的是，他们创立了中国历史上最为系统的逻辑体系，他们探讨的一些命题在某种意义上甚至具有了纯哲学的意味，在总结前人自然科学成就的基础上，对几何、数学、光学、力学等自然科学都作出了杰出的贡献。

后期墨家创立的逻辑系统即《墨辩》，《墨辩》足以与亚里士多德的逻

---

① 《墨子·天志中》。

辑学、印度的因明学鼎足而三。对于《墨辩》逻辑学，自章太炎、梁启超起学术界就开始研究。新中国成立后，高亨、沈有鼎、陈梦麟、孙中原等人继续拓展，使《墨辩》逻辑学的研究达到了相当高的水平。后期墨家对逻辑学的任务有明确的说明。《小取》指出："夫辩者，将以明是非之分，审治乱之纪，明同异之处，察名实之理，处利害，决嫌疑焉。摹略万物之然，论求群言之比。以名举实，以辞抒意，以说出故。以类取，以类予。有诸己不非诸人，无诸己不求诸人。"这是后期墨家逻辑学的大纲，也是后期墨家谈辩的指导思想。在这一大纲中，张岱年先生十分重视"摹略万物之然，论求群言之比"两语。他认为，"摹略万物之然"即是探索研讨自然界的实际情况，"论求群言之比"即是研究思想言论的格式规律。① 以张先生之见，《小取》的这段话不仅是后期墨家逻辑学的大纲，而且也是整个后期墨家的理论大纲。

后期墨家对逻辑学的各种问题，作出了深入的探讨，如逻辑学的概念、判断、推理等。"以名举实"就是指以概念来摹略万物之然。在后期墨家看来，概念分达、类、私三种，达是外延最大的概念，如"物"。类是类概念，如"马"。私是具体某一个事物的概念，如"臧"（一个男仆的名字）。达名即全称概念，类名即特称概念，私名即个体概念。"以辞抒意"是讲判断。孙中原先生认为《墨辩》对全称判断和特称判断都有说明，如"尽，莫不然也"，②"或也者，不尽也"③。"尽"是全称量词，"或"是特称量词。假言判断，如《小取》说："假，今不然也。"假即假设，假设是当前尚未出现，但可以出现也可以不出现的事实。模态判断，又分实然判断、或然判断、必然判断和客观必然模态判断。④ 当代学者大都认为后期墨家研究了形式逻辑的基本规律，即同一律、矛盾律、排中律。对于推理，后期墨家也有深入的研究，提出了"以类取，以类予"，"有诸己不非诸人，无诸己不求诸人"的推理原则。推理在墨家逻辑中称为"说"，"以说出故"主要就是

①　张岱年：《论墨子的救世精神与"摹略论言"之学》，《墨子研究论丛》（一），山东大学出版社1991年版。

②　《墨子·经上》。

③　《墨子·小取》。

④　孙中原：《墨学通论》，辽宁教育出版社1995年版，第133—140页。

指推理过程。"说，所以明也。"① 后期墨家还研究了多种推理方法，如"效"、"辟"、"侔"、"援"、"推"等。

效即效法。《小取》说："效者，为之法也，所效者，所以之为法也。故中效，则是也，不中效，则非也。"这就是说在推理中，先立一个标准，然后用这个标准去衡量其他。凡符合这个标准的就正确，不符合这个标准的就不正确。正确的也就是"中效"，不正确也就是"不中效"。辟也就是譬，譬是譬喻式的类比推理。《小取》说："辟也者，举也（同"他"）物而以明之也。"这就是说举出一个事物作为例证来说明另外一个事物。侔，是直接推理。《小取》说："侔也者，比辞而俱行也。"侔是等齐、相等的意思，它是指用两个等值判断直接进行类比推理的方法。据孙中原先生研究，这种推理方法有五种：1. "是而然"。如"白马，马也；乘白马，乘马也"。"获，人也，爱获，爱人也"②。2. "是而不然"。如"获之亲，人也；获事其亲，非事人也"。"盗，人也；爱盗，非爱人也；不爱盗，非不爱人也；杀盗人，非杀人也"③。3. "不是而然"。如"读书，非书也；好读书，好书也。斗鸡，非鸡也；好斗鸡，好鸡也"④。4. "一周而一不周"。如"爱人，待周爱人，而后为爱人。不爱人，不待周不爱人"⑤。5. "一是而一非"。如"一马，马也；二马，马也。'马或白'者，二马而或白也，非一马而或白"⑥。援，是间接推理类比的方法。《小取》说："援也者，曰：'子然，我奚独不可以然也？'援是援引，即援引辩论对方的论点来进行推论的一种方法。推，《小取》说："推也者，以其所不取之同于其所取者予之也，是犹谓也（同"他"）者同也，吾岂谓也（同"他"）者异也。"有人认为后期墨家的"推"是一种间接的归纳推理和演绎推理，也有人认为它是归谬推理。本人同意孙中原先生的理解，认为推是"辩论中常用的一种反驳方式。其特点是以对方所不赞成的论点，跟对方所赞成的论点是属于同类这

① 《墨子·经上》。
② 《墨子·小取》。
③ 《墨子·小取》。
④ 《墨子·小取》。
⑤ 《墨子·小取》。
⑥ 《墨子·小取》。

一点为根据，来反驳对方的'所不取'。用逻辑的力量迫使对方改变态度，变'不取'为'取'，从而达到在辩论中说服对方的目的"。① 后期墨家对形式逻辑的概念、判断、推理以及形式逻辑的规律，都提出了系统的说明，建立起中国思想史上第一个系统的、严密的逻辑体系，将中国的名学即思维术与辩论术推上了一个新高度。

后期墨家不仅在逻辑学方面作出了突出贡献，而且还涉及到了一些纯哲学问题。比如他们探讨了时间与空间问题，"久，弥异时也。"② 又说："久，合古今旦莫（暮）。"③ 久，就是时间。后期墨家认为，时间涵盖古、今、早、晚等一切具体时间。与时间相联系，后期墨家还讨论了时间的起始问题、有限与无限问题。"始，当时也。"④ "（始）时，或有久，或无久。始当无久。"⑤ "久，有穷，无穷。"⑥ 这就是说时间没有起始，时间是无限的、无穷的，是有穷与无穷的统一。后期墨家称空间为"宇"，认为"宇，弥异所也"⑦，"宇，蒙东西南北。"⑧ 空间包括东西南北一切场所。同样，后期墨家认为具体的空间是有限的，而整个空间是无限的。这些问题是相当具有哲学意味的。

后期墨家继承了墨子的实践精神，在自然科学各方面作出了相当大的贡献。依杨向奎教授的看法，墨家在数学上的成就已不止于梁启超在《墨子学案》中所列举的几条几何学的定理，"就现有能作训诂的经文论，墨家在数学方面的成就超出当时的世界水平，或者说，是当时世界的先进水平。他们已经理解变数理论，理解极限概念，他们发现了零"。⑨ 杨先生认为，《墨经》中"穷，或有前不容尺也"，这里的穷就是指极限。"库，易也。"这里的库就是数学上的零。其他诸如墨家对圆的定义，对方的认识，对点、线、面的理解以及对切线的看法等，都是学术界公认的数学成就。墨家在力学方

---

① 孙中原：《墨学通论》，辽宁教育出版社 1995 年版，第 172 页。
② 《墨子·经上》。
③ 《墨子·经说上》。
④ 《墨子·经上》。
⑤ 《墨子·经说上》。
⑥ 《墨子·经说下》。
⑦ 《墨子·经上》。
⑧ 《墨子·经说上》。
⑨ 杨向奎：《墨经数理研究》，山东大学出版社 1993 年版，第 57 页。

面也有突出的贡献。墨家对"力"的定义是："力，刑（同"形"）之所以奋也。"①"力，重之谓下，舆（同"举"奋也）。"② 这就是说力可以使物体由静止转化为运动。有的学者还认为墨家注意到了引力问题，如"引，无力也"③。对杠杆原理，后期墨家也有深入的说明。墨家对光学也有研究。如"景，不徙，说在改为"④，"光至，景亡；若在，尽古息"。景即影，这几句话是说："影，存在于光线照不到之处，一旦光线照到，影便消失；要使影像长在，则形成此影的光线与遮光体，必须终古止息不动而后可。"⑤《墨经》对光学上的折射原理及小孔成像，都作了十分形象的说明。后期墨家在科学上的成就是多方面的，学术界、科学界对此已作了深入的研究，由于篇幅所限，这里不拟详述。

墨家之所以在科学上取得巨大成就，一方面是因为墨家学派十分重视实践，墨家集团不是坐而论道的团体，而是具有强烈社会参与意识的集团；二是因为墨家重视认识论的研究。墨家学派的创始人墨子就主张"言必立仪"，也就是说言谈必须有个客观标准，如果没有客观标准，就无法鉴别何是何非、何得何失、何利何害。墨子对言谈立了三个标准，即所谓"三表"。"何谓三表？子墨子言曰：有本之者，有原之者，有用之者。于何本之？上本之于古者圣王之事。于何原之？下原察百姓耳目之实。于何用之？废（同"发"）以为刑政，观其中国家百姓人民之利。"⑥ 当然墨子所立之仪，只是政治学说之仪，而不具有纯认知意义。但在各种不同学说共存、并各是其所是而非其所非的时代里，墨子主张确立一个衡量一切学说的客观标准，这一方面说明墨子的时代已进入百家争鸣的时代，另一方面也说明墨家是一理性学派。更为可贵的是，墨子响亮地提出"用而不可，虽我亦将非之"的口号⑦。这就是说如果在实践中行不通，即使是我自己的学说也将反对它。

---

① 《墨子·经上》。
② 《墨子·经说上》。
③ 《墨子·经说下》。
④ 《墨子·经下》。
⑤ 蔡仁厚：《墨家哲学》，台湾东大图书公司 1983 年版，第 198—199 页。
⑥ 《墨子·非命上》。
⑦ 《墨子·兼爱下》。

后期墨家沿墨子的客观主义的致思趋向，对认知本身的问题进行了系统的考察。他们首先区分"知"与"所知"，"知，材也"①，"知也者，所以知也，而不必知，若明"②。知即认识主体的材质，所以知是认识主体的能力。认识主体的材质即耳、目、口、鼻、身等所谓的"五路"，即五官。但仅有五官并不必然获取知识，因为知识的获得只有能知而无所知根本形不成知识。"知，接也。"③"知也者，以其知（过）物，而能貌之。若见。"④知识的获取必须与客观事物相接触，而接触的工具即五官，但后期墨家并不认为感官认识就是最终认识，他们认为五官所获取的认识必须经过心之辨察。"闻，耳之聪也。""循所闻而得其意，心之察也。""言，口之利也。""执所言而意得见，心之辨也。"⑤这就是说，听是耳朵的功能，但顺着耳朵所听到的声音而得其意，是心即思维的器官的作用；言说是口的功能，但通过言谈把握其背后的意义，是心的作用。这说明后期墨家十分重视理性思维在认识过程中的作用。

后期墨家讨论了知识获得的途径和方法。他们认为知识获取有三种途径：一是从他人那里获得的知识即由他人传授获得的知识，亦即所谓"闻"；二是在已有知识的基础上通过推论获取的知识，即所谓"说"；三是本人亲身经验所获取的知识，即所谓"亲"。"闻"、"说"、"亲"既是知识获取的三种途径，也是三种知识。但后期墨家在"闻"、"说"、"亲"之后，紧接着谈"名"、"实"、"合"、"为"。名是所以谓，即概念，它是用来陈述和论谓的；实也就是所谓，即实际存在的东西，它是论谓的对象；合是名实耦，即概念与实际合一；为是志行，即志与行合一。以志统行，以行贯志。墨家的哲学是一种非常强调实践的哲学，它非常重视身体力行。

通过以上论述，我们完全可以说，墨家在先秦是一个独特的文化学派。这个文化学派之所以独特，在于它创造了独特的文化系统。这个文化系统体现在政治学说上，它提倡兼相爱、交相利，以爱作为解决社会问题的出发

---

① 《墨子·经上》。
② 《墨子·经说上》。
③ 《墨子·经上》。
④ 《墨子·经说上》。
⑤ 《墨子·经上》。

点。如果说儒家是站在统治者的立场为大众着想，那么墨家则是站在平民的立场为统治者着想。墨家的"尚贤"、"节用"、"节葬"、"非乐"等都直接体现了平民百姓的利益，代表了平民百姓的愿望，"天志"、"明鬼"则是这种愿望的最后理据。尤其可贵的是，墨家对逻辑学、自然哲学、自然科学都作了深入的研究，成为中国文化中最引人注目的部分。对于消极无为、欲退守到小国寡民时代的道家来说，自然科学、逻辑学是多余的，甚至是负面的。因为道家认为有机械必有机心；儒家虽然不反对自然科学，主张利用厚生，但自然科学对它来说不是急务，也不是君子之学。惜乎，两汉以下，墨家中绝，中国文化中的自然科学传统及知识论传统亦随之而绝，否则中国文化的遭遇绝不会像近代以来那样惨痛！

第三章　道德的理想主义与爱的理想主义

　　春秋时代是中国社会大变革的时代。这一时期由夏、商、周所建立起来的人文秩序、社会规范已经崩解，那种"尊尊之等，亲亲之杀"的人文秩序受到严重挑战，周文疲敝、礼崩乐坏是这一时代的重要特征。价值的失落带来社会的混乱，在这个时代里，各诸侯国之间，攻城以战，杀人盈城，争地以战，杀人盈野。大国之攻小国，大家之乱小家，强凌弱，众暴寡，富辱贫的现象四处蔓延，这是一个充满杀伐的苦难时代。时代的混乱激起人们对传统的反思，对于已成形式的周代礼乐制度，儒墨两家表达了不同的态度。孔子将礼建立在仁上，实现仁礼合一，重新激活了礼的现实意义。接续这种传统，儒家是从整合人文秩序入手，以仁义道德为始点，达到修、齐、治、平之目的；墨家抛弃礼乐，从整合社会秩序入手，以兼爱为始点，试图建立一大国不攻小国，大家不乱小家，强不凌弱，众不暴寡，诈不欺诚的理想社会。可以说，儒家是道德的理想主义，而墨家是爱的理想主义。当然，这并不是说儒家不讲爱，也不是说墨家不重仁义道德，而是说爱不是儒家的中心观念，仁义道德不是墨家的中心范畴。在儒家，仁、义、礼、智尤其仁是其中心范畴，爱只是从属于仁，作为仁的一种解释。在墨家，兼爱则是横贯其尚同、尚贤、非攻、节用、节葬、非乐等理论主张的中心范畴。墨家以爱作为其理论的始点，也以爱作为其理论归依，仁义道德是爱的具体体现。

一、周代礼乐制度的兴衰

殷周之际是中国历史上一个大变革的时代，王国维说，"中国政治与文化之变革，莫剧于殷周之际"。[①] 周人战胜殷人取得政权后，并没有沉溺于兴奋之中，而是对"天命靡常"表现出深深的忧患：

> 惟王受命，无疆惟休，亦无疆惟恤。[②]
> 我受命无疆惟休，亦大惟艰。[③]

他们害怕殷人丧失政权的命运又降临到他们头上：

> 我亦不敢知曰，其终出于不祥。[④]

于是他们对"天命"进行反思，在认为"天命不僭"的基础上，人对天命亦有其积极意义：

> 非天庸释有夏，非天庸释有殷，乃惟尔辟（君），以尔多方，大淫图（鄙）天之命。[⑤]，
> 故天降丧于殷，罔爱于殷，惟逸。天非虐，惟民自速辜。[⑥]
> 咨女殷商，匪上帝不时，殷不用旧。[⑦]

这些反思表现出了一种人文主义的自觉。[⑧] 一方面，他们进行了制度方

---

① 王国维：《殷周制度论》，《王国维遗书·观堂集林》卷十，上海古籍书店 1983 年版，第 1 页。
② 《周书·召诰》。
③ 《周书·君奭》。
④ 《周书·君奭》。
⑤ 《周书·多方》。
⑥ 《周书·酒诰》。
⑦ 《大雅·荡》。
⑧ 徐复观先生把周人这种人文主义的态度称作忧患意识。他说，忧患意识不同于恐怖与绝望，"忧患心理的形成，乃是从当事者对吉凶成败的深思熟考而来的远见；在这种远见中，主要发现了吉凶成败

面的革新，试图以制度的力量维持政权的稳固。王国维在《殷周制度论》中说："欲观周之所以定天下，必自其制度始矣。周人制度之大异于商者，一曰立子立嫡之制，由是而生宗法及丧服之制，并由是而有封建子弟之制，君天子臣诸侯之制；二曰庙数之制；三曰同姓不婚之制。此数者，皆周之所以纲纪天下。其旨则在纳上下于道德，而合天子、诸侯、卿、大夫、士、庶民以成一道德之团体。周公制作之本意，实在于此。"② 此即西周的政治制度，也就是传统所说的封建政治制度。这其中最主要的便是宗法制和封建制，而封建制度又以宗法制为基础。

宗法制度的详情已不可考，后人根据《礼记·丧服小记》及《大传》作了一些推测，童书业先生言：

> 周代礼制中最重要的是宗法和封建的制度，据近人的考究，宗法制度大略是这样的：譬如天子世世相传，每世的天子都是以嫡长子的资格继承父位，奉戴始祖，是为大宗；他们的众子（包括嫡长子的诸母弟与庶子）封为诸侯，是为小宗。每世的诸侯也是以嫡长子的资格继承父位，奉始祖为大宗；他们的众子封为卿大夫，为小宗。每世的卿大夫也以嫡长子的资格继承父位，奉始祖为大宗；他们的众子各有食地为小宗。凡大宗必是始祖的嫡裔，而小宗则或宗其高祖，或宗其曾祖，或宗其祖，或宗其父，而对大宗则都称为庶。诸侯对天子为小宗，但在本国则为大宗；卿大夫对诸侯为小宗，但在本族则也为大宗。③

这是根据血缘关系以确定政治秩序。关于封建制度，徐复观认为：

> 即是根据宗法制度，把文王武王成王康王等未继承王位的别子（武王不是嫡长子），有计划的分封到旧有的政治势力中去，作为自己

与当事者行为的密切关系，及当事者在行为上所应负的责任。……所以忧患意识，乃人类精神开始直接对事物发生责任感的表现，也即是精神上开始有了人的自觉"。见徐复观《中国人性论史》，华东师范大学出版社 2005 年版，第 14 页。

② 王国维：《殷周制度论》，《王国维遗书·观堂集林》卷十，上海古籍书店 1983 年版，第 2 页。

③ 童书业：《春秋史》，上海古籍出版社 2003 年版，第 7 页。

势力扩张的据点，以联络监督同化旧有的政治势力，由此逐渐达到"普天之下，莫非王土"的目的。被封的别子，即成为封国之祖，他的嫡长子，则成为百世不祧之宗，按照宗法建立一个以血统为纽带的统治集团。①

封建制度是宗法制度在实际政治生活中的表现。

在宗法封建系统中，每一个组成分子皆由血缘所连贯，以形成情感的结合，此即谓"亲亲"；而此血缘团体中根据嫡庶亲疏又有所尊、有所主，此之谓"尊尊"。"亲亲"、"尊尊"是宗法封建制度的内在本质，它们又需要通过一定的形式表现出来，这种形式即是礼乐制度。具体讲来，它包括祭器、丧器、射器、宾器、宫室车旗，以及玉帛钟鼓等方面的器物，又包括行为上的节文度数，针对不同的等级有不同的规定。《国语·周语》记载内史过之言曰：

> 古者先王既有天下，又崇立上帝、明神而敬事之，于是乎有朝日、夕月以教民事君。诸侯春秋受职于王以临其民，大夫、士日恪位著以儆其官，庶人、工、商各守其业以共其上。犹恐其有坠失也，故为车服、旗章以旌之，为贽币、瑞节以镇之，为班爵贵贱以列之，为令闻嘉誉以声之。

这是强调礼仪制度及活动主要是为了实现"教民事君"的政治社会功能。作为辅助的方式，等级性的车服、旗章、瑞节、班爵等都是为了实现那作为目的的政治功能。《礼记》载：

> 子曰："明乎郊社之义，尝禘之礼，治国其如指诸掌而已乎！是故以之居处有礼，故长幼辨也；以之闺门之内有礼，故三族和也；以之朝廷有礼，故官爵序也；以之田猎有礼，故戎事闲也；以之军旅有礼，故武功成也。是故宫室得其度，量鼎得其象，味得其时，乐得其节，车得

---

① 徐复观：《两汉思想史》上册，华东师范大学出版社 2001 年版，第 13 页。

其式，鬼神得其飨，丧纪得其哀，辩说得其党，官得其体，政事得其施，加于身而错于前，凡众之动得其宜。"①

这说明，对郊社尝禘的重视更多地是出于由此可以推发出治国的功能，从郊社的原则（义）和尝禘的礼式可应用于不同领域以形成不同的部门礼，以实现家庭、社会、政治（朝廷）的秩序与和顺。更广义地说，可由此而推出一整全的文化体系，在这个体系中，每一领域的每一方面的事物都可由此获得其规范和形式。如果社会成员对这些规定普遍认同，整个社会便能够在这种揖让周旋中保持和谐。

周代的政治体制，自建立之初就埋下了覆亡的隐患。西周的政治体制是宗法封建制，这种制度建立在"亲亲"的血缘关系及由此而来的"尊尊"关系之上。因此对礼所规定的社会关系的普遍认同，在于对"亲亲"及"尊尊"的认同。在这种状况下，因时代的推衍而血缘转疏，"亲亲"的精神逐渐淡薄，对礼的普遍认同感也逐渐消失，不再能够有效承担政治的作用。张荫麟曾用一个比喻说明这种变化的必然性：

> 这个大帝国的命运也就如一个累世同居的大家庭差不多。设想一个精明强干的始祖，督帅着几个少子，在艰苦中协力治产，造成一个富庶而亲热的、人人羡慕的家庭。等到这些儿子各各娶妻生子之后，他们对于父母，和他们彼此间，就难免行迹稍为疏隔。到了第三代，祖孙叔侄，或堂兄弟之间，就会有背后的闲话。家口愈增加，良莠愈不齐。到了第四五代，这个大家庭的分子间就会有仇怨，有争夺，有倾轧，他们也许拌起嘴，打起架，甚至闹起官司来。至迟在东周的初期，整个帝国里已有与此相类似的情形。②

这实际上是随着时间的变迁，礼得以发挥作用的客观环境发生了变化，礼背后"亲亲"的动力减弱，从而其政治约束力也随之减弱。虽有一二有

---

① 《礼记·仲尼燕居》。
② 张荫麟:《中国史纲》,上海古籍出版社1999年版，第52页。

识之士自觉维护，但其势已不可逆转。这样一种现象的直接表现就是整个礼乐制度的形式化及其政治功用的丧失。诸子针对这种状况，提出了各自的解决方案，建立了不同的思想系统。

二、仁礼合一——孔子对待周代礼乐制度的态度

从总体上看，儒家顺礼乐而道仁义，以内在的仁义重新贞定已形式化的礼乐的价值。孔子对礼表现了极大的热爱和推崇，一方面，他认为礼是立身之本：

> 君子博学于文，约之以礼，亦可以弗畔矣夫！①
> 非礼勿视，非礼勿听，非礼勿言，非礼勿动。②

一方面，他认为礼又是治理国家的根本原则：

> 道之以政，齐之以刑，民免而无耻；道之以德，齐之以礼，有耻且格。③
> 或问禘之说。子曰："不知也，知其说者之于天下也，其如示诸斯乎！"指其掌。④

他对僭越礼的现象极其愤慨：

> 孔子谓季氏："八佾舞于庭，是可忍也，孰不可忍也？"
> 三家者以《雍》彻。子曰："'相维辟公，天子穆穆'，奚取于三家之堂？"
> 季氏旅于泰山。子谓冉有曰："女弗能救与？"对曰："不能。"子

---

① 《论语·雍也》。
② 《论语·颜渊》。
③ 《论语·为政》。
④ 《论语·八佾》。

曰："呜呼！曾谓泰山不如林放乎？"①

他试图维护礼的地位，以仁重新贞定礼的内在价值，对礼进行了一种创造性的发展。孔子所要做的，就是点醒礼背后的道德意识，使人们认识到礼不仅是一个规范性的存在，它还指涉一个价值领域。由此他认为：

> 人而不仁，如礼何？人而不仁，如乐何？②
> 礼云礼云！玉帛云乎哉！乐云乐云！钟鼓云乎哉！③

对礼的这种双重意义的反思实际上在孔子之前就开始了，这就是"礼仪之分"。《左传·昭公五年》记女叔齐之言曰：

> 公如晋，自郊劳至于赠贿，无失礼。晋侯谓女叔齐曰："鲁侯不亦善于礼乎？"……对曰："是仪也，不可谓礼。礼所以守其国，行其政令，无失其民者也。今政令在家，不能取也。有子家羁，弗能用也。奸大国之盟，凌虐小国；利人之难，不知其私。公室四分，民食于他；思莫在公，不图其终。为国君，难将及身，不恤其所。礼之本末将于此乎在，而屑屑焉习仪以亟，言善于礼，不亦远乎？"

鲁国保存周礼最多，鲁昭公在访问晋国的各种仪典上，进退周旋皆合于礼数，然而女叔齐却批评昭公不懂得礼。观女叔齐之意，仪文种种，皆属末节，为仪而非礼。礼的意义在于建立一定的秩序，在于保证政权的顺利运作。昭公虽善礼数却不能做到这一点，故女叔齐以为其不知礼。《左传·昭公二十五年》亦有相似的记载：

> 子大叔见赵简子，简子问揖让周旋之礼焉。对曰："是仪也，非礼也。"

---

① 《论语·八佾》。
② 《论语·八佾》。
③ 《论语·阳货》。

子大叔同样以为揖让周旋的礼数是仪非礼。在这种礼仪之分中，礼的意义发生了某种变化，突出了其作为政治秩序核心原则的作用。《左传·隐公十一年》：

> 礼，经国家，定社稷，序民人，利后嗣者也。

实际上，礼自身发生这种变化的意义在于：以进退周旋的礼数而表现的礼不再具有政治的意义。

礼仪之分包含这样一个追问：礼如何能够再度于政治生活中发挥作用？春秋时期一批士人从强调礼的普遍必然性出发，试图重新树立对礼的信心。《左传·昭公二十五年》子大叔述子产论礼：

> 子大叔见赵简子，简子问揖让周旋之礼焉。对曰："是仪也，非礼也。"简子曰："敢问何谓礼？"对曰："吉也闻诸先大夫子产曰：'夫礼，天之经也，地之义也，民之行也。'天地之经，而民实则之。则天之明，因地之性，生其六气，用其五行。气为五味，发为五色，章为五声，淫则昏乱，民失其性，是故为礼以奉之……哀乐不失，乃能协于天地之性，是以长久。"简子曰："甚哉，礼之大也！"对曰："礼，上下之纪，天地之经纬也，民之所以生也，是以先王尚之。"

这是一篇十分整齐的关于礼的论述，"礼"是天、地、人的普遍法则，所谓"天之经"，"地之义"，"民之行"。"天之经"、"地之义"代表宇宙自然的法则，作为"民之行"的"礼"则是人世社会仿照自然法则而构建的所谓"天地之经，民实则之"。"礼"的这种"则天因地"的特征，表现为"礼"的诸种规定都是与自然存在的类型与节度相对应，如天地有六气、五行、五味、五声等，礼便有种种规则"以奉五味"、"以奉五色"、"以则地义"、"以象天明"。这实际上是假定某种本有的秩序作为政治生活中的秩序的原型，将礼外化为了一种规范以制裁人们的行为。从某种意义上讲，礼丧失了其内在价值，只具有工具意义的实效价值。

孔子并没有沿袭这条道路，而是从自己内心深处发掘出了德性之源，以

"仁"摄礼，贞定了礼的价值源泉。这样一条道路本来就为周代的礼乐制度所内蕴。人文精神的跃动是周代的一个思想特征，这一点为学术界所认同。针对关乎政权转移的天命问题，他们不再把一切问题的责任交给神，而是强调本身行为的谨慎和努力。他们认为，只有做到"敬德"才能够"以德配天"，从而获得天命：

> 我不可不监于有夏，亦不可不监于有殷……服天命，惟有历年……不其延，惟不敬厥德，乃早坠厥命。①
> 皇天既付中国民越（与）厥疆土于先王，肆王惟德用，和怿（悦）先后迷民，用怿（绎）先王受命。②

也就是说，只有在对礼乐制度的践履中注入"敬德"的因素，才能够维系国家的命运。

基于这种理解，他们认为：

> 天不可信，我道惟宁王（按：文王）德延，天不庸释于文王受命。③

对神的信心转化为对德行的信心，对神的膜拜转化为对德行的践履和对德性根源的体验。他们崇拜的对象不再是有意志的上帝，而是纯德的文王，"上天之载，无声无臭，仪刑文王，万邦作孚"。不过需要说明的是，由周礼而体验道德意识在某种意义上看是不自觉的，即他们的关注点是由对礼的普遍认同而达到的政治功用。

而在孔子那里，对道德的体验则成为了一种自觉，即自觉地将这种意识显露出来。更为重要的是，在孔子那里，"仁"不仅是一种道德意识，它还内化为了人的本质，从而具有了本体的意义。他认为"仁"内在于每一个人的生命之内：

---

① 《周书·召诰》。
② 《周书·梓材》。
③ 《周书·君奭》。

子曰："……君子去仁，恶乎成名？君子无终食之间违仁，造次必于是，颠沛必于是。"①

子曰："民之于仁也，甚于水火。水火，吾见蹈而死者矣；未见蹈仁而死者也。"②

对于君子而言，仁是所以为君子的本质规定；对于一般人而言，它为人的生活所不可少，人们对它的需要，较之水火更甚。这说明了仁内在于每一个人生命之中。只有认定仁内在于每一个人的生命之内，人对它的实现才是自由的：

子曰："仁远乎哉？我欲仁，斯仁至矣。"③

子曰："为仁由己，而由人乎哉？"④

外在的东西，不能随要随有，孟子曰：

求则得之，舍则失之；是求有益于得也，求在我者也。求之有道，得之有命，是求无益于得也，求在外者也。⑤

德性为"求在我者"，这是主体可以自主的；然而人生外在的功名事业等，为"求在外者"，虽然"求之有道"，但不必定得。仁的实现与否，不由外在决定，全视主体自觉、自为，由此自觉、自为而凸现主体的自我主宰性。这实际上是在自然生命之外开辟了一个内在的价值世界，开启了人类无限超升的可能性。因为人只有发现自然生命之外的价值世界，才能够自己塑造自己，把自己从动物性的本能和欲望中提升出来，才能够把自然的生命作为自身发展的质料，自己的行为才能够具有无尽的价值意义。仁的本体性在

---

① 《论语·里仁》。
② 《论语·卫灵公》。
③ 《论语·述而》。
④ 《论语·颜渊》。
⑤ 《孟子·尽心上》。

此意义上得到确立。

这样一来，作为外在形式的礼乐就具有了内在的价值根源。孔子希望能够借助这种仁礼合一的思路解决面对的社会问题。这种以仁义而贞定礼乐的思路，既是孔子针对周礼的态度，亦是自己学说体系的根本视角。由于礼乐本身就具有政治的意义，仁礼合一的思路自然就走向了政治上的道德理想主义。

三、儒家的道德理想主义

所谓道德理想主义，即是强调道德在政治生活中的根本性作用。儒家的道德理想主义有两层含义：一是唤起人的道德意识的自觉与复苏，向上提升人的精神境界；二是为社会不同阶层的人提供一个人人皆应遵守的日常生活法式。前者追求的是人类的终极关怀和生命本体的超越意义，也就是张载所谓的"为生民立命"，即让人知道生命的意义和生命的归依。后者追求的是处理君臣、上下、父子、夫妇、兄弟、朋友等关系的当然之则，是应循之道，是一套外在的行为规范。所以由孔子开创的仁、礼合一的伦理体系，是内在与外在的合一、自觉与他律的合一。①

儒家认为仁义道德是社会赖以维系的根本，一旦这一根本动摇，人类就难以生存下去。相反：

> 其为人也孝弟，而好犯上者，鲜矣；不好犯上，而好作乱者，未之有也。君子务本，本立而道生。孝弟也者，其为仁之本与！②

孝悌是仁之本，也是社会治乱安危之本。本就是根本，就是关键，君子

---

① 张君劢、徐复观、牟宗三、唐君毅在《为中国文化告世界人士宣言书》一文中认为："由先秦之孔孟以至宋明儒，明有一贯之共同认识。共认此道德实践之行，与觉悟之知，二者系相依互进，共认一切对外在世界之道德实践行为，唯依于吾人之欲自尽此内在之心性，即出于吾人心性，或出于吾人心性自身所不容自己的要求；共认人能尽此内在心性，即所以上达天德、天理、天心，而与天地合德，或与天地参。此即中国心性学之传统。……乃中国文化神髓所在。"见封祖盛编：《当代新儒家·为中国文化告世界人士宣言书》，生活·读书·新知三联书店 1989 年版。

② 《论语·学而》。

务本就是君子要抓住社会治乱安危这一关键。孟子说：

> 天下之本在国，国之本在家，家之本在身。①

《大学》言：

> 自天子以至于庶人，壹是皆以修身为本。

儒家解决社会问题时，力图从根本处着眼，他们认为社会的根本在于道德。

孔子讲：

> 为政以德，譬如北辰，居其所而众星共之。②

孔子再三告诫统治者，其身正就能保证政令畅通，其身不正，便无法实现令行禁止。孔子的政治是道德政治，是以德论政，使政归于德。《中庸》认为：

> 为政在人，取人以身，修身以道，修道以仁。

仁与政治联系起来，也就是将道德与政治联系起来。孟子的"仁政"说是这种联系的典范。孟子主张王道政治，王道政治的出发点就是以德服人：

> 以力服人者，非心服也，力不赡也；以德服人者，中心悦而诚服也。③

---

① 《孟子·离娄上》。
② 《论语·为政》。
③ 《孟子·公孙丑上》。

仁政要求统治者推己及人：

> 老吾老，以及人之老；幼吾幼，以及人之幼，天下可运于掌。①

孟子的仁政是由内向外推及天下，仁由德性概念变为政治概念，也就是说，道德具有了政治的意义。

《大学》作者则将儒家的道德理想主义系统而简明地概括为"三纲八目"。所谓"大学之道，在明明德，在亲民，在止于至善"，这是三纲。"明明德"是内圣，而"亲民"是外王，"止于至善"也可以说是德福的圆满之实现，是内圣外王实现。关于八目，《大学》曰：

> 古之欲明明德于天下者，先治其国；欲治其国者，先齐其家；欲齐其家者，先修其身；欲修其身者，先正其心；欲正其心者，先诚其意；欲诚其意者，先致其知，致知在格物。

反过来说就是：

> 物格而后知至，知至而后意诚，意诚而后心正，心正而后身修，身修而后家齐，家齐而后国治，国治而后天下平。

八目包括格物、致知、诚意、正心、修身、齐家、治国、平天下，是对三纲的进一步说明。它将儒家的道德理想主义秩然不爽地全幅呈现出来，并且对由内圣到外王、由外王到内圣的义理结构作了逻辑说明。修身是由内圣到外王、由外王到内圣转换的中介，是内圣外王的轴心。所以"自天子以至于庶人，壹是皆以修身为本"。《大学》作者所表达的内圣外王的构想，是儒家道德理想主义的最集中体现，它基本奠定了儒家道德政治或德治主义

---

① 《孟子·梁惠王上》。

的理论格局。①

四、兼爱——墨家爱的理想主义

墨家与儒家不同，它根本就不认同礼乐的政治意义，对周礼自始即采取一种排斥的态度。虽然《吕氏春秋·当染篇》记载："鲁惠公使宰让请郊庙之礼于天子，桓王使史角往，惠公止之。其后在于鲁，墨子学焉。"但墨子认为，礼无助于治平，对礼持否定态度，故《淮南子·要略训》言："墨子学儒者之业，受孔子之术，以为其礼烦扰而不说，厚葬靡财而贫民，久服伤生而害事。"因此，墨子并没有与儒家一样为礼重新寻找根据，而是直接抛弃了它。同时，墨子并不认为依靠道德就可以解决全部的社会危机和建立起良性的社会循环机制，而是进一步探寻君臣不惠忠，父子不慈孝，兄弟不协调的原因，探讨国与国相攻，家与家相篡，人与人相贼的原因。结果墨子发现，一切社会危机根源在于人们不相爱，在于人们自爱而不知爱他。墨子说：

> 诸侯不相爱，则必野战；家主不相爱，则必相篡；人与人不相爱，则必相贼。君臣不相爱，则不惠忠；父子不相爱，则不慈孝；兄弟不相爱，则不和调。天下之人皆不相爱，强必执弱，众必劫寡，富必侮贫，贵必敖贱，诈必欺愚。凡天下祸篡怨恨，其所以起者，以不相爱生也。②

基于这个原因，墨子试图来个根本性的转变，由此提倡兼爱。兼爱是墨

---

① 内圣外王一词最早并不见于儒学典籍，而是出自《庄子·天下篇》。但学术界通常认为，内圣外王并非道家的思想，而是秦汉之际思想家对儒家学说的精湛概括。虽然孔子把礼乐的根源贞定为仁，已有内圣外王的倾向，但实际上是《大学》完成了对它系统化、综合化、理论化的加工。诚如经学史家周予同所说："《大学》主张以格物、致知、诚意、正心、修身为个人内心修养的阶梯，就是《庄子·天下篇》中所谓的内圣之道，……以齐家、治国、平天下为个人内心修养完成后自然的开展，就是《天下篇》中所谓的外王之道。"见朱维铮编：《周予同经学史论著选》，上海人民出版社1983年版，第411页。

② 《墨子·兼爱中》。

子学说的核心，是其理论的出发点，也是其理想的归宿。"兼"对"别"而言，为"全部"或"无差别"之义。"兼，尽也。尽，莫不然也。"《小取》篇曰："爱人待周爱人而后为爱人，不爱人不待周不爱人，不（失）周爱，因为不爱人矣。"兼爱指尽人而爱之。同时兼爱又有交互相爱之义，"爱人者，人亦从而爱之；利人者，人亦从而利之"，"我从事乎爱利人之亲，则人亦报我爱利吾人之亲"。前者是从个人的角度，强调其责任；后者是从社会的角度，强调因尽人皆爱而来的互相爱利的效验。

针对天下混乱的现象，墨子深察其原因，认为起于不相爱：

> 圣人以治天下为事者也，不可不察乱之所自起。当察乱何自起？起不相爱。臣子之不孝君父，所谓乱也。子自爱，不爱父，故亏父而自利。弟自爱，不爱兄，故亏兄而自利。臣自爱，不爱君，故亏君而自利。此所谓乱也。虽父之不慈子，兄之不慈弟，君之不慈臣，此亦天下之所谓乱也。父自爱也，不爱子，故亏子而自利。兄自爱也，不爱弟，故亏弟而自利。君自爱也，不爱臣，故亏臣而自利。是何也？皆起不相爱。虽至天下之为盗贼者，亦然。盗爱其室，不爱异室，故窃异室以利其室。贼爱其身，不爱人，故贼人以利其身。此何也？皆起不相爱。虽至大夫之相乱家、诸侯之相攻国者，亦然。大夫各爱其家，不爱异家，故乱异家以利其家。诸侯各爱其国，不爱异国，故攻异国以利其国。天下之乱物，具此而已矣！察此何自起，皆起不相爱。①

在墨子看来，天下之乱表现为损彼以利己的行为，如子亏父而自利、弟亏兄而自利、臣亏君而自利，乃至父亏子而自利、兄亏弟而自利、君亏臣而自利等。所以有这样的行为，在于爱己不爱彼。因此墨子认为，只有转变观念，无差别地爱利天下人，才能使天下治：

> 若使天下兼相爱，爱人若爱其身，犹有不孝者乎？视父兄与君若其身，恶施不孝？犹有不慈者乎？视子弟与臣若其身，恶施不慈？故不慈

① 《墨子·兼爱上》。

不孝亡，犹有盗贼乎？视人之室若其室，谁窃？视人身若其身，谁贼？故盗贼有亡。犹有大夫之相乱家、诸侯之相攻国者乎？视人家若其家，谁乱？视人国若其国，谁攻？故大夫之相乱家、诸侯之相攻国者有亡。若使天下兼相爱，国与国不相攻，家与家不相乱，盗贼无有，君臣父子皆能孝慈，若此则天下治。故圣人以治天下为事者，恶得不禁恶而劝爱？故天下兼相爱则治，交相恶则乱。故子墨子曰不可以不劝爱人者，此也。[①]

兼爱的本质在于视彼如己，这样一来，为己身所谋的爱利之心自然同样加之于他人。观念的转变带来行为的改变，从而实现天下治。墨子的思路是很清晰的，就是把现实行为发起的原因归于其意志动机，同时认为动机的转变必然带来行为的转变。也就是说，针对"不相爱"的社会现实直接要求"兼爱"，一旦这种"指令"被接受，社会自然可以转乱为治。兼爱被社会接受或者说兼爱的观念在现实中被落实，必须牵涉到一个问题：兼爱本身如何可能？这一问题包括两个子问题：兼爱作为一种行为，存在的合理性是什么？兼爱作为一种理论，是否具有现实的可行性？

如果一行为可产生实际的后果，且这一后果恰为主体所追求，则后果本身便确立了其行为的合理性。根据前面的分析，兼爱能使天下转乱为治，这是墨子提倡兼爱的理由。也就是说，兼爱能使天下治的效验，确立了兼爱的价值，从而保证其存在的合理性。如果说这样的论证思路是针对所有人的，墨子还对特定的对象即统治者单独进行了说服。在此他用了两个例子，内容大同小异，兹举其一：

> 然而天下之士，非兼者之言犹未止也，曰："兼即善矣，虽然，岂可用哉？"子墨子曰："用而不可，虽我亦将非之。且焉有善而不可用者？姑尝两而进之，设以为二士，使其一士者执别，使其一士者执兼。是故别士之言曰：吾岂能为吾友之身若为吾身？为吾友之亲若为吾亲？是故退睹其友，饥即不食，寒即不衣，疾病不侍养，死丧不葬埋。别士

---

① 《墨子·兼爱上》。

之言若此，行若此。兼士之言不然，行亦不然。曰：'吾闻为高士于天下者，必为其友之身，若为其身，为其友之亲若为其亲，然后可以为高士于天下。'是故退睹其友，饥则食之，寒则衣之，疾病侍养之，死丧葬埋之。兼士之言若此，行若此。若之二士者，言相非而行相反与？当使若二士者，言必信，行必果，使言行之合，犹合符节也，无言而不行也。然即敢问：今有平原广野于此，被甲婴胄，将往战，死生之权，未可识也。又有君大夫之远使于巴、越、齐、荆，往来及否未可识也。然即敢问：不识将恶择之也？家室奉承亲戚，提挈妻子而寄托之，不识于兼之有是乎？于别之有是乎？我以为当其于此也，天下无愚夫愚妇，虽非兼之人，必寄托之于兼之有是也。此言而非兼，择即取兼，即此言行费也。不识天下之士，所以皆闻兼而非之者，其故何也？"①

所谓别士即不行兼爱之人，兼士则为行兼爱之人。在墨子看来，别士基于"吾岂能为吾友之身若为吾身？为吾友之亲若为吾亲？"这样的理念，必然"退睹其友，饥即不食，寒即不衣，疾病不侍养，死丧不葬埋"，从而导致众叛亲离。兼士与此相反，他们基于"必为其友之身若为其身，为其友之亲若为其亲"的理念，在行事上"退睹其友，饥则食之，寒则衣之，疾病侍养之，死丧葬埋之"，从而使天下归之。墨子根据这种现象说明，对一般人来讲，虽然自己不行兼爱，但实际上却希望别人行兼爱。对于士或君这样的统治者而言，兼爱的行为必然带来天下的归附。也就是说，兼爱作为一般民众的心理要求，在统治者那里则转化为了统治的工具。墨子从此角度证明，兼爱在现实的统治中是有用的，以此证明兼爱存在的合理性。

在墨子那里，兼爱首先是一种观念，它存在一个在现实中落实的问题。理论和现实之间的差异在墨子那里如何消除呢？或者说，如何使人们相信，作为一种观念的兼爱在现实中依然具有可行性呢？他以史事进行说明。《墨子·兼爱下》曰：

然而天下之士，非兼者之言也，犹未止也，曰："兼即仁矣，义

---

① 《墨子·兼爱下》。

矣。虽然，岂可为哉？吾譬兼之不可为也，犹挈泰山以超江、河也。故兼者，直愿之也，夫岂可为之物哉？"子墨子曰："夫挈泰山以超江、河，自古之及今，生民而来未尝有也。今若夫兼相爱、交相利，此自先圣六王者亲行之。何以知先圣六王之亲行之也？子墨子曰：吾非与之并世同时，亲闻其声，见其色也。以其所书于竹帛，镂于金石，琢于槃盂，传遗后世子孙者知之。《泰誓》曰：文王若日若月乍照，光于四方，于西土。即此言文王之兼爱天下之博大也，譬之日月，兼照天下之无有私也，即此文王兼也。虽子墨子之所谓兼者，于文王取法焉！且不唯《泰誓》为然，虽《禹誓》即亦犹是也。禹曰：济济有众，咸听朕言！非惟小子，敢行称乱。蠢兹有苗，用天之罚。若予既率尔群封诸群，以征有苗。禹之征有苗也，非以求以重富贵，干福禄，乐耳目也。以求兴天下之利，除天下之害。即此禹兼也。虽子墨子之所谓兼者，于禹求焉。且不唯《禹誓》为然，虽《汤说》即亦犹是也。汤曰：惟予小子履，敢用玄牡，告于上天后曰：今天大旱，即当朕身履，未知得罪于上下。有善不敢蔽，有罪不敢赦，简在帝心。万方有罪，即当朕身。朕身有罪，无及万方。即此言汤贵为天子，富有天下，然且不惮以身为牺牲，以祠说于上帝鬼神，即此汤兼也。虽子墨子之所谓兼者，于汤取法焉。且不惟《誓命》与《汤说》为然，周《诗》即亦犹是也。周《诗》曰：王道荡荡，不偏不党，王道平平，不党不偏。其直若矢，其易若厎。君子之所履，小人之所视。若吾言非语道之谓也？古者文、武为正，均分赏贤罚暴，勿有亲戚弟兄之所阿。即此文、武兼也。虽子墨子之所谓兼者，于文、武取法焉。不识天下之人，所以皆闻兼而非之者，其故何也？"

有人以为，兼爱仅是一种观念或愿望，不存在现实的可行性，对此墨子予以驳斥，他以古代圣王的实例证明兼爱不仅仅是一种愿望，而且在现实中是切实可行的。他认为自己所提倡的兼爱之说符合圣王之道，或者说圣王之道就是兼爱之说。既然圣王之道在历史上是实行了的，以此类推，兼爱现实的可行性不言而喻。

还有人提出质疑，兼爱即使可行，但也存在巨大困难，墨子认为这种说法是不成立的，他在《兼爱下》中指出：

> 意以为难而不可为邪？尝有难此而可为者。昔荆灵王好小要，当灵王之身，荆国之士饭不逾乎一，固据而后兴，扶垣而后行。故约食为其难为也，然后为而灵王说之，未逾于世而民可移也，即求以乡其上也。昔者越王句践好勇，教其士臣三年，以其知为未足以知之也。焚舟失火，鼓而进之。其士偃前列，伏水火而死者，不可胜数也。当此之时，不鼓而退也，越国之士可谓颤矣。故焚身为其难为也，然后为而越王说之，未逾于世而民可移也，即求以乡上也。昔者晋文公好苴服。当文公之时，晋国之士大布之衣，牂羊之裘，练帛之冠，且苴之屦，入见文公，出以践之朝。故苴服为其难为也，然后为而文公说之，未逾于世而民可移也，即求以乡其上也。是故约食、焚身、苴服，此天下之至难为也，然后为而上说之，未逾于世而民可移也，何故也？即求以乡其上也。今若夫兼相爱、交相利，此其有利，且易为也，不可胜计也。我以为则无有上说之者而已矣。苟有上说之者，劝之以赏誉，威之以刑罚，我以为人之于就兼相爱、交相利也，譬之犹火之就上、水之就下也，不可防止于天下。

对于兼爱实行上的难度，墨子以史事证明是不存在的。墨子以为，虽然"约食、焚身、苴服，此天下之至难为也"，但如果统治者提倡则行之不难。同理，如果统治者提倡兼爱，那么一样可以顺利施行。墨子相信，政令由上而施下，便可以畅通无碍。兼爱在现实中的可行性即基于此。

但以上仅仅是从实效价值方面对兼爱存在合理性及可行性进行了说明，即立足于经验事实的说明。兼爱是否还具有支持其存在的超越的根据呢？《墨子·耕柱》记载了巫马子对兼爱的质疑：

> 巫马子谓子墨子曰："我与子异，我不能兼爱。我爱邹人于越人，爱鲁人于邹人，爱我乡人于鲁人，爱我家人于乡人，爱我亲于我家人，爱我身于吾亲，以为近我也。击我则疾，击彼则不疾于我，我何故疾者之不拂，而不疾者之拂？故有我，有杀彼以我，无杀我以利。"

巫马子从经验现象出发，认为"爱"随着地域、亲疏等关系而有等差，利他之心不若利己之心真切。故于利害冲突之时，恒不惜损彼以利己。巫马子认为这是人之常性，以此质疑兼爱的可能性。墨子认为，人皆有利己之心并以一定的行为追求利己的结果，这是无疑的。关键是，巫马子的行为不但不能利己，适足以害己：

> 子墨子曰："子之义将匿邪？意将以告人乎？"巫马子曰："我何故匿我义？吾将以告人。"子墨子曰："然则一人说子，一人欲杀子以利己；十人说子，十人欲杀子以利己；天下说子，天下欲杀子以利己。一人不说子，一人欲杀子，以子为施不祥言者也；十人不说子，十人欲杀子，以子为施不祥言者也；天下不说子，天下欲杀子，以子为施不祥言者也。说子亦欲杀子，不说子亦欲杀子，是所谓经者口也，杀常之身者也。"

墨子认为，如果把巫马子的观点作为一个普遍的法则，人人损人以利己，则反过来说，人人皆是受害者，欲利己反害己。墨子认为，这是顺巫马子的理路而推至的必然结果。如果人人兼爱，则结果与此相反：

> 然而天下之非兼者之言，犹未止。曰：意不忠亲之利，而害为孝乎？子墨子曰：姑尝本原之孝子之为亲度者。吾不识孝子之为亲度者，亦欲人爱利其亲与？意欲人之恶贼其亲与？以说观之，即欲人之爱利其亲也。然即吾恶先从事即得此？若我先从事乎爱利人之亲，然后人报我以爱利吾亲乎？意我先从事乎恶贼人之亲，然后人报我以爱利吾亲乎？即必吾先从事乎爱利人之亲，然后人报我以爱利吾亲也。然即之交孝子者，果不得已乎？毋先从事爱利人之亲者与？意以天下之孝子为遇，而不足以为正乎？姑尝本原之。先王之所书《大雅》之所道，曰：无言而不雠，无德而不报。投我以桃，报之以李。即此言爱人者必见爱也，而恶人者必见恶也。①

---

① 《墨子·兼爱下》。

这是墨子对兼爱不违孝的说明。其理由是，如果我为人人，反过来就是人人为我；如果把爱利人之亲作为一个普遍原则，那么人人之亲都受到爱利。这是从孝的角度谈兼爱。但是在这一点上，孟子曾对兼爱予以猛烈抨击："墨子兼爱，是无父也，无君无父，是禽兽也。"① 兼爱为什么就无父呢？孟子并没有详细地交代。唐君毅先生对此曾作过解释，他说："墨者讲：视人之父若其父，结果必不免视己之父若人父，便成为无父。无家庭之孝悌以为行仁之本，则兼爱亦无本。仁必便成了焦芽败种，必归至不仁。而终只能讲：为社会经济生活之平等而斗争。"② 由视人之父若己父，并不能得出视己之父若人父的结论。因为墨家提倡兼爱，已预设了对自己父亲的感情重于或高于他人之父之意，所以他才要求视人之父若己父。春秋时代，墨子是感于人们只知爱自己的国家而不知爱人之国，只知爱自己的家而不知爱人之家，只知爱己父而不知爱人之父，以至于天下大乱，所以他提出兼相爱。视人之父若己父，也就是像对待自己的父亲一样对待他人的父亲，由此绝得不出孟子所谓的"无父"的结论。墨子指出：

> 即欲人之爱利其亲也，然即吾恶先从事，即得此。若我先从事乎爱利人之亲，然后人报我爱利吾亲乎。……爱人者必见爱也，而恶人者必见恶也。③

可见，墨子的兼爱正是为爱利其亲而打算、考虑的。换言之，墨子的"视人之父若己父"，从某种意义上说是出于为自己的父亲打算，与"无父"根本不沾边。不过，换一个角度看，结合巫马子的例子，墨子对兼爱不违孝的论证，只是一种纯理论的说明。如果在现实中能够实现，则其前提条件是：人人都服膺兼爱的思想。也就是说，只有在兼爱真正成为人们普遍遵从的原则后，才可能出现这种人人相爱的状况。如果兼爱只为某些人所遵守，那么这些人的兼爱行为并不能获得墨子所预想的回报。在现实中，兼爱并没

---

① 《孟子·滕文公上》。

② 唐君毅：《儒家之社会人文思想在人类思想中的地位》，《人文精神之重建》，广西师范大学出版社2005年版。

③ 《墨子·兼爱下》。

有成为普遍的规则，相反不兼爱倒是常例。在这种情况下，孟子的批评还是有一定道理的。

另外，还需要说明的是，巫马子由我到家人到乡人到鲁人到邹人到越人的差等之爱有类于儒家的差等之爱，实际上似是而非。两者相似之处在于，都承认经验中有这种差别之爱的实际存在。不同之处在于，巫马子直接把它作为一种根据，以之推出损人利己的合理性；儒家则仅仅以此为资具，借助这种自然的条件以助成其仁心的扩充。具体说来，儒家认为，人的最终根据不在于这些经验事实，而在于超越这些经验事实的仁心。它本身独立自足，不依赖于任何条件。但它又需要在现实中落实，即通过一定的行为将这种超越的心体现出来。由于爱是仁心的一种体现，或者说是体证仁心的一个入处。爱愈强烈，则对仁心的体证越真切。故儒家借助这种经验意义上的差等之爱以有次第的方式彰显自己超越的仁心。沿着这个思路下去，只能是仁爱之心逐渐扩充，从而实现爱利天下人。简言之，儒家以超越的仁心为出发点，借助经验的事实，以达到爱利天下的目的。这是和巫马子差等之爱的根本不同。不过在这里，墨子并未表现出类似儒家的仁心的超越概念，他对巫马子的驳斥依然是经验主义的思路。虽然他说明了巫马子思路的不合理，并从实效的角度强调了兼爱的功用，但并没有说明兼爱的内在价值或根据。

就墨子本人而言，他的兼爱无疑是发自内心对人类的无限之爱，这和儒家无别。他说：

> 君子之道也，贫则见廉，富则见义，生则见爱，死则见哀。四行者不可虚假，反之身者也。藏于心者无以竭爱，动于身者无以竭恭，出于口者无以竭驯。畅之四支，接之肌肤，华发隳颠，而犹弗舍者，其唯圣人乎！①

尤其"畅之四支，接之肌肤，华发隳颠，而犹弗舍者"的描写，与孟子"仁义礼智根于心，其生色也，睟然见于面。盎于背，施于四体，四体

---

① 《墨子·修身》。

不言而喻"① 相当，亦与"君子黄中通理，正位居体，美在其中而畅于四支，发于事业，美之至也"② 相当。墨子和儒家的差别何在呢？我们看这一段话：

> 子墨子曰：嘿则思，言则诲，动则事，使三者代御，必为圣人。必去六辟。必去喜，去怒，去乐，去悲，去爱，［去恶］而用仁义。手足口鼻耳从事于义，必为圣人。③

这是墨子的一段工夫论。这句话表达了三层意思：一、圣人的表现是：嘿则思，言则诲，动则事；二、成为圣人的消极条件是去六辟，即去喜，去怒，去乐，去悲，去爱，去恶；三、成为圣人的积极条件是：用仁义，即手足口鼻耳从事于义。就去六辟和用仁义的关系而言，这里存在两种可能。第一，去六辟和用仁义一体两面，消除六辟的过程同时就是仁义显现的过程；第二，去六辟和用仁义分属于不同的范畴，虽然它们之间可能有一定的联系，但二者不是在一个过程中完成。我们认为，墨子的观点应该是属于后者。首先，六辟前用一"去"字，仁义前用一"用"字，二者都是使动词，中间用一"而"字连接，表明了两个不同的过程。其次，喜、怒、乐等被墨子视为"辟"，即偏见之义；而仁义却是天下都应遵从的法仪。这两者是不同质的，因而在墨子看来，不存在通约的可能。在这种情况下，我们可以断定，在墨子看来喜、怒、乐等与仁义无关，仁义是抛开人的情感的隔离的东西。儒家则不然，虽然孔子认为"克己复礼为仁"，然而他又让人在实然的情感中识取仁。《论语·阳货》：

> 宰我问：三年之丧，期已久矣。君子三年不为礼，礼必坏；三年不为乐，乐必崩。旧谷既没，新谷既升，钻燧改火，期可已矣。子曰：食夫稻，衣夫锦，于女安乎？曰：安。女安，则为之。夫君子之居丧，食旨不甘，闻乐不乐，居处不安，故不为也。今女安，则为之！宰我出。

---

① 《孟子·尽心上》。
② 《周易·坤文言》。
③ 《墨子·贵义》。

子曰：予之不仁也！子生三年，然后免于父母之怀。夫三年之丧，天下之通丧也，予也有三年之爱于其父母乎？

孔子教宰我于"心安"与否处识仁。心"安"与"不安"显然是个体的一种情感。《中庸》认为：

喜怒哀乐之未发谓之中，发而皆中节谓之和。中也者，天下之大本也；和也者，天下之达道也。致中和，天地位焉，万物育焉。

儒家承认情感与道德的直接积极联系。这与墨子的工夫论有极大的不同。墨子摒弃情感而追求仁义的态度不免使人生陷入枯竭，所以《庄子·天下篇》说："今墨子独生不歌，死不服，桐棺三寸而无椁，以为法式。以此教人，恐不爱人。以此自行，固不爱己。""反天下之心，天下不堪，墨子虽独能任，奈天下何。"也就是说，墨子并未能在客观的心性上为兼爱找到所以可能的根据，亦未能在主观上为兼爱找到入手之处。墨家的兼爱固然是伟大的，但由于没有在现实世界中找到通往兼爱的桥梁，所以在宗法血缘关系尚起着十分重要作用的社会中，就难免流于空想。

以上是墨子或前期墨家对兼爱的论述，主要集中在为兼爱何以可能作一种经验式的说明。后期墨家继续探讨兼爱问题，只不过经验式的说明渐渐在某种意义上被先验的说明所代替。对兼爱的探讨，更多地具有了思辨的意义，这可以视作沿墨子思路而来的应有结果，和儒家的思路存在很大的不同。这方面的内容本应该放在《墨辩》的哲学思想中，但为了保证兼爱之说的完备意义，下面对其进行说明。

五、后期墨家的兼爱思想

墨子对兼爱的论证是经验意义上的，即以经验事实对兼爱的外在价值所进行的说明。他言兼爱，首先为兼爱本身说明种种成立的理由。比如他反复申告人们当察天下害与乱之所自起，利与治之所自生。害与乱起自不兼爱，利与治起自兼爱。由此得出人当兼爱的结论。按照这个说法，兼爱为止乱求治、兴利远害的手段。如此一来，兼爱的目的便在兼爱外，即以实效说明兼爱的价值。后期墨家在对兼爱的论述上发生了变化，从总体上表现为一种先验的论证，即对兼爱本身进行一种超越经验的说明。这主要表现在两个方面：一、对兼爱的普遍意义的说明；二、对兼爱自由意义的说明。

（一）兼爱的普遍意义

《小取》篇曰：

> 爱人，待周爱人而后为爱人，不爱人不待周不爱人，不失周爱，因为不爱人矣。

兼爱指尽人而爱之。因此，"兼"何以可能成为后期墨家热烈讨论的一个问题。

首先，无穷不害兼，《经下》：

> 无穷不害兼，说在盈否。

《经说下》：

> 无，南者有穷则可尽，无穷则不可尽。有穷无穷未可智，则可尽不可尽未可智。人之盈之否未可智，人之可尽不可尽亦未可智。而必人之可尽爱也，誖。人若不盈无穷，则人有穷也，尽有穷无难。盈无穷，则无穷尽也，尽有穷无难。

难者谓无穷害兼。兼为穷尽之义，无穷则无法穷尽，故曰无穷害兼。墨家则认为无穷不害兼。难者的逻辑是：以地域之南方为例，其有穷、无穷尚待证实，则有尽无尽亦未可知；这样，人能尽爱与否亦未可知；如此，墨家认为人可尽爱是有问题的。墨家反驳的逻辑是：如果人不能盈满南方，那么人一定是有限的。这是因为，小于无穷者即是有穷，如果南方无穷，人不能盈满南方，那么说明人数有穷。如果人能盈满南方，则南方有尽，有尽则非无穷而是有穷，因为无穷则不存在盈满的问题。综合以上两点，则兼爱是可能的。这一辩论牵涉到无限与有限的关系问题，有穷、无穷虽以地域言，但推而言之，有穷即有限，无穷即无限。墨家利用无限和有限关系的双重界定标准来达到反驳难者的目的。在墨家看来，小于无穷即是有穷，有穷以无穷的减少为条件，这意味着有穷和无穷即有限和无限是同质的；同时他们又认为无穷不可以被量化，一被量化则无穷立时便转为有穷，"盈无穷，则无穷尽也"；这说明他们将无穷与可量化的有穷视作不同质的。这样，墨家实际上对有限和无限的关系利用了两套标准，以实现对难者的反驳，这是不合理的。虽然如此，他们试图说明兼爱本身的普遍意义则是明显的。

其次，不知其数不害兼，《经下》：

不知其数，而知其尽也，说在问者。

《经说下》：

不，不智其数，恶智爱民之尽之也？或者遗乎其问也？尽问人，则尽爱其所问。若不智其数，而智爱之尽之也无难。

难者认为，兼爱意味着爱一切人，而爱一切人则必须于每一个具体的人身上落实。因此，如果不知天下具体的人数，则意味着爱不能周普于每一个人，这样兼爱便不能成立。墨家对此反驳，谭戒甫《墨辩发微》解释曰："不知人数之多寡，何以知其尽爱耶？或者有失乎其问也。凡尽我所问之人，即尽我所知之人也。尽我所知之人而尽爱之，即兼爱矣。故不知其数而知爱之尽之也无难矣。"[1] "问字，颇与《管子·问篇》之义相近，殆犹今所谓统计耳。"[2] 按谭先生之意，所有经墨家统计过的人即为其所知，就所知之人而尽爱之即兼爱。这种解释实际上是把"爱一切人"转化为"爱一切所知的人"，这种偷换概念的方法并不能释难者之疑。吴毓江《墨子校注》

----

① 谭戒甫：《墨辩发微》，中华书局1964年版，第339页。
② 谭戒甫：《墨辩发微》，中华书局1964年版，第339页。

言："或难墨家曰：'不知人数，何知爱人之尽之邪？'墨家答曰：'或者遗忘其所问之辞也。问"爱人"之"人"字，以统摄人类全体。墨家爱人，人之所在即爱之。所在凡属人类，皆在爱力统摄之中，故不知其数，而知爱之尽之也不难。'"① 也就是说，墨家所谓的人乃是人之共相，共相统摄殊相。虽不知具体人数，但"人"这一概念则包含了一切具体的人，爱人这一观念则意味着爱一切人。墨家根据共相对殊相的统摄进一步认为，把握共相即意味着把握了殊相。于是，把"爱人"这一观念等同于现实中爱一切人。这当然也是有问题的。

第三，不知处所不害兼，《经下》：

　　不知其处所，不害爱之，说在丧子者。

《经说》中无此条之说。谭戒甫言："此条仍申言不知人之所处而亦可及其爱也。曹耀湘云：'丧，出亡在外也。子，人所至爱也。亡子不知其所处，而其爱之也相若。'"② 大意谓，虽不知其所在之处，亦无害于兼爱。如丧子者，其子不在，然父母仍爱之。故对兼爱而言，虽不知其处，仍无妨于爱。这与上面不知人数，依然无妨于兼爱一样，把"爱人"等同于现实中爱一切人。

兼爱指普遍地爱一切人，它分析地包含着爱每一个人，同时亦包含着平等地爱每一个人。对此，后期墨家亦有所论述。首先，爱人不外己，《大取》曰：

　　爱人不外己，己在所爱之中。己在所爱，爱加于己。伦列之爱己，爱人也。

谭戒甫言："盖墨徒言爱，只限于人，不从己出，以己亦人之一耳。故爱人即爱己，以己己在所爱之中，而爱加于己，人己不分，墨子时未有此深

---

① 吴毓江：《墨子校注》上册，中华书局1993年版，第592页。
② 谭戒甫：《墨辩发微》，中华书局1964年版，第340页。

至之说也。盖己未尝不可爱；惟平等之爱己，不涉于私，即与爱人同矣。"[1]
爱人不外己，在于墨家已打破人我的界限。吴毓江《墨子校注》言："此破
除人我对立之谬见，而浑融于人类之中。己亦人也，故爱人不外己。平等之
爱己，舍爱人莫由也。"[2] 兼爱在于爱一切人，己在人之中，故爱人不外己。
这是根据"己"这一殊相归属于"人"这一更大的类概念之下，强调爱人
不外己。深一层言，破除人我之见的对立后，更无爱人、爱己之分别，只有
一普遍的爱。这是《墨辩》兼爱的真义。后期墨家从以上几个方面讨论了
兼爱的普遍意义的可能性，牵涉到了无限与有限的关系，共相与殊相的关系
等，具有强烈的思辨意味。

（二）兼爱的自由意义

在《兼爱》上中下三篇中，墨子不厌其烦地从各种角度论证兼爱的好
处，以说服人们行兼爱。而在"墨辩"中，这种论调不见了，代之而起的
是对兼爱本身价值的说明，即试图回答"兼爱是什么"。这种说明强调兼爱
的纯粹性，即对主体而言，兼爱的发起不依赖于任何外在因素。在这个意义
上，我们称之为兼爱的自由意义。

《经上》：

> 仁，体爱也。

《说》：

> 爱民者，非为用民也；不若爱马者，若明。

此中"民"原作"己"，吴毓江据孙诒让之校改为"民"，兹从。关于
经文"仁，体爱也"，谭戒甫认为："体爱也者，《韩子·外储说左上》云：
楚王谓田鸠曰：墨子者显学也，其体身则可。则此体即体身之意；言爱人当

---

① 谭戒甫：《墨辩发微》，中华书局1964年版，第360页。
② 吴毓江：《墨子校注》下册，中华书局1993年版，第609页。

体诸己身，方谓之仁。"① 按照这种理解，体爱即以身体证爱，将作为理念的爱由主体在实践中体现出来。吴毓江认为："《大取》篇曰'仁而无利爱'，体爱与利爱相反。《后汉书·王良传》论曰：'夫利仁者，或借仁以从利。体义者，不期体以合义。季文子妾不衣帛，鲁人以为美谈。公孙弘身服布被，汲黯讥其多诈。事实未殊而誉毁别议，何也？将体之与利之异乎？''体'、'利'字义与此同。"② 按吴毓江之意，"体爱"指爱的发动不依赖于任何外在条件，我们同意这个观点。《经说》对这句经文解释时，运用了对比的方法，即以爱马与爱民对比以说明爱的内在价值。康德在《道德形而上学原理》中把命题分为有关物理学的表达自然规律的命题和有关伦理学的表达道德规律的命题。物理学中诸命题都是对事实的陈述，在表达上用一个"是"字把主词和谓词联系起来。而伦理学里的情况则不同，这一种命题不是在陈述事物存在的某种方式，而是宣示某一行为的必要性、约束性，乃至强制性。简言之，就是发布命令，颁行戒律，由此称之为命令式命题。命令式命题又分为两类，即定言命令和假言命令。定言命令把行为本身看作是自为的，和一切外在目的无关。只有定言命令才是纯粹的，符合道德的。和定言命令相对的是假言命令，假言命令把一个可能行为的实践上的必然性，看作是达到主体所愿望的另一目的的手段。即为了其他事，而做某种事。比如爱马，爱马这一行为出于"用马"这一目的。所以这是一个假言命令，不能作为道德的准则。爱民则不然，首先《经说》否定了"用民"这一外在目的，"爱民者，非为用民也"，使爱民立足于自身，不依赖于任何外在条件。从这个意义上讲，爱民就是一个定言命令。结合经文，可知吴毓江将"体爱"与"利爱"相对，以说明爱的自为性，是有道理的。爱作为一个自为的概念，从消极意义上看，就是摆脱一切外在的影响；从积极意义上看，就是自身决定自身，因此体现了主体意志的一种自由。

在《墨辩》中，我们还可以举出不少这样的例子。《大取》篇曰：

　　以臧为其亲也而爱之，非爱其亲也；以臧为其亲也而利之，非利其

---

① 谭戒甫：《墨辩发微》，中华书局 1964 年版，第 84 页。
② 吴毓江：《墨子校注》上册，中华书局 1993 年版，第 481 页。

亲也。

这就是说，爱臧如果是出于臧为其亲属这样一个外在因素，则这种爱便不是纯粹的，因而不是真正的爱。又曰：

> 仁而无利爱。利爱生于虑。昔者之虑也，非今日之虑也。昔者之爱人也，非今之爱人也。爱获之爱人也，生于虑获之利，虑获之利非虑臧之利也。而爱臧之爱人也，乃爱获之爱人也。

仁人之爱人出于自心所不能已，并不是因为任何外在目的。有外在目的的爱为利爱，利爱生于心有所求。昔日有求于人则爱之，今日无求于人则不爱；有赖于获则爱之，无赖于臧则不爱。这样的爱不纯粹，亦不能兼。真正的爱人，不分时间，不分人物，不问有利于己否，皆一体爱之。又曰：

> 爱人非为誉也。

爱人这一行为并非出于要誉于乡党朋友的外在目的。由这些例子，可见后期墨家对兼爱自身价值的理解。

六、德性与“爱”异同之比较

前期墨家在对兼爱的论证中强调其功效，如此兼爱只具有工具意义。后期墨家则注重兼爱自身，强调爱的自为意义。在这一点上，和儒家道德观有可会通之处。孔子说：

> 无求生以害仁，有杀身以成仁。①

孟子说：

_____

① 《论语·卫灵公》。

所欲有甚于生者，所恶有甚于死者。①

君子所性，虽大行不加焉，虽穷居不损焉。②

乡为身死而不受，今为宫室之美为之；乡为身死而不受，今为妻妾之奉为之；乡为身死而不受，今为所识穷乏者得我而为之。是亦不可以已乎?③

这些话具体表示在现实的自然生命之上，在种种外在的利害关系之外，有一超越、自为的道德标准。

颜渊问仁。子曰：克己复礼为仁。一日克己复礼，天下归仁焉。④

主体个人的克己复礼使得客观世界及其中的各种存在融摄于仁的内在世界里。《论语·阳货》：

子曰：予欲无言。子贡曰：子如不言，则小子何述焉？子曰：天何言哉？四时行焉，百物生焉，天何言哉？

孔子认为，仁人行事，当如天之化育万物，并不出于任何外在目的。孟子有王霸之辩：

以力假仁者霸，霸必有大国；以德行仁者王，王不待大。⑤

王、霸的分界在于，霸以力假仁，仁被视作达到另一目的的工具；王则是以德行仁，仁本身就是目的。孟子又说：

---

① 《孟子·告子上》。
② 《孟子·尽心上》。
③ 《孟子·告子上》。
④ 《论语·颜渊》。
⑤ 《孟子·公孙丑上》。

尧舜，性之也；汤武，身之也；五霸，假之也。①

朱子注曰："尧舜天性浑全，不假修习。汤武修身体道，以复其性。五霸则假借仁义之名，以求济其贪欲之私耳。"五霸与尧舜汤武的区别在于一视仁义等为工具，一视其为目的。由此，孟子认为：

由仁义行，非行仁义也。②

朱子曰："由仁义行，非行仁义，则仁义已根于心，而所行皆从此出。非以仁义为美，而后勉强行之。"康德在《道德形而上学原理》中分别两种行为：出于责任的行为与合乎责任的行为。他认为，一种行为只有是出于责任，以责任为动机，才有道德价值。仅仅是其结果合乎责任，而出于其他的外在动机，则无道德价值。以此判断，"由仁义行"，是出于责任的行为；"行仁义"，则是合乎责任的行为。出于责任即是全视主体的自觉、自为，是主体意志自由的表现。从自由这一点上看，兼爱与儒家的道德理想实有可会通之处。

然而在那个时代，儒墨之间又势如水火，他们的根本差异何在呢？儒家以孟子为例，孟子道性善。所谓性善，指价值意识内在于自觉心，或为自觉心所本有。唐君毅先生说："吾人谓孟子之言性善，乃就人对其他人物之直接的心之感应上指证。"③ 又说："此种心之直接感应，乃与依于心先有之欲望要求而生之反应不同，亦与依于自然之生物本能，或今所谓生理上之需要与冲动之直接反应不同。"④ 也就是说，人在现实生活中，常有"应该不应该"之自觉，这不依赖于人有何种知识，有何种信仰。这种"应该"之自觉，与利害考虑不同。当人离开利害考虑时，仍有此种自觉。孟子就此价值自觉的四种表现而说"四端"，即恻隐、羞恶、辞让、是非。在这个意义上，此种自觉实含有各种德性种子，于此可肯定人的自觉心本有成就各种德

---

① 《孟子·尽心章句上》。
② 《孟子·离娄章句下》。
③ 唐君毅：《中国哲学原论·导论篇》，中国社会科学出版社2005年版，第50页。
④ 唐君毅：《中国哲学原论·导论篇》，中国社会科学出版社2005年版，第50—51页。

性的能力。总之，由当前之反省，通过"四端"，透显价值自觉之内在，此为性善的基本意义。由此可知，性善和对心的德性意义的界定有关。唐君毅先生认为："吾人之所以说孟子之心，主要为一性情心德性心者，以孟子言性善，即本于其言心。其心乃一涵恻隐、羞恶、辞让、是非之情，而为仁义礼智所根之心。此为德性所根而涵性情之心，亦即为人之德行或德性之源，故又可名为德性心。名为德性心，亦即表示其为具道德价值，而能自觉之之心，而非只是一求认识事实，而不自觉其具道德价值之纯理智心、纯知识心也。"① 既然心为德性心，如果主体欲德性成就，则直接在心上做工夫即可。如此一来，孟子所开显的德性修养，就有了一个真实、直接的入处。孟子曰：

> 今人乍见孺子将入于井，皆有怵惕恻隐之心，非所以内交于孺子之父母也，非所以要誉于乡党朋友也，非恶其声而然也。②

这是孟子就现实中的事例指证恻隐之心的存在。又曰：

> 一箪食，一豆羹，得之则生，弗得则死。呼尔而与之，行道之人弗受；蹴尔而与之，乞人不屑也。③

这是指证羞恶之心的存在。孟子认为，当下依此扩充出去就可以达到德性的完成。

墨家则不然，首先前期墨家没有对性进行直接论述，方授楚先生言："《所染篇》虽伪托，而墨子叹染丝，则必有此事实。故各书多载之。由此故事，吾人可知墨子之人性论：盖以人性如素丝，视其环境与教养而结果不同；或为善，或为恶，皆视染之者如何而定。是以人皆可善可恶，而无所谓上知下愚不移。"④ 如果此说成立，则墨子所了解的人性，正是无善无恶的

---

① 唐君毅：《中国哲学原论·导论篇》，中国社会科学出版社 2005 年版，第 49 页。
② 《孟子·公孙丑上》。
③ 《孟子·告子上》。
④ 方授楚：《墨学源流》，中华书局 1989 年版，第 125 页。

中性。此不足以担当道德修养的根据，亦不足以开显出德性之心。《墨辩》之中，没有对心专列一条进行解释，但是对知却显示了极大的兴趣。"知"固为心之知，故墨家特重心之知的一面。就前期墨家而言，墨子主张"言必立仪"，即言谈辩论必须订立一个客观准则。这个准则就是法仪，而法仪的集中体现就是"三表法"。墨家的"三表法"，是其注重认知的经验主义的典型体现。所谓三表，就是墨家判断是非曲直以及某一东西是否存在的三个标准：

> 有本之者，有原之者，有用之者。于何本之？上本之于古者圣王之事。于何原之？下原察百姓耳目之实。于何用之？废（同"发"）以为刑政，观其中国家百姓人民之利。此所谓言有三表也。①

以历史经验、百姓耳目之实及社会实际效用，作为检验认识、言论、辩论正确与否的标准，虽然有这样或那样的不足，但他毕竟提出了认识、言谈的客观标准问题。这与公说公有理，婆说婆有理，漫无是非真伪之标准毕竟有了质的不同。墨子"三表法"的知性意义不言而喻。"墨辩"更加注重对知的探讨，《经上》：

> 知，材也。

《经说上》解释曰：

> 知材，知也者，所以知也，而不必知，若明。

知识依认识能力而成立，但有认识能力并非即有知识。《经上》：

> 知，接也；知，明也。

---

① 《墨子·非命上》。

《经说上》解释曰：

> 知，知也者以其知过物而能貌之，若见。

知识的成立，须待能知之知与所知之物结合方可。"墨辩"又分知识为闻、说、亲，《经上》：

> 知，闻、说、亲。

《经说上》解释曰：

> 知，传授之，闻也。方不障，说也。身观焉，亲也。

由传授所得的知识，谓之"闻"；由推理而得的知识，谓之"说"；由直接经验而得的知识，谓之"亲"。由此可知，"知"的纯知识意义甚明。既然"墨辩"所谓的心为认知心，则心的道德意义在墨家那里是不自觉的。[①] 在这种情况下，与道德相关的兼爱很容易发展成一套高明的理论，以知识的形式呈现出来。而实际的践履中则是依抽象的理智依类而行，并不能如儒家那样直下契入道德本心。熊十力先生言："儒家以孝悌为天性之发端处，养得此端倪方可扩而充之，仁民爱物，以至通神明光四海之盛。……而兼爱只是知解上认为理当如此，却未涵养得真情出，如何济得事？"[②] 正中墨家症结，同时亦显示了墨家特点。

至此我们可以看出，在周代礼乐制度崩溃的背景下，儒家赋予礼乐以仁的内涵，使礼乐再度发生作用，这可以说是一种顺承。沿着这条思路，最终发展为道德的理想主义，即强调道德在政治领域的核心意义。然而德性何以可能，则成为儒家的关键课题。墨家则不然，他们认为，既然礼乐不再发生作用，甚至还有负面的意义，最便捷的路径就是绕开礼乐重起炉灶，这可以

---

① 非谓墨家没有道德意识，只是说他们没有一种很自觉的道德意识。
② 熊十力：《十力语要》，上海书店出版社 2007 年版，第 87 页。

说是一种逆救。他们试图树立兼爱的理念以救治这个社会，于此兼爱何以可能就成了墨家不得不探讨的课题。儒家将德性建立在心体、仁体上，赋予德性以心性论的意义；而墨家缺少这个根基，在前期对兼爱的论证主要是经验意义上的，后期逐渐演变为知性意义的推理。这两种路径代表了儒墨两家思维的不同走向，儒家因对礼乐制度的顺承从某种意义上显得史脉深厚，而墨家的逆救则显示了心灵世界的独辟。

第四章　德性天与人格天

如果说兼爱是墨学思想体系的核心，那么天志则是其终极根据。我们把墨家思想视作一个完整的体系，则这个体系本身必预设了一个终极的根据。也就是说，其解决社会问题和人际事务的方案、策略的背后必有一形而上学的依据，为现象性的存在寻找一个终极性的根据是形而上学的基本倾向，虽然在中国传统哲学中"形而上学"就是道学。道学在不同学派那里有不同的表达方式不可否认的。① 这其中最具代表性的就是天及与其相关的天命、天道、天志等范畴。墨家言天志，与天志相关的是鬼神，天志与鬼神构成了墨家思想体系的终极预设。我们认为，墨家所言的天，在很大程度上是人格性的存在；天作为一超越的外在者对现实世界进行直接的作用。不过天的这

---

① "形而上学"一词，源于《周易·系辞》"形而上者谓之道"，后用它意译亚里士多德的 meta-physica，它的意思是"物理学之后"，意译为形而上学非常妥切。"物理学之后"原是古代的编撰者为亚里士多德的一组论著所起的标题。后来就把这组论著所讨论的主题称为形而上学。首先，形而上学是一门科学的名称。所谓科学，意味着一整套有关某一特定主题的系统的、缜密的思想。亚里士多德至少从三个方面来表达这门科学：第一，形而上学是这样一门科学，它的主题在逻辑上先于其他任何科学的主题，尽管在实际的研究次序上它是排在最后的；第二，形而上学又被称为智慧之学，因为它所研究的主题主要是导向一门科学之外的目标，即发现它们逻辑上是以什么为前提的；第三，亚里士多德还将形而上学称为神学，即阐明最高类的"是"的神的学说。虽然形而上学一词包含如此多的规定，但为现象性的存在寻找一个终极性的根据则是其基本倾向。从现象的角度出发，我们又可以从两个方面对形而上学进行说明：一，就现象作为一个整体的存在而言，它是对存在之为存在本身的探讨，这可称为普遍意义的形而上学；二，就现象的特殊性而言，形而上学所关注的是存在的特殊性或特殊方面的某些问题，虽未对于整个存在作出说明，但终极意义的追问则一，这可称为特殊意义的形而上学，中国哲学中的形而上学观念多指此。

种意义并非墨家所创辟，它有着一个古老的传承渊源。因此，我们有必要首先进行一种追溯，以历史的眼光对墨家天的含义进行贞定，以揭示其特殊的意义。在此基础上，我们将进一步展开它与儒家天观念的比较，在比较的视野中突出它们对天观念理解的差异与相同之处。

一、天道观溯源

天之本义为颠，《说文》："天，颠也。"王国维说："古文天字，本象人形……是天本谓人颠顶。"[①] 颠为人最高处，引申为苍苍在上者。由人之颠顶到苍苍在上者，天的所指发生了变化。因苍苍在上者的神秘性，天具有了丰富的含义。陈梦家先生在《殷墟卜辞综述》中指出："卜辞的天没有作上天之义的。天之观念是周人提出来的。"张立文先生说："有人常以《尚书》中之《夏书》和《商书》为据，认为周以前已有'天命观'，这里似有一个史料的时代问题。《今文尚书》中之《虞书》、《夏书》可作为虞、夏时传说材料使用，但并非写定于虞、夏之时，恐无疑。因此，其所述事件、语言、思想，只具有相对的可靠性，难免有后来整理者的语言、思想之掺入。《商书·盘庚》等篇，较为可靠，但与卜辞所反映思想有异，如称至上神为天，可能是周人的修改。"[②] 周代以前虽无以天作至上神的记载，但并不等于说他们没有至上神的观念。在殷商的卜辞中，至上神被称为帝或上帝。人世间发生的一切事情，卜人都要向上帝请示意见，询问吉凶，以决定其相应的行为。如："帝令其风?"[③]"帝令雨足年? 帝令雨弗其足年?"[④] 罗振玉先生在《殷墟书契考释》中，将卜辞归纳为祭、告、出入、渔猎、征伐、年、风雨、杂占等。这就是说，帝或上帝作为至上神，主宰人世的一切，具有无上的权威。

周初统治者提出天的观念，天与帝一样，都是对至上神的称呼。虽然周人亦天和帝并用，但大量出现的是天，而不是帝。据张立文先生统计："在

① 王国维：《释天》，《王国维遗书·观堂集林》卷六，上海古籍书店1983年版，第10页。
② 张立文：《中国哲学范畴发展史》（天道篇），中国人民大学出版社1988年版，第67页。
③ 罗振玉：《殷墟书契·前编》卷一，日本永慕园影印本，第50页。
④ 董作宾：《殷墟文字乙编》。

《尚书》从《大诰》至《立政》这十一篇反映周初思想的文献中，天字106见，帝字33见。"① 这说明，周人以天代替了帝和上帝的观念。周人关于天的一个重要思想是天命观，即把上帝的主宰作用明确称为天命。如《尚书》说："天命殛之"，"天命诛之"；《诗经》说："天命降监"，"天命多辟"等。如果说殷商上帝观念涉及到了人生的方方面面，那么周人的天命观主要用来说明政权的合理性及其转移问题。小邦周战胜大邦殷而取得政权，这一政治事件使得周人对政权的转移现象产生了深刻地反思。因为按照殷商以来的宗教传统，"帝"决定着人世的一切，当然也包括政权的转移。只要统治者遵从"帝"的意愿，则可以永保政权的稳固。但是在殷人事事占卜以遵从上帝的前提下，其政权居然被推翻了，根深蒂固的传统观念受到冲击。周人对殷商以来的"帝"的绝对权威发生了怀疑，对"天命靡常"的现象表现出深深的忧患，他们试图探讨天命所归的真正依据。在反思中他们认识到，殷人之所以丧失政权，自身行为的悖乱是主因。因此在积极建立宗法封建制度之外，他们还提倡"敬德"的观念，认为只有做到"敬德"才能够"以德配天"，从而获得天命：

> 我不可不监于有夏，亦不可不监于有殷……服天命，惟有历年……不其延，惟不敬厥德，乃早坠厥命。②
> 皇天既付中国民越（与）厥疆土于先王，肆王惟德用，和怿（悦）先后迷民，用怿（绎）先王受命。③

也就是说，只有在自己的行为中注入"敬德"的因素，才能够维系国家的命运。基于这种理解，他们认为：

> 天不可信，我道惟宁王（按：文王）德延，天不庸释于文王受命。④

① 张立文：《中国哲学范畴发展史》（天道篇），中国人民大学出版社1988年版，第68页。
② 《周书·召诰》。
③ 《周书·梓材》。
④ 《周书·君奭》。

周人真诚地相信是德性的修养搭建起了人和天沟通的桥梁，通过对德行的践履在某种意义上可以遥契天命。周人对祖先社稷、天地山川同样祭祀，但这并非是人格神意义上的膜拜，而更近于"祭如在，祭神如神在"这样一种态度。也就是说，以自己的行为与一个更深远的无限意义上的存在相互引发，在心理和行为上与他们和谐，以获得永保政权的信心和力量。由此可以说，周人思想中的天虽仍具有人格意义，但并不代表一无限的权威意志，天的作用依照一定的理序展开。在这种意义上，不可把握的上帝，转变为可以德行进行把握的天。周人的天命观，隐含着德性领域开辟的可能性。

《诗经》中的天主要是人格意义的天，但从某种程度上亦不乏形而上的道德意义的天。《周颂·清庙之什·维天之命》：

> 维天之命，於穆不已。於乎不显，文王之德之纯。

牟宗三先生认为："天命于穆不已，文王之德纯亦不已，与天同其精诚不息。此将'天命'理解为天道健行之不息，'命'理解为流行之命，……为此诗者确有其形而上的深远之洞悟，亦有其对于道德践履之真实感与庄严感。"[1] 以天道释天命，天命即是天之法则及方向；以文王之德比拟天道，则天道已有了形而上的德性意义。《大雅·荡之什·烝民》：

> 天生烝民，有物有则，民之秉彝，好是懿德。

牟宗三先生说："'有物有则'是客观地说。'民之秉彝，好是懿德'，则是主观地说，即由好懿德以见人所秉持之常性。"[2] 天作为一实体看，为万理所出的根源。依此类推，人心之理，亦由此实体而来。而由人好德的行为，即可窥见作为德性实体的天。《大雅·文王之什·文王篇》：

> 上天之载，无声无臭，仪刑文王，万邦作孚。

---

[1] 牟宗三：《心体与性体》（上册），上海古籍出版社1999年版，第180页。
[2] 牟宗三：《心体与性体》（上册），上海古籍出版社1999年版，第178页。

以无声无息形容天，则天无人格性由此可知。"仪刑文王，万邦作孚"则指文王对非人格意义的天的效法的效果。由以上可知，虽然《诗经》中多见人格性天的观念，但形而上的德性意义的天之观念亦有了某种程度的萌芽。

从西周末到春秋时期，在继承周初天命观的基础上，人们对天的理解发生了某些变化。首先，天命观依然占据着人们的思想。《国语·晋语六》记范宣子之言曰：

> 国之存亡，天命也。

他认为国家存亡的政治命运由天所主宰。于是关于晋国之兴，有"天方相晋"① 之说；对于楚国崛起，有"天方相楚"之言②，同时还出现了"天将祸于周"③，"天祸晋国"④，"天祸许国"⑤ 等论断，此类的说法不绝于书。最典型的是晋公子重耳虽出逃在外，却被认为是天命的拥有者。《左传·僖公二十一年》载：

> 出于五鹿，乞食于野人。野人与之块。公子怒，欲鞭之，子犯曰："天赐之。"稽首受而载之。

重耳乞食，野人扔给他一块土块，在子犯看来，这是重耳拥有天命的征兆。《左传·僖公二十三年》载郑大夫叔詹之言曰：

> 天之所启，人弗及也。晋公子有三焉。天其或者将建诸，君其礼焉。男女同姓，其生不蕃。晋公子，姬出也，而至于今，一也；离外之患，而天不靖晋国，殆将启之，二也；有三士，足以上人，而从之，

① 《左传·昭公十三年》。
② 《左传·桓公六年》。
③ 《左传·昭公二十三年》。
④ 《左传·成公十三年》。
⑤ 《左传·隐公十一年》。

三也。

叔詹的话是以人事来论证天命，与周初天命观相合。由此我们可以看出，春秋时期，天命观念依然存在于当时人们思想中。

不过这一时期开始出现了疑天、怨天，对天进行某种否定的思潮，《诗经》变风、变雅中保存了大量这方面的资料。① 周初，人们对天是绝对敬畏的，《诗经·周颂·闵予小子之什》记载：

> 敬之敬之，天维显思，命不易哉！

然而变风、变雅中则充满了对天的怨恨、指责与咒骂。《诗经·邶风·北门》：

> 终窭且贫，莫知我艰。已焉哉！天实为之，谓之何哉？

《诗经·秦风·黄鸟》三章，每一章都有"彼苍者天，歼我良人"之语。这些诗句所表现的不再是对天的敬畏、崇拜，而是具有了否定的意味。《诗经·小雅·节南山之什·节南山》言：

> 天方荐瘥，丧乱弘多；民言无嘉，憯莫惩嗟。
> 昊天不佣，降此鞠讻；昊天不惠，降此大戾。
> 昊天不平，我王不宁。

《正月》言：

---

① 《诗经》分风、雅、颂三部分，其中风、雅又有所谓正变之说。《毛诗正义》曰："上以风化下，下以风刺上，著文而谲谏，言之者无罪，闻之者足以戒，故曰风。至于王道衰，礼义废，政教失，国异政，家异俗，而变风、变雅作矣。"所谓王道衰，指西周末年天子权威失落的政治局面，这一状况春秋时期更为明显。因此把反映"王道衰"等现象的变风、变雅作为春秋时期的资料，应该是合理的。

瞻彼中林，侯薪侯蒸。民今方殆，视天梦梦。既克有定，靡人弗胜。有皇上帝，伊谁云憎？

《雨无正》言：

浩浩昊天，不骏其德；降丧饥馑，斩伐四国。旻天疾威，弗虑弗图；舍彼有罪，既伏其辜。若此无罪，沦胥以铺。

这些诗句，表现了人们对天不平、不惠的怨恨，哀叹天命无常，造成了人间的丧乱饥馑等。因此，原有的天的观念发生了变化，天命掌管者的至上神变成了灾难、痛苦的制造者；以前敬畏的上天，现在不再敬畏。一方面，这是对周初天命观念的冲击；另一方面，引发了人文主义的兴起，各种关于天的理论开始出现。

据《左传》记载，昭公十七年，有人预言宋、卫、陈、郑将有火灾。郑国的裨灶向子产提出，只要给他玉器等宝物，他就可以消除火灾。子产对此没有听从。第二年，四国果然都发生了火灾，此时裨灶再次向子产提出自己的想法，子产发表了自己对于天道人道二分的意见。《左传·昭公十八年》：

裨灶曰："不用吾言，郑又将火。"郑人请用之，子产不可。子大叔曰："宝以保民也。若有火，国几亡。可以救亡，子何爱焉？"子产曰："天道远，人道迩，非所及也，何以知之？灶焉知天道，是亦多言矣，岂不或信？"遂不与，亦不复火。

子产在举国相信裨灶之言的情形下，力排众议，坚执天道人道二分的观点。在他看来，天道玄远，与人事无涉，故不应该也不能用天道推论人事。这实际上为人的主动意义开辟了空间，是一种人文主义思潮的反映。与此同时，人们开始赋予天以自然的含义。《左传·昭公二十五年》载子大叔之言曰：

> 天地之经，民实则之。则天之明，因地之性，生其六气，用其
> 五行。

《国语·周语下》载单襄公之言曰：

> 天六地五，数之常也。经之以天，纬之以地，经纬不爽，文之
> 象也。

韦昭注："天有六气，谓阴、阳、风、雨、晦、明也；地有五行，金、木、水、火、土也。"用阴、阳、风、雨、晦、明的天气变化说明天的内涵，天完全是自然意义上的。

总之，殷商以来的至上神观念发展为西周时期的天命观。西周天命观的特殊之处在于天不再是一个无限的权威，其主宰力的运用受一定标准即人的德行的限制，即天支持有德者，惩罚失德者，天命观念在某种意义上渗入了人的因素，并蕴含着引发德性意义的可能性。与人格性的天相对，形而上意义的实体之天也开始出现，德性之天出现萌芽。春秋以来，天的观念更加复杂。一方面，西周以来的天命观依然盛行；另一方面，开始出现了对天进行否定的现象，在此基础上首先出现了天人二分的人文主义思潮，其次天出现了自然人格化的倾向。这些观念都是儒墨两家天的观念的思想基础。

二、儒家德性意义的天道观

牟宗三先生认为："孔子所说的'天'、'天命'或'天道'当然是承《诗》、《书》中的帝、天、天命而来。此是中国历史文化中的超越意识，是一老传统。以孔子圣者之襟怀以及其历史文化意识（文统意识）之强，自不能无此超越意识，故无理由不继承下来。"[①] 孔子继承了周人以德配天的观念。一方面，孔子对天表现出一种极度的敬畏：

---

① 牟宗三：《心体与性体》（上册），上海古籍出版社1999年版，第18页。

　　王孙贾问曰：与其媚于奥，宁媚于灶，何谓也？子曰：不然；获罪于天，无所祷也。①

　　子见南子，子路不说。夫子矢之曰：予所否者，天厌之！天厌之！②

　　子曰：君子有三畏：畏天命，畏大人，畏圣人之言。小人不知天命而不畏也，狎大人，侮圣人之言。③

另一方面，德性的成就使得孔子因天而获得了一种强大的信心：

　　子曰：天生德于予，桓魋其如予何？④

　　子畏于匡，曰：文王既没，文不在兹乎？天之将丧斯文也，后死者不得与于斯文也。天之未丧斯文也，匡人其如予何！⑤

在周人那里，对天命的敬畏主要是因为"天命靡常"，他们"以德配天"的行为也主要是出于对政权转移的关心。在孔子那里，对政权的关心被收归到人自身，即"天命"不再落实于国家政权，而是落实于个人的道德生命，牟宗三先生说：孔子"只环绕聪明、勇智、敬德而统之以仁，健行不息以遥契天命。是犹继承《诗》、《书》中'疾敬德'，'永祈天命'之道德总规而使之益为深远宏显者。《诗》、《书》中是就夏商周三代王者之受命永命言。天能受命，亦能改命，故在人分上必须'疾敬德'以'祈天永命'。而孔子则未受命而为王，有其德，无其位，故由'疾敬德、祈天永命'转而为践仁以知天（事天畏天奉天俱在内）。此为圣者独辟精神领域之尽伦立教，而非王者开物成务之尽制施政"。⑥ 也就是说，由德行以遥契天命这样一个举动转换为对德行本身的保障。换句话说，孔子在道德实践中体验到天命的存在；反过来，天命又赋予道德实践以终极的意义，使道德实践

----

① 《论语·八佾》。
② 《论语·雍也》。
③ 《论语·季氏》。
④ 《论语·述而》。
⑤ 《论语·子罕》。
⑥ 牟宗三：《心体与性体》（上册），上海古籍出版社 1999 年版，第 188—189 页。

具有了客观的、超验的根源。这可以说是秉承周人"天命"观念而来的义理之天的形成。

孔子对天的这种理解，奠定了儒家将天理解为德性实体的基调。《中庸》之天主要是一种义理之天。所谓：

> 天命之谓性，率性之谓道，修道之谓教。

天命所赋予人者即叫做性，性作为主体的价值标准而存在，天作为这种价值标准的赋予者显然具有超越意义。

> 诚者，天之道也，诚之者，人之道也。

按照朱子的理解，"诚者，真实无妄之谓，天理之本然也"。诚是真实无妄之意，是一道德范畴，以诚释天，是将天道德化、价值化，使超越性的天成为真正的德性意义的形而上实体。因此《中庸》言：

> 天地之道，可一言而尽也：其为物不贰，则其生物不测。
> 天地之道：博也，厚也，高也，明也，悠也，久也。

天的德性意义昭然若揭。

孟子沿《中庸》的天道观继续拓展，提出：

> 莫之为而为者，天也；莫之致而至者，命也。①

"莫为"说是对主宰之天的否定。对于"顺天者存，逆天者亡"② 这样的论断，不再是对人格意义的天的强调，而是表达一种历史趋势或客观必然性。孟子言：

---

① 《孟子·万章上》。
② 《孟子·离娄上》。

尽其心者知其性也，知其性则知天矣。①

孟子说恻隐之心，由恻隐之心而言性善，以之为道德实践的内在根据；并由此进一步，因知性而知天，开显出道德实践的超越根据。也就是说，人由当前之反省，透显价值自觉之内在，由此价值自觉之内在而言道德实践之可能，并在此基础上将可能的根据投射于天，天因此即成了德性意义的形而上实体。

到《易传》，儒家的天道观念在先秦发展至最高形态。《易传》的天道观，是对《中庸》与孟子天道观的综合与发展。《易传》作者不仅视天道与人道合一，天文与人文合一，而且还明确告诉人们：要以自己的修养与道德实践，去顺应天道，法天效地，使内在的心性与超越的天地之道相和谐、相统一。

天行健，君子以自强不息。②
观乎天文，以察时变，观乎人文，以化成天下。③
夫易，圣人所以崇德而广业也。知崇礼卑，崇效天，卑法地。④
天生神物，圣人则之。天地变化，圣人效之。⑤
夫大人者与天地合其德，与日月合其明，与四时合其序，与鬼神合其吉凶，先天而天弗违，后天而奉天时，天且弗违，而况于人乎？况于鬼神乎？⑥

这些例子都是对天道与人道合一，德性与实体合一的表述。

由《中庸》"能尽其性，则能尽人之性；能尽人之性，则能尽物之性；能尽物之性则可以赞天地之化育；可以赞天地之化育，则可以与天地参

---

① 《孟子·尽心上》。
② 《乾·象传》。
③ 《贲·彖传》。
④ 《系辞上》。
⑤ 《系辞上》。
⑥ 《乾·文言》。

矣"，经孟子"上下与天地同流"，到《易传》"与天地合其德"，在孔子那里，即使智如子贡也不可得而闻的性与天道即儒家的天人性命学说，才逐步开显出来，天的德性意义表露无遗。这就是儒家依天这一核心观念所建立的道德形而上学。

三、墨家人格意义的天志、鬼神观念

墨家所言的天，在很大程度上是人格性的存在；天作为一超越的外在者对现实世界进行直接的作用。从这个意义上可以说，墨家之天是对西周以来天之人文化思潮的反动，亦和儒家对天作德性意义的理解迥然不同。墨家以天志言天，鬼神则是天志观念的进一步人格化。下面对它们分别论述。

（一）天志

《天志》上中下三篇，在其中墨子对天及天人关系进行了反复讨论，树立了天志的观念，建构了墨家学说的终极根据。首先墨子提出了他的天志观的总纲：

> 然则天亦何欲何恶？天欲义而恶不义。然则率天下之百姓以从事于义，则我乃为天之所欲也。我为天之所欲，天亦为我所欲。然则我何欲何恶？我欲福禄而恶祸祟。然则率天下之百姓以从事于不义，则我乃为天之所不欲也。我为天之所不欲，天亦为我所不欲，则是我率天下之百姓以从事于祸祟中也。①

这是一个概括的叙述，抛出了两个根本主旨：一、"天欲义而恶不义"；二、"我为天之所欲，天亦为我所欲"及其反面"我为天之所不欲，天亦为我所不欲"。如果这两个主旨成立，我率天下之百姓以顺天而从事于义，则天将赐我与百姓以福禄；反之将降我与百姓以祸祟。这样就可以满足"欲福禄而恶祸祟"的人之常情。

---

① 《墨子·天志上》。

为什么说"天欲义而恶不义?"墨子说:

> 然则何以知天之欲义而恶不义?曰:天下有义则生,无义则死。有义则富,无义则贫。有义则治,无义则乱。然则天欲其生而恶其死,欲其富而恶其贫,欲其治而恶其乱。此我所以知天欲义而恶不义也。①

这是一种经验式的证明。墨子说的"有义则生,无义则死。有义则富,无义则贫。有义则治,无义则乱"是一经验事实。根据这一经验事实,他断定:这一经验事实所以可能,背后必有一决定者,这个决定者就是天。由此他认为,"天欲义而恶不义"。当然他的证明是有问题的,因为他将这一命题的可能性建立在经验事实上,而经验事实是否如此尚待说明。因为"天欲义而恶不义",同时"天欲其生而恶其死,欲其富而恶其贫,欲其治而恶其乱","义"又牵涉到生死、贫富、治乱等人生的基本问题,那么根据人"欲福禄而恶祸祟"的常情,顺义而行则是理想的选择。

为了进一步说明"天欲义而恶不义"这样一个价值判断,墨子还论证了"义从天出"这样一个本体式的判断:

> 子墨子言曰:今天下之君子之欲为仁义者,则不可不察义之所从出。既曰不可以不察义之所从出,然则义何从出?子墨子曰:义不从愚且贱者出,必自贵且知者出。何以知义之不从愚且贱者出,而必自贵且知者出也?曰:义者,善政也。何以知义之为言政也?曰:天下有义则治,无义则乱,是以知义之为善政也。夫愚且贱者,不得为政乎贵且知者;贵且知者,然后得为政乎愚且贱者,此吾所以知义之不从愚且贱者出,而必自贵且知者出也。然则孰为贵?孰为知?曰:天为贵、天为知而已矣。然则义果自天出矣。②

墨子以置换概念的方式将"义"转换为"正",并将"正"解释为

---

① 《墨子·天志上》。
② 《墨子·天志中》。

"政治"之"政"。这样就将"义"所从出的证明落实在了可以触及的经验领域。墨子认为，在现实经验世界中，贵且知者为政于愚且贱者。这等于说，政从贵且知者出，亦即是说"义"从贵且知者出。因此，只要证明天为最贵最知者，则可以推出"义从天出"。

今天下之人曰："当若天子之贵诸侯，诸侯之贵大夫，儋明知之。然吾未知天之贵且知于天子也。"子墨子曰：吾所以知天之贵且知于天子者，有矣。曰：天子为善，天能赏之。天子为暴，天能罚之。天子有疾病祸祟，必斋戒沐浴，洁为酒醴粢盛，以祭祀天鬼，则天能除去之。然吾未知天之祈福于天子也，此吾所以知天之贵且知于天子也。且吾所以知天之贵且知于天子者，不止此而已矣，又以先王之书驯天明不解之道也知之。曰："明哲维天，临君下土。"则此语天之贵且知于天子。不知亦有贵知夫天者乎？曰：天为贵、天为知而已矣。然则义果自天出矣。是故子墨子曰：今天下之君子，中实将欲遵道利民，本察仁义之本，天之意不可不慎也。①

在经验世界里，最贵且知者为天子，如果能够证明天贵且知于天子，则天无疑为最贵且知者。墨子从三个方面进行了证明：一、从天能赏罚天子善恶证明天贵且知于天子；二、从天子祈福于天证明天贵且知于天子；三、从先王之言证明天贵且知于天子。关于第一点，实际上隐含了墨子的一个预设："天子为善，天能赏之。天子为暴，天能罚之"是一个经验事实。从赏罚这一行为出发，墨子断定必有一人格的天驾临天子之上，从而得出天贵且知于天子的结论。关于第二点，墨子是根据"天子祈福于天"这一行为中的"祈福者"低于"施福者"的经验事实，断定天高于天子。这实际上也预设了"祈福"这一行为必指向一实际的存在这一前提。第三点则是诉诸于权威的说明。根据这些证明，墨子认为天为最贵最知者，从而为"义"之所从出。"义出于天"这一本体论的表达一旦得到证明，"则天欲义而恶不义"这样一个价值判断便有了本体依据。

---

① 《墨子·天志中》。

关于"我为天之所欲，天亦为我所欲"这一命题的完整表达是：如果"我为天之所欲"，那么"天亦为我所欲"。天之所欲在于欲义恶不义，我之所欲在于欲福禄而恶祸祟。那么，等于说天通过人的行为赐予福禄或祸祟。

首先，墨子要说明，天是爱利万民的：

> 何以知其兼爱天下之人也？以兼而食之也。何以知其兼而食之也？自古及今，无有远灵孤夷之国，皆犓豢其牛羊犬彘，絜为粢盛酒醴，以敬祭祀上帝、山川、鬼神，以此知兼而食之也。苟兼而食焉，必兼而爱之。譬之若楚、越之君：今是楚王食于楚之四境之内，故爱楚之人；越王食于越之四境之内，故爱越之人。今天兼天下而食焉，我以此知其兼爱天下之人也。①

墨子在此一个核心理念是，"苟兼而食之，必兼而爱之"。这个理念的根据在于现实的经验，他认为"楚王食于楚之四境之内，故爱楚之人；越王食于越，故爱越之人"，所以"苟兼而食之，必兼而爱之"。上帝、山川、鬼神兼食于天下，故知它们必兼爱天下之人。另外：

> 且天之爱百姓也，不尽物而止矣。今天下之国，粒食之民，杀一不辜者，必有一不祥。曰：谁杀不辜？曰：人也。孰予之不辜？曰：天也。若天之中实不爱此民也，何故而人有杀不辜而天予之不祥哉？且天之爱百姓厚矣，天之爱百姓别矣，既可得而知也。②

这是从"杀一不辜者，必有一不祥"这一墨子认定的经验事实出发，认为如果没有一有意志的爱利天下人之天进行保障，这是不可能的。

其次，墨子认为，天爱利天下人是有条件的，即只有符合天之所欲者才赐之以福禄，否则将施与其祸祟。

---

① 《墨子·天志下》。
② 《墨子·天志下》。

　　夫爱人利人，顺天之意，得天之赏者，谁也？曰：若昔三代圣王，尧、舜、禹、汤、文、武者是也。尧、舜、禹、汤、文、武焉所从事？曰：从事兼，不从事别。兼者，处大国不攻小国，处大家不乱小家，强不劫弱，众不暴寡，诈不谋愚，贵不傲贱。观其事，上利乎天，中利乎鬼，下利乎人。三利无所不利，是谓天德。聚敛天下之美名而加之焉，曰：此仁也，义也。爱人利人，顺天之意，得天之赏者也。不止此而已，书于竹帛，镂之金石，琢之槃盂，传遗后世子孙，曰：将何以为？将以识夫爱人利人，顺天之意，得天之赏者也。《皇矣》道之曰："帝谓文王，予怀明德，不大声以色，不长夏以革，不识不知，顺帝之则。"帝善其顺法则也，故举殷以赏之，使贵为天子，富有天下，名誉至今不息。故夫爱人利人，顺天之意，得天之赏者，既可得而知已。

　　夫憎人贼人，反天之意，得天之罚者，谁也？曰：若昔者三代暴王桀、纣、幽、厉者是也。桀、纣、幽、厉焉所从事？曰：从事别，不从事兼。别者，处大国则攻小国，处大家则乱小家，强劫弱，众暴寡，诈谋愚，贵傲贱。观其事，上不利乎天，中不利乎鬼，下不利乎人。三不利无所利，是谓天贼。聚敛天下之丑名而加之焉，曰：此非仁也，非义也。憎人贼人，反天之意，得天之罚者也。不止此而已，又书其事于竹帛，镂之金石，琢之槃盂，传遗后世子孙，曰：将何以为？将以识夫憎人贼人，反天之意，得天之罚者也。《大明》之道之曰："纣越厥夷居，不肯事上帝，弃厥先神祇不祀，乃曰：'吾有命。无廖僇务。'天亦纵弃纣而不葆。"察天所以纵弃纣而不葆者，反天之意也。故夫憎人贼人，反天之意，得天之罚者，既可得而知也。①

　　墨子从三代圣王及暴王的史事出发，以说明天赏善罚恶。需要说明的是，墨子还把《诗》、《书》作为历史证据来证明其"我为天之所欲，天亦为我所欲"及其反面"我为天之所不欲，天亦为我所不欲"的天人关系说。天因人的行为赏善罚恶，这是墨子天人关系说的核心，也是人躬行天之所欲的根本原因。除此之外，墨子还对"我为天之所欲"的根据作了另外两种

①　《墨子·天志中》。

说明，以勉励人们躬行天之所欲。

第一，墨子从天的无限性出发，推论天是不可违抗的，故人须行天之所欲。他以经验的类推进行了证明：

> 子墨子言曰：今天下之士君子，知小而不知大。何以知之？以其处家者知之。若处家得罪于家长，犹有邻家所避逃之。然且亲戚兄弟所知识，共相儆戒，皆曰："不可不戒矣！不可不慎矣！恶有处家而得罪于家长而可为也？"非独处家者为然，虽处国亦然。处国得罪于国君，犹有邻国所避逃之。然且亲戚兄弟所知识，共相儆戒，皆曰："不可不戒矣！不可不慎矣！谁亦有处国得罪于国君而可为也？"此有所避逃之者也，相儆戒犹若此其厚。况无所避逃之者，相儆戒岂不愈厚，然后可哉？且语言有之曰："焉而晏日，焉而得罪，将恶避逃之？"曰：无所避逃之。夫天，不可为林谷幽闲无人，明必见之。然而天下之士君子之于天也，忽然不知以相儆戒。此我所以知天下士君子知小而不知大也。①

墨子的推论逻辑是这样的：家长是一家的主导，他拥有对其家庭成员的领导权和监督权；如果有人得罪于家长，则他在此家中将受惩罚；故而人们的一个共识是：处家不可得罪于家长。处国亦然。不过在墨子看来，家、国都是有限者。不容于此家可避于彼家，不容于此国可避于彼国。天则不然，天为一无限者，人得罪于天将无可逃避，故当敬畏天，而"为天之所欲"。

第二，墨子从报本还原的角度出发，论证"我为天之所欲"的根据：

> 且吾所以知天之爱民之厚者，有矣。曰：以历为日月星辰，以昭道之。制为四时春秋冬夏，以纪纲之。雷降雪霜雨露，以长遂五谷麻丝，使民得而财利之。列为山川溪谷，播赋百事。为王公侯伯，以临司民之善否，使之赏贤而罚暴。贼金木鸟兽，从事乎五谷麻丝，以为民衣食之财。自古及今，未尝不有此也。今有人于此，骦若爱其子，竭力单务以利之。其子长，而无报乎求父，故天下之君子与谓之不仁不祥。今夫

---

① 《墨子·天志上》。

天，兼天下而爱之，撽遂万物以利之，若豪之末，末非天之所为，而民
得而利之，则可谓否矣。然独无报夫天，而不知其为不仁不祥也，此吾
所谓君子明细而不明大也。①

墨子以父爱其子、子报其父的经验为论证根据，认为天爱民厚，故人须
行天之所欲以报天。天爱利万民，墨子在此列举了五个方面，一、"以历为日
月星辰，以昭道之"；二、"制为四时春秋冬夏，以纪纲之"；三、"雷降雪霜
雨露，以长遂五谷麻丝，使民得而财利之"；四、"列为山川溪谷，播赋百事。
为王公侯伯，以临司民之善否，使之赏贤而罚暴"；五、"贼金木鸟兽，从事
乎五谷麻丝，以为民衣食之财"。其中前三个方面都是赋予自然之物以价值的
色彩，说明它们对人的爱利；后两个方面则把人事的管理归于天的规定。

墨子看到圣王、百姓"祭祀于上帝鬼神，而求祈福于天"，就推论必有
或应该有一个有意志的天来赏善罚恶。他认为，如果这个天不实质化、意志
化，甚而人格化为"欲义而恶不义"的天帝，关于天意的一切行为就无着
落，就是一个骗局。这与西方人格神的宗教相似。但墨子事实上并没有创立
一个人格神的宗教，倒是发展出了一种以外在的形式宰制天下的知性的思维
方式。《法仪》：

> 子墨子曰：天下从事者，不可以无法仪。无法仪而其事能成者，无
> 有。虽至士之为将相者皆有法，虽至百工从事者亦皆有法。百工为方以
> 矩，为圆以规，直以绳，衡以水，正以悬。无巧工不巧工，皆以此五者为
> 法。巧者能中之，不巧者虽不能中，放依以从事，犹逾已。故百工从事，
> 皆有法所度。今大者治天下，其次治大国，而无法所度，此不若百工辩也。
> 然则奚以为治法而可？当皆法其父母奚若？天下之为父母者众，而
> 仁者寡，若皆法其父母，此法不仁也。法不仁，不可以为法。当皆法其
> 学奚若？天下之为学者众，而仁者寡，若皆法其学，此法不仁也。法不
> 仁，不可以为法。当皆法其君奚若？天下之为君者众，而仁者寡，若皆
> 法其君，此法不仁也。法不仁，不可以为法。故父母、学、君三者，莫

① 《墨子·天志中》。

可以为治法。

然则奚以为治法而可？故曰：莫若法天。

墨子以为，无论人从事何种工作，都应该有一种足以为法的标准。百工无分巧拙，都以绳墨规矩为法，治天下国家者亦应有法。在墨子看来，人是不足为法的，因为无论是父母、学者还是国君都是不仁者多而仁者寡。唯一足以为法的便是天。

天作为衡量万事、万物的标准便是天志或天意。墨子认为，把握了天志或天意，则掌握了宰制天下的标准：

是故子墨子之有天之，辟之无以异乎轮人之有规，匠人之有矩也。今夫轮人操其规，将以量度天下之圜与不圜也，曰："中吾规者谓之圜，不中吾规者谓之不圜。"是以圜与不圜，皆可得而知也。此其故何？则圜法明也。匠人亦操其矩，将以量度天下之方与不方也，曰："中吾矩者谓之方，不中吾矩者谓之不方。"是以方与不方皆可得而知之。此其故何？则方法明也。故子墨子之有天之意也，上将以度天下之王公大人之为刑政也，下将以量天下之万民为文学、出言谈也。观其行，顺天之意，谓之善意行。反天之意，谓之不善意行。观其言谈，顺天之意，谓之善言谈。反天之意，谓之不善言谈。观其刑政，顺天之意，谓之善刑政。反天之意，谓之不善刑政。故置此以为法，立此以为仪，将以量度天下之王公大人卿大夫之仁与不仁，譬之犹分黑白也。①

匠人所掌握者为规矩，以此可以量圜量方。墨子以天志或天意为自己所掌握的规矩，立足点虽在政治，但目光所及却可贯彻于整个现实世界。墨子的真实想法是为现实世界"建中"、"立极"，而天志或天意便是现实世界的唯一法仪，是绝对的价值标准。

墨子试图以经验主义的方式对"天志"说进行证明，然而在具体论证中，却存在基本的缺陷。从某种意义上说，就是经验主义的不彻底性。以下

① 《墨子·天志中》。

略举两例，以示梗概。

一、墨子以"处家者"、"处国者"不可以得罪于家长、国君，证明人不可得罪于天。他的基本思路是：一家之中，皆受制于家长，若得罪于家长，将受其惩罚，处国亦然。由此类推，天下之人皆受制于天，若得罪于天，将受天之惩罚。这样一个类推成立的一个必要条件是：类推的前后双方具有某种意义的同质性，或者说都在某类之内。但家、国与天却不具有同质性，最根本的区别在于家国是有限的，天是无限的，这一点也为墨子所承认。他认为，"处家者"得罪于家长可避之于彼家，"处国者"得罪于国君可避之于彼国，家、国都是有限者。天则不然，"夫天不可为林谷幽闲无人，明必见之"，在墨子心目中它是无限的。有限意味着可以经验，无限则意味着不可经验。经验的实在性最终是建立在经验的感知上的，不可经验的感知则与经验无关。如果把这种由经验而来的知识加于不可经验的对象之上，由此形成的知识我们无法证实、亦无法证伪，而不成其为知识。墨子直接实现了由经验到非经验的跨越，这不能说不是一个理论缺陷。

二、墨子以祭祀祈福推论天的存在，这是以行为推论对象的真实性。实际上，祭祀祈福的行为和对象之间并不存在因果的必然性。即是说，并不是一定因为对象真实存在才有祭祀这一行为。墨子在别处曾表达过这样的观点：现实中存在的未必就一定是合理的。比如：

今执厚葬久丧者言曰：厚葬久丧，果非圣王之道，夫胡说中国之君子为而不已、操而不择哉？子墨子曰：此所谓便其习而义其俗者也。昔者越之东，有輆沐之国者，其长子生，则解而食之，谓之宜弟。其大父死，负其大母而弃之，曰鬼妻不可与居处。此上以为政，下以为俗，为而不已，操而不择。则此岂实仁义之道哉？……此所谓便其习而义其俗者也。楚之南，有炎人国者，其亲戚死，朽其肉而弃之，然后埋其骨，乃成为孝子。秦之西，有仪渠之国者，其亲戚死，聚柴薪而焚之，熏上谓之登遐，然后成为孝子。此上以为政，下以为俗，为而不已，操而不择，则此岂实仁义之道哉？此所谓便其习而义其俗者也。[1]

_____

[1]　《墨子·节葬下》。

墨子在论证自己"节葬"观点合理时，认为即使一些久已存在的行为也未必是合理的，可能只是"便其习而义其俗者也"。以此类推，祭祀这一行为未必就非得指向一实在的对象，未必因圣王、百姓所行就一定符合墨子所谓的真实，它们完全有可能只是"便其习而义其俗者也"。所以墨子以祭祀的行为推论天的存在的思路是行不通的。

虽然天志在墨子思想体系中具有根源性的意义，但由于对它的论证存在诸多问题，所以天志说实际上是墨子学说的一个薄弱之处。

（二）明鬼

在墨子思想中，鬼神观念与天志相关，可以说是天志观的进一步人格化。《明鬼》上中下三篇，今仅存下篇。在此篇中，墨子认为，天下大乱与人们不相信鬼神之存在有关：

> 子墨子言曰：逮至昔三代圣王既没，天下失义，诸侯力正。是以存夫为人君臣上下者之不惠忠也，父子弟兄之不慈孝弟长贞良也，正长之不强于听治，贱人之不强于从事也。民之为淫暴寇乱盗贼，以兵刃、毒药、水火，退无罪人乎道路率径，夺人车马、衣裘以自利者，并作由此始，是以天下乱。此其故何以然也？则皆以疑惑鬼神之有与无之别，不明乎鬼神之能赏贤而罚暴也。今若使天下之人，借若信鬼神之能赏贤而罚暴也，则夫天下岂乱哉！①

因此他力证鬼神之存在，且能赏善罚恶。

对人而言，鬼神是超验的，存在与否皆不能在经验中被证实，而墨子偏偏诉诸经验的证明。他把证明鬼神实有的证据分为两部分：一、耳目之所见闻；二、古籍所载圣王之事。实际上，即使是耳目之所见闻，也是出自古代的书籍记载。因此这两方面并无本质的区别，只不过墨子认为后者皆为圣人之事，较前者更有权威。关于第一方面的证明，《明鬼下》记载了五个例子，其中两个大致相同，兹合并为四点，分别进行说明。

---

① 《墨子·明鬼下》。

1. 杜伯之鬼击周宣王事：

子墨子言曰：若以众之所同见，与众之所同闻，则若昔者杜伯是也。周宣王杀其臣杜伯而不辜，杜伯曰："吾君杀我而不辜，若以死者为无知，则止矣。若死而有知，不出三年，必使吾君知之。"其三年，周宣王合诸侯而田于圃田，车数百乘，从数千，人满野。日中，杜伯乘白马素车，朱衣冠，执朱弓，挟朱矢，追周宣王，射之车上，中心折脊，殪车中，伏弢而死。当是之时，周人从者莫不见，远者莫不闻，著在周之《春秋》。为君者以教其臣，为父者以警其子，曰："戒之！慎之！凡杀不辜者，其得不祥，鬼神之诛，若此之憯遫也！"以若书之说观之，则鬼神之有，岂可疑哉！

周宣王冤杀杜伯，杜伯之鬼起而复仇。这里需要关注的有三点：一、事情起于杀不辜；二、鬼是杜伯死后所化，且以杜伯生时之形出现；三、鬼在此所执行的是惩恶之事。这是墨子以"众之所同见，与众之所同闻"的故事，证明鬼神为实有。但这种墨子所认为的"众之所同见，与众之所同闻"的事实，是依据于书籍的记载的。另外，《明鬼》下所记载的有关庄子仪之鬼击杀燕简公之事，整个过程大致同于这个例子，兹不具述。

2. 郑穆公受神赐赏之事：

昔者郑穆公当昼日中处乎庙，有神入门而左，鸟身，素服三绝，面状正方。郑穆公见之，乃恐惧，奔。神曰："无惧！帝享女明德，使予锡女寿十年有九，使若国家蕃昌，子孙茂，毋失。"郑穆公再拜稽首，曰："敢问神名？"曰："予为句芒。"若以郑穆公之所身见为仪，则鬼神之有，岂可疑哉！

郑穆公有明德，故神赐其年寿，使其国家昌明、子孙蕃盛。这一则故事的主角为句芒之神，而非人死后所化之鬼。其外貌"鸟身，素服三绝，面状正方"，亦不完全与人相类。对穆公的赐赏这一行为并非是句芒神的意志，而是他代天帝执行。这说明在它之上尚有一更高层次的神存在。

3. 宋国之神击杀掌祭人观辜事：

昔者宋文君鲍之时，有臣曰祏观辜固尝从事于厉，袜子杖揖出与言曰："观辜！是何珪璧之不满度量？酒醴粢盛之不净洁也？牺牲之不全肥？春秋冬夏选失时？岂女为之与？意鲍为之与？"观辜曰："鲍幼弱，在荷继之中，鲍何与识焉？官臣观辜特为之。"袜子举揖而槁之，殪之坛上。当是时，宋人从者莫不见，远者莫不闻，著在宋之春秋。诸侯传而语之曰："诸不敬慎祭祀者，鬼神之诛，至若此其憯速也！"以若书之说观之，鬼神之有岂可疑哉！

在宋国的一次祭祀过程中，掌管祭祀仪式的观辜对待祭祀不认真，"珪璧之不满度量，酒醴粢盛之不净洁，牺牲之不全肥，春秋冬夏选失时"，从而招致神怨，神凭借人身以击杀观辜。这一次神是以无形的方式出现，凭借人身进行惩罚。

4. 齐国之神断狱讼事：

昔者齐庄君之臣，有所谓王里国、中里徼者，此二子者，讼三年而狱不断。齐君由谦杀之，恐不辜；犹谦释之，恐失有罪。乃使二人共一羊，盟齐之神社。二子许诺。……读王里国之辞既已终矣。读中里徼之辞未半也，羊起而触之，折其脚，祧神之而槁之，殪之盟所。当是时，齐人从者莫不见，远者莫不闻，著在齐之《春秋》。诸侯传而语之曰："诸盟矢不以其请者，鬼神之诛，至若此其憯遫也！"以若书之说观之，鬼神之有，岂可疑哉！

事情起于王里国、中里徼二人之讼。齐君不能断，故盟之于神。神现两种异迹，以决此讼。一是凭借于羊，以触中里徼，并折其足，这说明神断定他的讼辞不实；一是降身于巫，击杀讼辞不实的中里徼。结合第三个例子，墨子似乎认为神赏善罚恶并不能直接进行，须得假手他物。

墨子认为，以上事例都是出于众人的耳目，权威性不强。为进一步说明鬼神的存在，他又以圣王为例子说明。首先以圣王的祭祀行为以说明鬼神的真实性：

> 子墨子曰：若以众人之耳目之请，以为不足信也，不以断疑，不识若昔者三代圣王尧、舜、禹、汤、文、武者，足以为法乎？故于此乎自中人以上皆曰："若昔者三代圣王，足以为法矣。"若苟昔者三代圣王足以为法，然则姑尝上观圣王之事。昔者武王之攻殷诛纣也，使诸侯分其祭，曰："使亲者受内祀，疏者受外祀。"故武王必以鬼神为有，是故攻殷伐纣，使诸侯分其祭。若鬼神无有，则武王何祭分哉？

在墨子看来，有祭祀这一行为说明必有这一行为的真实对象。武王规定祭祀的具体方法，说明武王相信作为祭祀对象的鬼神的真实性。武王作为一个圣王都相信鬼神实有，那么鬼神的存在显然无可置疑。墨子以祭祀行为推论鬼神的存在，与《天志中》以圣王、百姓祈福于天以推论天的存在，理路一致。墨子还以"古圣王治天下也，故必先鬼神而后人者"[1]，证明古圣王相信鬼神的存在，从而说明鬼神确实存在。

另外，墨子以《诗》、《书》中的言论证明鬼神实有：

> 今执无鬼者之言曰：先王之书，慎无一尺之帛，一篇之书，语数鬼神之有，重有重之，亦何书有之哉？子墨子曰：《周书·大雅》有之。《大雅》曰："文王在上，于昭于天。周虽旧邦，其命维新。有周不显，帝命不时。文王陟降，在帝左右。穆穆文王，令问不已。"若鬼神无有，则文王既死，彼岂能在帝之左右哉？此吾所以知《周书》之鬼也。

此处《周书》实指《诗经》。郑杰文教授认为："《墨子·明鬼下》引《大雅·文王》：'文王在上，于昭于天。周虽旧邦，其命维新。有周不显，帝命不时。文王陟降，在帝左右。穆穆文王，令问不已。'后两句，《毛诗》作'亹亹文王，令闻不已。'王先谦《诗三家义集疏》未言《齐诗》、《鲁

---

① 《墨子·明鬼下》。

诗》、《韩诗》与《毛诗》有异。"① 墨子将周人祭祀文王时的赞美之词作为文王死后鬼魂升天的证据,以此证明其有鬼之论。《诗》在墨子眼中,就如史实一般。墨子还引《商书》、《夏书》类似的言论,以证明鬼神实有,在此从略。结合以上两方面,墨子试图以经验的事实证明超验的鬼神的实有,其文烦琐,理论性薄弱。

鬼神不但实有,而且还有类别和等级:

> 子墨子曰:古之今之为鬼,非他也,有天鬼,亦有山水鬼神者,亦有人死而为鬼者。②

墨子将鬼神分为三类:一是天鬼,地位最高,相当于天的一种人格性表达;二是山水之鬼神,相当于祭祀山川时的对象;三是人死之后所转化成的鬼。根据墨子对《诗经·大雅》的理解,文王之鬼尚在天帝之左右,故知人死之后所成的鬼地位低于天鬼。

鬼神实有的证明,是为墨子强调鬼神的政治功用服务。墨子认为,如果鬼神存在且可以赏善罚恶,就可以起到维护社会秩序的作用:

> 是故子墨子曰:尝若鬼神之能赏贤如罚暴也,盖本施之国家,施之万民,实所以治国家、利万民之道也。若以为不然,是以吏治官府之不洁廉,男女之为无别者,鬼神见之。民之为淫暴寇乱盗贼,以兵刃、毒药、水火退无罪人乎道路,夺人车马、衣裘以自利者,有鬼神见之。是以吏治官府不敢不洁廉,见善不敢不赏,见暴不敢不罪。民之为淫暴寇乱盗贼,以兵刃、毒药、水火,退无罪人乎道路,夺人车马、衣裘以自利者,由此止,是以莫放。幽闲,拟乎鬼神之明;显明,有一人畏上诛罚,是以天下治。③

墨子认为,如果处处都有鬼神监察,则官府不敢不廉洁,男女不敢无

---

① 郑杰文:《中国墨学通史》(上),人民出版社 2006 年版,第 76 页。
② 《墨子·明鬼下》。
③ 《墨子·明鬼下》。

别，民不敢为暴乱，如此可以天下治。在墨子看来，鬼神确实可以起到这样的作用，因为它们具有异乎寻常的能力：

> 故鬼神之明，不可为幽闲、广泽、山林、深谷，鬼神之明必知之。鬼神之罚，不可为富贵众强、勇力强武、坚甲利兵，鬼神之罚必胜之。①

鬼神的能力主要是两点：一、具有明智的判断力，鬼神能够准确判断一行为的善恶，从而可以毫无遗漏地"赏善而罚暴"；二、在具体执行上，鬼神具有不畏一切的意志力。故《墨子·耕柱》曰：

> 巫马子谓子墨子曰：鬼神孰与圣人明智？子墨子曰：鬼神之明智于圣人，犹聪耳明目之与聋瞽也。

不过这里需要说明的是，鬼神赏善罚恶的意志除了亲自显身执行外，主要是借助人力完成。如惩夏桀之恶，必须假商汤之力：

> 昔者夏王桀贵为天子，富有天下，上诟天侮鬼，下殃傲天下之万民，祥上帝伐元山帝行。故于此乎天乃使汤至明罚焉。②

这实际上是周初以来人文主义观念的表现。

墨子的天志和鬼神是外在的人格性存在，就此而言，它无疑是对殷商西周以来的人格天观念的某种意义上的继承；但同时又是对春秋以来神的地位下降、人的地位上升之人本思潮的一种反动。当然，墨子处春秋之时，熟读百国春秋，对这股人本思潮不能说不了解，但他仍然以复活天志作为其学说的最高根据，这是他学说的一个特色。与墨家不同，儒家接续西周及春秋以来天道观念的德性萌芽，将天作为德性的实体。这是儒墨之间绝大的不同。

---

① 《墨子·明鬼下》。
② 《墨子·明鬼下》。

四、儒墨天道观比较

儒家的天与墨家的天有着本质的区别。一般言之，儒家的天是义理之天、道德之天，墨家的天主要是主宰之天、意志之天。深一层说，儒家之天是内在的，而墨家作为法仪的天只能是外在的。儒家之天是理性的，而墨家之天是经验的。墨家之天还有一个特点，即它具有强烈的现实功能。儒家之天不能祸福人，而是人自己的行为祸福自己，而墨家的天则不仅可以祸福人，而且可以祸福社会、国家。墨家要以天来裁量现实，使现实符合天之意志。儒家关注天，但它更关注人，重视人的行为及人的内在修省，即关注人的道德意识的复苏与自觉。从孔子"为仁由己"、"克己复礼"，到《中庸》的尽己之性，孟子的尽心知性知天，最终落实到《易传》之法天效天、自强不息、与天地合其德，无不贯穿着道德主体的向上提升和超越。在儒家，天命可以下贯而为性，知性复可上达天德。天与人，超越原则与内在原则，在一顺（由天命下贯为人性）一逆（由尽心上达天德）之双向转化中实现了自己。由此我们说：儒家的天道观是内在超越的天道观。墨家的天道观则缺乏这种心性转换的基础，虽然墨子也认为天是价值之源，他只能把天志视作宰制万物的外在规范。墨子说：

> 我有天志，譬若轮人之有规，匠人之有矩。轮匠执其规矩以度天下之方圆，曰：中者是也，不中者非也。[①]

这是儒墨天道观的一个根本区别。

墨子证明天志鬼神的存在，相信它们具有赏善罚恶的功能，这似乎具有宗教的性质。但实际上，墨子不是一个宗教家，墨家学派也不是一个真正意义上的宗教团体。这是因为，首先关于鬼神存在的证明，墨子都是立足于经验事实的，而不是他本人的神秘体验。这与世界上大多数宗教家的态度是不同的。更重要的是，宗教一般都设立一个超现实的世界，把一切问题都放在

---

① 《墨子·天志上》。

那里去解决，因而具有超现实的意味；墨子则不然，他是彻底现实主义的，一切问题都要在现实生活中求解决，天志鬼神的意义也主要是在现实世界中发生作用。这又是儒墨天道观可以沟通的基础。

总之，在对天的理解上，儒墨两家表现了较大的差异。前者主要是形而上的德性之天，后者主要是人格意义的天。从思想史的角度看，西周以来，原始宗教气氛下的天的人格意义开始减弱，代之以人文意义。儒家秉承这种传统，从德性的意义上理解天，将天视为德性所以可能的形而上根据；墨家则力倡天的人格意义，将其视为判断善恶的外在标准，视为赏善罚恶的人格实体。这是对西周以来的人文主义思潮的反动，也是对原始宗教观念的回归。但是，在春秋战国人文主义兴起的大背景下，墨家所提倡的人格意义的天并不完全是宗教意义上的、完全超越的实体，因为他们没有彼岸意识，一切问题都要放在现实中来解决。这和儒家又是可以沟通的。

第五章　知命与非命

命与天有着密切的关系，唐君毅先生说："中国哲学以天人合一或天人不二之旨为宗。……中国哲学之言命，则所以言天人之际与天人相与之事，以见天人之关系者。"[①] 命是对天人关系的表述。他又曰："然以命之为物，既由天人之际、天人相与之事而见，故外不只在天，内不只在人，而在二者感应施受之交，言之者遂恒易落入二边之偏见。"[②] 因此，在天之外，命亦有独立的地位，故有言命的必要性。

一、命观念溯源

先秦时期，命之观念已甚为流行。孔子言知命，孟子言立命，老子言复命，庄子言安命、顺命，荀子言制命等。诸家之说，各不相同，然而皆与《诗》、《书》中之命观念相关。《书》中所言命大致指天命，主要与政权更替有关，这在"德性天与人格天"一章中有详细的叙述。与天命的含义不同，命还有命定的内涵。命定之命，以"条件性"或"决定性"为基本内容，涉及一"客观限定"的观念，这在《诗经》中就已有所体现。《诗经·国风·郑风·羔裘》：

---

① 唐君毅：《中国哲学原论·导论篇》，中国社会科学出版社 2005 年版，第 322 页。
② 唐君毅：《中国哲学原论·导论篇》，中国社会科学出版社 2005 年版，第 322 页。

　　　　羔裘如濡，洵直切侯。彼其之子，舍命不渝。

　　此处之命，即以命定之环境言。身处此境而不变易，则为此诗所赞许的
德行。《召南·小星》云：

　　　　肃肃宵征，夙夜在公，寔命不同。
　　　　肃肃宵征，抱衾与裯，寔命不犹。

　　"寔命不同"、"寔命不犹"显然指对命定的认可。这种命定思想，隐含
着主体的限制性，即主体承认外在的环境在某种意义上是不可把握的。在这
种情况下，既然外在的环境不可由人把握，不可由人决定，则很容易引发一
切由外在因素决定的宿命观点。这一点为墨子所反对，成为其非命思想的逻
辑起点。

　　从具体的历史环境看，墨子认为这种由命定而引发的宿命观念为儒家所
宣扬，故非命亦有其具体的指向。《墨子·公孟篇》曰：

　　　　儒之道，足以丧天下者，四政焉。……又以命为有，贫富、寿夭、
　　　　治乱、安危，有极矣，不可损益也。为上者行之，必不听治矣；为下者
　　　　行之，必不从事矣，此足以丧天下。

　　墨子所以非命，即是基于对儒家命定的一种反动。从这个角度看，如果
我们欲对墨子非命思想有一个完整而深刻的理解，首先必须厘清儒家对命的
理解，在此基础上进一步分析两家对命的不同理解所蕴含的不同的哲学理
念，以凸显墨家哲学思想的独特之处。

二、"知命"、"立命"与"不知"的精神

　　牟宗三先生认为："命是个体生命与气化方面相顺或不相顺的一个'内
在的限制'之虚观念。"又说："气化当然是无穷的复杂，经验知识无论如
何进步也不能穷得尽。……它（命）落在'个体生命与无穷复杂的气化之

相顺或不相顺'之分际上。"① 命的这种特征很容易导致宿命论的倾向。既然外在的遭际在某种意义上是人不可把握的，这说明个人行为的无力。由此可引申为一切都是预定的，人生的历程不过是既定程序的展开的结论。虽然从《论语》的一些语句中表现出孔子似乎有一种宿命论的基调，比如：

> 道之将行也欤，命也；道之将废也欤，命也。公伯寮其如命何?②

从表面看，孔子似乎认为道之兴废都是既定的，人的努力是无用的。实际上宿命论的主张为孔子所不取，孔子只是在表达，道之行否是不可知的、不确定的，这种不确定、不可知性在孔子看来即是命，公伯寮的行为对命本身是毫无意义的。《论语·雍也》记载：

> 伯牛有疾，子问之，自牖执其手，曰："亡之，命矣夫！斯人也而有斯疾也！斯人也而有斯疾也！"

在孔子看来，按照常理，应该有德者有福。伯牛为有德之人，但他却患了恶疾。这种现象为孔子所不理解，孔子即以此为命。

命不可知，但孔子又说：

> 五十而知天命。③
> 不知命，无以为君子也。④

他强调"知命"，这如何理解呢？我们认为，在某种意义上，孔子已经认识到了知识的界限。雅斯贝尔斯曾对孔子思想作出了独特的诠释，他认为，孔子并不认为自己的哲学是一种完全知识状态的哲学。他说："孔子从来没有认为自己拥有一套完全的知识，或者说，他也不认为这种知识存在是

---

① 牟宗三：《圆善论》，（台湾）联经出版公司 2003 年版，第 139—140 页。
② 《伦语·宪问》。
③ 《伦语·为政》。
④ 《伦语·尧曰》。

可能的。"① 他引用《论语·为政》里的一句话"知之为知之，不知为不知，是知也"，把这句话视为孔子以知识为不完全的证据。我们认为：孔子"知之为知之，不知为不知，是知也"的命题反映了孔子对待知识的态度，"知"与"不知"被视作"知"的两面被提出，而且其界限是预设的。具体说来，这句话可以这样理解：主体知其所能知者，同时又知其所不能知这一现象，能知的成立恰在于所不能知的界限的存在，此为孔子所理解的完整意义下的主体之"知"。更简明地说，执守于"知"与"不知"之间是孔子的认知特点。在此意义上讲，孔子对"是知也"的把握，与西方苏格拉底对"不知"的理解是相同的，都认识到了主体的"知"是有边界的。以此为基础，我们便可以理解孔子"知命"的真正意义。孔子说：

> 吾十有五而志于学，三十而立，四十而不惑，五十而知天命，六十而耳顺，七十而从心所欲不逾矩。②

劳思光先生释之云："此节在俗说中以为表示孔子崇信天命，实则大谬。此明言'知天命'。'知天命'者，即知客观限制之领域也。'不惑'以前之工夫，皆用在自觉意志之培养上。'知天命'则转往客体性一面。'不惑'时已'知义'，再能'知命'，于是人所能主宰之领域与所不能主宰之领域，同时朗显。"③ 劳思光认为，"知天命"或"知命"即是了知存在客观限制之领域，也就是肯定不能主宰之领域的存在。由此可知，"知命"实际上恰恰是知"命"之不可知。

知"命"之不可知，即知客观限制之领域，从另一方面看，同时就是朗显可主宰之领域，即主体德性的自觉与成就。命的绝对必然性被转化为主体德性践履的必然性，孔子对命不可知的体认同时就是对其使命的自觉。从这个意义上讲，一切客观限制之领域也就被点化为了主体德性成就的质料。《伦语·宪问》曰：

---

① 雅斯贝尔斯：《大哲学家》，李雪涛译，社会科学文献出版社2005年版，第137页。
② 《伦语·为政》。
③ 劳思光：《新编中国哲学史》第一卷，广西师范大学出版社2005年版，第102页。

　　子路宿于石门，晨门曰：奚自？子路曰：自孔氏。曰：是知其不可而为之者与？

　　"知其不可而为之"表明了孔子的一种态度，"不可为"以其否定的意义表示其属于客观限制之领域，"为之"是主体自觉的要求，代表主体的一种能动性。"不可为"从一方面看是绝对的必然的，然而经由主体的自觉，就转化为主体德性修养的绝对性必然性。主体对德性超验的自觉恰恰来自于的不可知的层面。

　　孟子继承了孔子对命的态度，首先他认为：

　　莫之为而为者，天也；莫之致而至者，命也。①

　　命"莫之致"，表征一种不可知的意义。他又说：

　　夭寿不贰，修身以俟之，所以立命也。②

　　不管短命或寿考，皆不因此心中动摇以改变其常度，这便是立命。这是说，夭寿皆命，对于人而言它属于不可知的幽隐之域，各种努力在此均似无意义。因此，唯一的途径便是超越这一层而保持行为的常度。孟子又说：

　　莫非命也，顺受其正，是故知命者不立乎岩墙之下。尽其道而死者，正命也；桎梏死者，非正命也。③

　　一切莫非是命，人自当顺而受之，不能违逆于命。但顺受其命又是顺受其正当者，牟宗三先生认为："受其正当者，其所受之命是'合理合道尽了所当为'中的命，斯谓之'正命'。"④ 人必有死，但自然寿命之终结，与德

---

　①　《孟子·万章上》。
　②　《孟子·尽心上》。
　③　《孟子·尽心上》。
　④　牟宗三：《圆善论》，（台湾）联经出版公司2003年版，第143页。

性无关。人但能尽其道，则其死只表一事实。如此，则生命从始至终，无悖义理，此则为"正命"。"正命"在作为极限的命之外凸显了人选择的自由，即在不可知的命之前，开显了一个人可以自主的德性领域。此为孟子"立命"说的根本目的。

不管是知命还是立命，都意在凸显人的有限性，即认定存在一个不可知的领域。而对这种有限性的承认，恰恰从另一个层面开显了无限向上之机。人作为历史的产物只有发现现实存在的有限性，然后才能够塑造自己，把自己从生理的历史的存在中向上提升，使德性自我扩张和延展，而成为一切行为价值的源泉。从这个角度看，儒家对命的理解绝不是消极的宿命论。

三、"非命"对"极限"的否定

墨子所非之命为吉凶祸福皆已预定的宿命之命，即"命富则富，命贫则贫；命众则众，命寡则寡；命治则治，命乱则乱；命寿则寿，命夭则夭"① 之命。在墨子看来，所谓非命，就是贫富、众寡、治乱、寿夭皆由己力所定，无干命之事，强调自己行为对结果的决定性作用。

墨子认为，如果人人都信命，将贫富、众寡、治乱、寿夭等皆视作定数，则天下人将听天由命，便会造成怠惰而不"强力从事"。基于这个理由，他对有命的观念进行否定。墨子首先确定了一个原则：言必立仪。即是说，言说一定确立一个标准，必须阐明这一标准成立的理论方法。墨子说：

> （言）必立仪。言而毋仪，譬犹运钧之上而立朝夕者也，是非利害之辨，不可得而明知也。②

他证明命不存在的方法是所谓的"三表法"。"三表法"就是墨子非命王里篇所树立的标准。《非命上》云：

---

① 《墨子·非命上》。
② 《墨子·非命上》。

故言必有三表。何谓三表？子墨子言曰：有本之者，有原之者，有用之者。于何本之？上本之于古者圣王之事。于何原之？下原察百姓耳目之实。于何用之？废（同"发"）以为刑政，观其中国家百姓人民之利。此所谓言有三表也。

所谓"三表"，即某一观念所以存在的三条根据：一是本之于古圣王之事，这是诉诸权威的证明；二是原察百姓耳目之实，这是诉诸大众耳目闻见的证明；三是发以为刑政，观其中于国家百姓之利与否，这是诉诸实践的证明。关于第一条，本之于古圣王之事，墨子说：

然而今天下之士君子，或以命为有，盖尝尚观于圣王之事。古者桀之所乱，汤受而治之。纣之所乱，武王受而治之。此世未易，民未渝，在于桀、纣则天下乱，在于汤、武则天下治。岂可谓有命哉！然而今天下之士君子，或以命为有，盖尝尚观于先王之书。先王之书，所以出国家、布施百姓者，宪也。先王之宪亦尝有曰"福不可请，而祸不可讳，敬无益、暴无伤"者乎？所以听狱制罪者，刑也。先王之刑亦尝有曰"福不可请，祸不可讳，敬无益、暴无伤"者乎？所以整设师旅、进退师徒者，誓也。先王之誓亦尝有曰"福不可请，祸不可讳，敬无益、暴无伤"者乎？①

首先，墨子欲以先王之事证明命之为无。他认为，桀纣之时与汤武之时一样，人民未变。然而桀纣在位，天下大乱；汤武在位，天下大治。因此他认为，"天下之治，汤武之力也；天下之乱，桀纣之罪也"②，不能把治乱归之于命。其次，墨子认为，古圣王之书未曾言有命。古圣先王之书记载的都是治理国家、听狱治罪、整治军队的大经大法，而非宣扬命定论的言论。祸、福、益、伤并非命定，而取决于人事。总之，墨子试图借助权威以论证其非命的合理性。

---

① 《墨子·非命上》。
② 《墨子·非命下》。

第二条，原察百姓耳目之实。墨子说：

> 我所以知命之有与亡者，以众人耳目之情，知有与亡。有闻之，有见之，谓之有。莫之闻，莫之见，谓之亡。然胡不尝考之百姓之情？自古以及今，生民以来者，亦尝见命之物、闻命之声者乎？则未尝有也。①

在这里，墨子诉诸耳目之见闻。众人目不见命之为物，耳不闻命之为声，以此可以证明命是没有的。以闻见之无证明命之无，这是一种立足于常识的经验主义的立场。

第三条，发以为刑政，观其中于国家百姓之利与否。墨子说：

> 是故古之圣王，发宪出令，设以为赏罚以劝贤。是以入则孝慈于亲戚，出则弟长于乡里，坐处有度，出入有节，男女有辨。是故使治官府则不盗窃，守城则不崩叛，君有难则死，出亡则送。此上之所赏，而百姓之所誉也。执有命者之言曰："上之所赏，命固且赏，非贤故赏也。上之所罚，命固且罚，不暴故罚也。"是故入则不慈孝于亲戚，出则不弟长于乡里，坐处不度，出入无节，男女无辨。是故治官府则盗窃，守城则崩叛，君有难则不死，出亡则不送。此上之所罚，百姓之所非毁也。②

墨子认为，圣王之道，在于赏罚以劝贤，这样就可以调动各方面的积极性而使天下治。如果执有命，认为"上之所赏，命固且赏，非贤故赏也。上之所罚，命固且罚，不暴故罚也"，赏罚皆由命，则必然挫伤众人的积极性，"入则不慈孝于亲戚，出则不弟长于乡里，坐处不度，出入无节，男女无辨"，从而使天下乱。

墨子的非命，固然在于驳斥人们相信命定论以防其流于怠惰，更重要的

---

① 《墨子·非命中》。
② 《墨子·非命上》。

是要求人们"强力从事"：

> 今天下之君子之为文学、出言谈也，非将勤劳其喉舌，而利其唇呡
> 也，中实将欲其国家邑里万民刑政者也。今也王公大人之所以蚤朝晏
> 退，听狱治政，终朝均分而不敢怠倦者，何也？曰：彼以为强必治，不
> 强必乱，强必宁，不强必危，故不敢怠倦。今也卿大夫之所以竭股肱之
> 力，殚其思虑之知，内治官府，外敛关市、山林、泽梁之利，以实官府
> 而不敢怠倦者，何也？曰：彼以为强必贵，不强必贱。强必荣，不强必
> 辱，故不敢怠倦。今也农夫之所以蚤出暮入，强乎耕稼树艺，多聚叔粟
> 而不敢怠倦者，何也？曰：彼以为强必富，不强必贫，强必饱，不强必
> 饥，故不敢怠倦。今也妇人之所以夙兴夜寐，强乎纺绩织纴，多治麻丝
> 葛绪，捆布缪而不敢怠倦者，何也？曰：彼以为强必富，不强必贫，强
> 必暖，不强必寒，故不敢怠倦。①

这段话说明人们不敢怠惰之故。他认为，上至王公大人，下至农夫妇
女，若能不信命而各守本职，以"强力从事"，就可以利天下。这是墨子非
命的真正用心所在。

墨子之非命，实为反对未来已预定的宿命之命。《左传·宣公三年》，
楚子问鼎之轻重，王孙满对曰：

> 天祚明德，有所厎止。成王定鼎于郏鄏，卜世三十，卜年七百，天
> 所命也。周德虽衰，天命未改。鼎之轻重，未可问也。

由卜而知来，则为预定。此种预定隐含着人力无用的前提，墨子贵义而
重力行，故对此表示反对：

> 于《仲虺之告》曰："我闻于夏人，矫天命，布命于下。帝伐之
> 恶，龚丧厥师。"此言汤之所以非桀之执有命也。于《大誓》曰："纣

---

① 《墨子·非命下》。

夷处，不肯事上帝鬼神，祸厥先神禔不祀，乃曰：'吾民有命。无廖排漏。'天亦纵弃之而弗葆。"此言武王所以非纣执有命也。①

　　他认为，汤伐桀，武王伐纣，正是反对执有命而放弃人为努力的例证。孔子之知命，孟子之立命，固承认人之极限，但并不因此而认为未来就是预定的，从而放弃人为的努力，而恰恰由于这一点为人的努力开辟了无限的空间，提供了无穷的动力。儒家言命，意在表示穷达、顺逆、富贵、死生之境皆不可有必然把握，但都可以转化为主体进德修业之资。在这个意义上，人不应枉道而求富贵，并非是说人在贫富、治乱、安危皆无能为力。故墨家对儒家的批评，"又以命为有，贫富寿夭、治乱安危有极矣，不可损益也"，未为允当。

　　进一步言，墨子之非命，乃是反对承认有人力之外的命定之极限。这里预设的前提是：主体的行为和预定的目的之间存在必然的关系。也就是说，行为是预定目的的充要条件，相应的行为必然可以产生相应的目的。根据这种观点，儒家所认为的人的极限，或者说不可知的领域，在墨子这里是不允许存在的。因为对墨子而言，一切都是可知的、可确定的。但是墨子所理解的这种绝对必然性何以可能呢？因为在经验本身因其有限性不能给予必然性的说明，所以，在理论上必须有一超验的实体，由它来保证这种必然性。墨子言天志，认为天是最高的价值实体，它不仅为人提供价值标准，同时亦决定人世的祸福，"顺天意者，兼相爱，交相利，必得赏；反天意者，别相恶，交相贼，必得罚"②。在墨子看来，人们只有躬行天的意愿，才能得其福佑，否则将得其惩罚。天在此承担了保证行为和预定目的必然相应的角色。

　　但这里又出现了一个问题：非命意在抛弃一切外在的不可知因素，从而凸显人为努力的绝对性；但人的行为和相应结果之间的必然性又需要设定一个外在的天来保证，人的努力的绝对性又取决于天，这里似乎产生了某种矛盾。不过墨子所言的天，在某种意义上同于《诗》、《书》中"天命"之

_____

① 《墨子·非命上》。
② 《墨子·天志上》。

天，即监临四方，观人之行为是否合于其志，依此而施赏罚者。天观于人的善恶之行以福善祸恶，从这个角度看，天对非命观念的保证并非是对人为努力的绝对性否定。

虽然墨子在观念上认定在天的保证下，行为和预定的目的必然相应，但在现实中却实际存在着诸多不相应。对此墨子又何以自解呢？这牵涉到德福关系问题。

四、"命"与德福关系

所谓德福关系问题，即是德福一致如何可能的问题。因为在现实世界中，有德者未必有福，然而德福一致却是人的至高追求，因此"德福一致如何可能"便成了哲学上的一个永恒课题。德福关系在康德哲学中得到了系统的讨论，康德认为，德性属于应然领域，而幸福属于实然领域，其异质性决定两者之间的关系不能是分析的，而只能是综合的，这就需要一个作为"无限存有"的第三者来保障"幸福必随德性而来"的因果关系。在西方宗教传统下，这个第三者就是上帝，在上帝的保证下，康德的德福一致在实践上便具有了可能性。

在儒家哲学中，德福关系也是一个重要命题。首先儒家在很多地方表达了德福间的一种背反，即他们并不认为"幸福必随德性而来"这一命题是必然的；相反，他们还把现实中的"德福一致"视作一种偶然。《论语》记载冉耕患癞疾，孔子从窗口执着他的手说：

> 亡之，命矣夫！斯人也而有斯疾也！斯人也而有斯疾也！[①]

孔子因伯牛"行善遇凶，非人所召"而发出无可奈何的慨叹。孟子更是从理论上把德与福作了明确的区分：

> 求则得之，舍则失之；是求有益于得也，求在我者也。求之有道，

_____

① 《论语·雍也》。

得之有命，是求无益于得也，求在外者也。①

德性为"求在我者"，幸福为"求在外者"，二者异质而不能够形成必然的联系。即使是荀子也清楚地认识到，德与福之间存在某种不可跨越的鸿沟，德福间精确的配称在现实中是不可能的：

> 孔子南适楚，厄于陈蔡之间，七日不火食，藜羹不糁，弟子皆有饥色。子路进而问之曰："由闻之：为善者天报之以福，为不善者天报之以祸，今夫子累德积义怀美，行之日久矣，奚居之隐也？"孔子曰："由不识，吾语女。女以知者为必用邪？王子比干不见剖心乎！女以忠者为必用邪？关龙逢不见刑乎！女以谏者为必用邪？吴子胥不磔姑苏东门外乎！夫遇不遇者，时也；贤不肖者，材也；君子博学深谋，不遇时者多矣！"②

荀子借子路与孔子的问答，明确表达了对德福关系的看法。子路基于天道福善祸淫的观念，质疑孔子积德行善何以遭遇如此窘境。孔子通过历史上德福相背的实例引出了"材"与"时"两个不同的范畴。贤与不肖属于"材"，这是君子所能为者，属于"君子之学"德的一面；"遇"与"不遇"在于"时"，"时"是就命的限定性而言，由"时"的限定而产生的"遇"与"不遇"则属于现实存在的福的一面。有"材"未必能逢"时"，即未必能"遇"，"材"与"时"所决定的"遇"与"不遇"的异质关系即决定了两方面无必然联系，即德福的一致在现实中只是偶然。

根据牟宗三先生的解读，儒家哲学中包含一种关于德福一致的"彻头彻尾是理性决定"的说明。牟宗三认为，从孔子践仁知天始，至孟子尽心知性知天，存心养性事天，《中庸》之言慎独，《易传》之乾坤并建、尊天法地，下届宋明儒，都包含有一个绝大的智慧，即无限的智心。牟宗三先生认为，康德在西方思想的背景下，认为人这有限的存在不能有无限的智心，

---

① 《孟子·尽心上》。
② 《荀子·宥坐篇》。

把德福一致问题的解决判给上帝。但依儒家，人有无限的智心，它能建立道德的必然性且能觉润事物，创生万物使其存有。"只此一无限的智心之大本之确立即足以保护'德之纯亦不已'之纯净性与夫'天地万物之存在以及其存在之谐和于德'之必然性。此即开德福一致所以可能之机。"① 在无限智心普润之下，天理人欲同体异用，同行而异情，"因为在神感神应中，心物知意浑是一事。吾人依心意知之自律天理而行即是德，而明觉之感应为物，物随心转，亦在天理中呈现，故物边顺心即是福。此亦可说德与福浑是一事"。② 德是理性之事，依仁心本体之自律而形成，福是存在之事。仁心本体遍润万物，使物存在。在这种情况下，德为本，福为迹，迹本圆融，理性与存在为一，故德福浑是一事。

总之，儒家由命这一概念表达了对人的极限的肯定，而处此极限之道就在于转而注重人内在的德性世界。这样实际上划分了德福二元对立。但是注重人的内在的德性世界并不等于与现实的经验领域隔绝，而是在其中实现德性的圆满。这样，实现对命限的异质超越同时亦是对经验领域"福"的肯定，德福在此意义上一致。

区别于儒家，在德福关系方面，墨家展现了另外一种思路。《墨子·公孟》曰：

> 公孟子谓子墨子曰："有义不义，无祥不祥。"子墨子曰："古圣王皆以鬼神为神明，而为祸福，执有祥不祥，是以政治而国安也。自桀、纣以下，皆以鬼神为不神明，不能为祸福，执无祥不祥，是以政乱而国危也。故先王之书《子亦》有之曰：'亓傲也，出于子，不祥。'此言为不善之有罚，为善之有赏。"

公孟认为，对于个人而言，义与不义是可以选择的，主体对此可以自主；至于祥与不祥，则是不存在的。他的基本态度是：行为的义与不义并不必然招致祥与不祥的后果。墨子则不然，他认为自古圣王皆因为鬼神有且能

---

① 牟宗三：《圆善论》，（台湾）联经出版公司2003年版，第263页。
② 牟宗三：《圆善论》，（台湾）联经出版公司2003年版，第325页。

赏善而罚恶，故政治清明、国家安定，而暴王则反是。他进而以先王之书证明祥与不祥存在的真实性，即"为不善之有罚，为善之有赏"。墨子的回答实际上存在一定的矛盾，首先他将"有祥与不祥"替换为"执祥与不祥"，前者是存在之实然，后者则是观念之认同，性质截然相异。圣王与暴王一者执有祥不祥，一者执无祥不祥。这显示了祥与不祥正是出于实际需要的一种主观认定，恰恰取消了它们的客观意义。墨子似乎没有意识到这一点，他在作了上述圣王和暴王的比较后，直接根据先王之书，以求助权威的方式证明"为不善之有罚，为善之有赏"的真实性，反映了他对个人行为的义与不义和祥与不祥的后果存在某种必然性联系的认同。墨家言天志，而天志的基本内容就是义，"天之志者，义之经也"[1]。蔡仁厚先生认为："义，既然是诸观念的实质，所以兼爱是义，非攻亦是义，其余尚同、尚贤、非乐、非命……等，亦都是义。每一观念表示一端之义，十个观念便表示十端之义。"[2] 虽然义从理论上讲包含这么多内容，但就个人对义的践履而言，行义则意味着对自身情感的克服。《贵义篇》：

> 子墨子曰：必去六辟。嘿则思，言则诲，动则事，使三者代御，必为圣人。必去喜，去怒，去乐，去悲，去爱，而用仁义。手足口鼻耳从事于义，必为圣人。

所谓"六辟"，指六种自然情感，它们的存在有可能干扰主体对义的理解和执行，故墨子主张摒弃它们。六种自然情感都是实然的存在，本身不存在价值的意味。一旦主体自觉地要求克服它们，无疑就有了应当不应当的抉择，义在此就有了德性的意义。至于祥与不祥，是天对人所施与的赏与罚，它们以实际的利益为具体内容，总体上可以归于经验意义的幸福与否的范畴。所以，义与祥的关系可以说即是德福关系。根据墨子的观点，天不仅是义之所从出的实体，同时还"欲义恶不义"，根据人们的行为是否合于义而施与相应的赏罚。故知由天保证德福在现实中的一致是墨子的基本态度。

---

① 《墨子·天志下》。
② 蔡仁厚：《墨家哲学》，（台湾）东大图书公司1983年版，第69页。

但是，德福一致的实现又是有条件的，即德行必须达到一定的程度，《公孟篇》曰：

> 有游于子墨子之门者，谓子墨子曰："先生以鬼神为明知，能为祸福，为善者富之，为暴者祸之。今吾事先生久矣，而福不至。意者先生之言有不善乎？鬼神不明乎？我何故不得福也？"子墨子曰："虽子不得福，吾言何遽不善？而鬼神何遽不明？子亦闻乎匿徒之刑之有刑乎？"对曰："未之得闻也。"子墨子曰："今有人于此，什子，子能什誉之，而一自誉乎？"对曰："不能。""有人于此，百子，子能终身誉亓善，而子无一乎？"对曰："不能。"子墨子曰："匿一人者犹有罪，今子所匿者若此亓多，将有厚罪者也，何福之求？"

这是墨子门人弟子对德福一致思想的怀疑。他认为，既然鬼神赏善而罚恶，自己游于墨子之门，尊墨子之教，理应受天之福，而实际并非如此，于是他怀疑墨子理论的正确性。墨子的回答是，他的行为并没有达到完全合义的程度，得不到相应的福也是有可能的。这显示了墨子对德福一致的一个规定：并不是什么程度的德行都能够邀天之福，只有做到完全合天之义，德福一致才是可能的。

随之《公孟篇》又记载了一个诘难：

> 子墨子有疾，跌鼻进而问曰："先生以鬼神为明，能为祸福，为善者赏之，为不善者罚之。今先生，圣人也，何故有疾？意者先生之言有不善乎？鬼神不明知乎？"子墨子曰："虽使我有病，何遽不明？人之所得于病者多方，有得之寒暑，有得之劳苦。百门而闭一门焉，则盗何遽无从入？"

这个诘难接着上一个而来。既然弟子不能完全合义而得福，那么作为老师的墨子应该能做到完全合义，为什么墨子还会患病呢？这有两种可能：一、墨子并没有做到完全合义，"意者先生之言有不善乎？"二、德福一致的理论有问题，"鬼神不明知乎？"墨子的回答是，致病原因多方，鬼神只是其一。虽然鬼神可以基于一个人行义而不对其施病，但并不能阻止其他致病的原因。他这种回答一方面把"赏善"解释为"不施恶"，"赏善"在此是消极意义的；一方面给鬼神划定了权限，它们并非是全能的"无限者"，而只是一个优于人的"有限者"。显然，墨子所谓的德福一致只是在一定范围内有效，或者说并不具备必然性。

综上可知，墨子对德福关系的理解既不同于康德宗教意义的解决，亦不同于儒家"彻头彻尾是理性决定"的说明，而是在经验主义的态度下试图取消命限的尝试。他原本以超越性的天及鬼神保证非命的可能性，即保证人对现实世界确定性的把握，但经验主义的态度使他不自觉地把天、鬼拉入有限者的范畴，从而在某种程度上丧失了非命的彻底性。即使墨子所提出的"义"具有德性的意义，但这不过是一种经验主义的道德观，即道德被局限在经验范围内而只是某种目的的手段。这导致道德缺乏独立的存在性而不能对命实现真正意义的超越，从而使得非命也无真正的落脚点。不过，非命的意义在于对预定之命的破除，表现了墨子对人文主义的高扬。

传统的"命定"观念是对人的限定性的表述，但在某种意义上存在发展为宿命论的可能性。儒家承认人的限定性即"命限"，由此他们转而重视人可自主的德性领域，以德性超越"命限"。墨家非命，这是对"宿命论"的批判。但同时非命包含着对人生"命限"的否定，强调人的努力的绝对性。儒墨分际于此可见。

第六章　文质合一与重质主义

内容和形式的关系是哲学上的一个重要命题，表现在社会政治领域就是文质关系。《论语·八佾》：

> 子曰："周监于二代，郁郁乎文哉！吾从周。"

邢《疏》："郁郁，文章貌。言以今周代之礼法文章，回视夏商二代，则周代郁郁乎有文章哉。周之文章备于二代，故从而行之也。"在文质关系上，周代是以文为主。但在孔子看来，理想的文质关系应该是文质合一。他说：

> 质胜文则野，文胜质则史。文质彬彬，然后君子。①

文质彬彬，就是文质合一，这是君子的理想境界。子贡在这一点上严守师说。

棘子成曰："君子质而已矣，何以文为？"子贡曰："惜乎，夫子之说君子也！"

-----

① 《论语·雍也》。

驷不及舌。文犹质也，质犹文也。虎豹之鞟犹犬羊之鞟。①

子贡也认为，文质是合一的，如果只重质而不重文，则如去掉毛的虎豹之皮和犬羊之皮一样没什么区别。墨家则是彻底的重质主义。他们从人的最基本的生活需求入手，重视质朴的生命本身。在墨家看来，一种主张或一种学说，不仅要看它有用还是无用，更重要的是看它发挥了什么样的作用，即它达到的社会效果究竟如何。墨家坚决反对那些虽然有用，然而不能给人们带来实际利益的"大钟鸣鼓琴瑟之声，刻镂文章之色，刍豢煎炙之味，高台厚榭之居"。他们将关注点放在饥者得食，寒者得衣，劳者得息的问题上。至于文的方面，则有所轻视。所以我们说，墨家文化是重质轻文的实效型文化。

一、周代礼乐制度的重"文"特色

"文"首先指文采，即众物交错的状态。《周易·系辞下》曰：

物相杂，故曰文。

"文"又有天文、人文、鸟兽之文的分类：

仰以观于天文。②
观乎天文，以察时变。③
观乎人文，以化成天下。④
观鸟兽之文。⑤

---

① 《论语·颜渊》。
② 《周易·系辞上》。
③ 《周易·贲·彖》。
④ 《周易·贲·彖》。
⑤ 《周易·系辞下》。

天文指日月星辰等天象，人文指制度器物等规定，鸟兽之文指鸟兽毛羽花纹及其形态，总之都是指一种外在的特征。在周代礼乐制度中，"文"主要指礼乐制度的规定、文饰，即礼乐之文。《礼记·乐记》言：

> 故钟鼓管磬，羽籥干戚，乐之器也；屈伸俯仰，缀兆舒疾，乐之文也。簠簋俎豆，制度文章，礼之器也；升降上下，周还裼袭，礼之文也。故知礼乐之情者能作，识礼乐之文者能述。

这里似乎将"文"和"器"进行了区分，但实际上"文"和"器"都和代表内容的所谓"礼乐之情"相对，是对礼乐外在形式的表述，都属于广义的"文"的范畴。所谓"质"，本义指事物的本质，或者内容，在这里即是指"礼乐之情"，即礼乐的内容和实质。

在文质关系上认为周代重"文"，主要是基于三个理由：第一，相对于夏商二代质朴的统治、生活方式，周代制定了许多礼仪、节文，对政治领域、生活领域都有所文饰；第二，周代的统治者希望借助礼乐这种形式，由外到内，培养人们的道德情感、审美情趣，塑造健全的人格，实现合理的统治秩序，即人文化成；第三，礼乐制度设立的初衷是为了由外到内，实现外内合一，但在实际的践履中，其内涵渐渐丧失，礼乐被形式化而仅仅表现为"虚文"。

孔子对四代文化特征的概括是：

> 虞夏之质，殷周之文，至矣。虞夏之文不胜其质，殷周之质不胜其文。①

也就是说，虞夏重质，殷周重文。《礼记·表记》对此还作了具体的说明：

> 夏道尊命，事鬼敬神而远之，近人而忠焉。先禄而后威，先赏而后

---

① 《礼记·表记》。

罚。亲而不尊。其民之敝，蠢而愚，乔而野，朴而不文。殷人尊神，率民以事神，先鬼而后礼，先罚而后赏。尊而不亲，其民之敝，荡而不静，胜而无耻。周人尊礼尚施，事鬼敬神而远之，近人而忠焉，其赏罚用爵列。亲而不尊，其民之敝，利而巧，文而不惭，贼而蔽。

这里概括了文质在各个时代的总体表现，以及因文质两个方面不能协调发展而显现的利弊。在夏代，人们尚忠重质，朴而不文，精神气质呈现出"蠢而愚，乔而野"的特征。殷道尊神，以敬畏为道，先鬼后礼，先罚后赏，故尊而不亲，其民"荡而不静，胜而无耻"。周道尊礼，周公制礼作乐，与殷人事神先鬼相比，礼乐突出了人文化成的功能，更好地表现了"文"的特色。当然，礼乐之文是一个高度概括的宏观概念，它包括许多具体的内容：一、礼乐制度的具体规定，即"为国以礼"的礼，由井田、封建、学校、军制、赋役等构成；二、政治生活的仪式、仪节，包括冠、昏、丧、祭、朝、聘、射、乡等；三、礼仪活动中的车舆、衣服、宫室、豆笾鼎俎等器具物品；四、行礼者的周旋揖让、袒衣括发、辟踊哀泣等。这些方面都是周代礼乐之文的表现。

礼乐制度设立的初衷，按照王国维先生的理解，"其旨则在纳上下于道德，而合天子、诸侯、卿、大夫、士、庶民以成一道德之团体。周公制作之本意，实在于此"。[①] 为了达到这种状况，除了强调制度的功能外，还需要实施教化的作用，礼乐之文就是教化的手段之一。《左传·昭公二十五年》子大叔述子产之言曰：

天地之经，而民实则之。则天之明，因地之性，生其六气，用其五行，气为五味，发为五色，章为五声，淫则昏乱，民失其性，是故为礼以奉之。为六畜、五牲、三牺，以奉五味；为九文、六采、五章，以奉五色；为九歌、八风、七音、六律，以奉五声。为君臣上下，以则地义；为夫妇内外，以经二物；为父子、兄弟、姑姊、甥舅、昏媾、姻亚，以象天明；为政事、庸力、行务，以从四时；为刑罚威狱，使民畏

① 王国维：《殷周制度论》，《王国维遗书·观堂集林》卷十，上海古籍书店1983年版，第23页。

忌，以类其震曜杀戮；为温慈惠和，以效天之生殖长育。民有好恶、喜怒、哀乐，生于六气，是故审则宜类，以制六志。哀有哭泣，乐有歌舞，喜有施舍，怒有战斗；喜生于好，怒生于恶。是故审行信令，祸福赏罚，以制死生。生，好物也；死，恶物也。好物，乐也；恶物，哀也。哀乐不失，乃能协于天地之性，是以长久。

这段话论述了礼乐的意义及其功用。人是天地的产物，合于天地乃为正命。礼乐是对天地之道的模拟，遵守礼乐就是遵守天地之道，也就是完成了人之为人的要求。礼乐扮演了教化工具的角色，作为外在的规定以负责人格的养成。礼乐的这种意义在荀子那里还保存着。他说：

> 礼者养也。刍豢稻梁，五味调香，所以养口也；椒兰芬苾，所以养鼻也；雕琢刻镂，黼黻文章，所以养目也；钟鼓管磬，琴瑟竽笙，所以养耳也；疏房檖貌，越席床第几筵，所以养体也。故礼者养也。①

礼乐的规定不在于享乐，而是以生活的形式培养人的德性，陶冶人的性情，也就是"养体"。对于"体"而言，礼乐是外在的，礼乐"养体"就是对"体"进行文饰（这种文饰是内外兼顾的，不仅仅是形式）。这就是礼乐之文的教化意义。

但是，由外以达内，由文以达质的理想在现实中不久就破灭了。随着周天子权威的衰落，政治生活中，人们尊礼太过，礼乐之文不能达其质，成了虚无的伪饰。这是重文的必然结果。表现在政治领域，就是礼崩乐坏，礼乐丧失了其应有的功能，春秋时期的礼仪之分就是对这种现象的反思。孔子起而矫之，提倡文质合一；墨子看到沦为形式的礼乐之文不仅没有任何用处，而且还造成了社会负面的影响，因而主张抛弃掉这些虚文，直接面向质朴的生命本身，形成了其重质主义的思路。

---

① 《荀子·礼论》。

二、儒家的文质合一

从思想史上看，孔子第一个自觉地注意到文质关系问题。在《论语·雍也》中，孔子将文质关系分为三种情况：

> 质胜文则野，文胜质则史。文质彬彬，然后君子。

一、质胜文，二、文胜质，三、文质彬彬。质胜文为"野"，文胜质为"史"，文质彬彬为"君子"。刘宝楠《论语正义》引包咸之言曰："野，如野人，言鄙略也"，"史者，文多而质少"，"彬彬，文质相半之貌"。[①] 无论是"野"还是"史"，都是因文质偏胜而导致偏于一边的人格。孔子心目中的理想人格是文质兼备的君子，君子就是自然天质与后天修饰、内在修养与外在行为合一的人格典范。孔子说：

> 人而不仁如礼何，人而不仁如乐何？[②]
> 礼云礼云，玉帛云乎哉？乐云乐云，钟鼓云乎哉？[③]

在孔子看来，仁是内在的，礼乐是外在的；仁是礼乐的内在本质，礼乐是仁的外在表现，失去了内在本质的礼乐，是无意义的。当然，这不是说孔子不重视礼乐。孔子对礼乐的赞叹，在《论语》中随处可见：

> 兴于诗，立于礼，成于乐。[④]
> 礼乐不兴，则刑罚不中。[⑤]

---

① 刘宝楠：《论语正义》，上海书店出版社 1986 年版，第 125 页。
② 《论语·八佾》。
③ 《论语·阳货》。
④ 《论语·泰伯》。
⑤ 《论语·子路》。

孔子本人对乐有着极大的兴趣和极深的造诣。相传他曾向鲁国的乐师师襄学过琴，他在齐闻韶甚至三月不知肉味，陈蔡绝粮，从者莫能兴，独孔子弦歌不绝。《论语》中记载了不少孔子关于乐的评论：

> 子谓韶，尽美矣，又尽善也。谓武，尽美矣，未尽善也。①
> 子语鲁太师乐，曰："乐其可知也，始作，翕如也；从之，纯如也，皦如也，绎如也，以成。"②

这些评论显示了孔子高深的音乐造诣。孔子的人生，是真善美合一的人生，这种人生的境界与其文质合一的文化观是分不开的。

孟子继承孔子的思想，在心性论上提出性善说。所谓性善，就是由当前之反省，透显价值自觉之内在。这实际上是将礼的外在规定进一步收归内心，将文质结合得更为紧密。《孟子·滕文公上》记载了一则辩论，表现了孟子对丧葬之礼起源的看法，从中可以看出孟子对文质关系的理解。孟子曰：

> 盖上世尝有不葬其亲者，其亲死则举而委之于壑。他日过之，狐狸食之，蝇蚋姑嘬之。其颡有泚，睨而不视。夫泚也，非为人泚，中心达于面目。盖归反虆梩而掩之，掩之诚是也。则孝子仁人之掩其亲，亦必有道矣。

这是说，上古时期，本无葬礼，父母去世，就抬走抛弃在山沟里。但是，子女一旦看到父母的尸体遭受禽兽蚊虫的撕咬叮吮，就有可能心中不忍而头顶冒汗，不敢正视。接下来的行动就是把尸体给掩埋了。这种掩埋尸体的行动一旦被认为是正当的，就必然会衍生出种种规定，这就是葬礼的起源。在孟子看来，葬礼作为一外在的行为，必须以内心的情感为依据。进一步落实在文质关系上，就是强调文质合一，"文"要以"质"为基础。

---

① 《论语·八佾》。
② 《论语·八佾》。

荀子重礼，可以说是以礼的传承为中心的儒家一派。他说：

> 故绳者，直之至；衡者，平之至；规矩者，方圆之至；礼者，人道之极也。然而不法礼、不足礼谓之无方之民；法礼足礼，谓之有方之士。①

荀子将礼看得极为重要。但同时荀子言性恶，这样礼由于缺乏内在的心性根源，很容易流为外在规范。荀子认为，礼源于"平乱"的要求：

> 礼起于何也？曰：人生而有欲，欲而不得，则不能无求。求而无度量分界，则不能不争；争则乱，乱则穷。先王恶其乱也，故制礼义以分之，以养人之欲，给人之求。使欲必不穷于物，物必不屈于欲。两者相持而长，是礼之所起也。②

在荀子看来，人怀私欲而有争斗，故必须制礼进行调节，礼表现为一种外在的制度节文。但这只是一方面，另一方面荀子认为礼是"称情以立文"：

> 三年之丧，何也？曰：称情而立文，因以饰群，别亲疏贵贱之节，而不可益损也。故曰：无适不易之术也。创巨者其日久，痛甚者其愈迟，三年之丧，称情而立文，所以为至痛极也。齐衰、苴杖、居庐、食粥、席薪、枕块，所以为至痛饰也。三年之丧，二十五月而毕，哀痛未尽，思慕未忘，然而礼以是断之者，岂不以送死有已，复生有节也哉！凡生天地之间者，有血气之属必有知，有知之属莫不爱其类。……故有血气之属莫知于人，故人之于其亲也，至死无穷。③

荀子认为，有血气之属必有知，有知者都爱其类，人作为血气之属中最

---

① 《荀子·礼论》。
② 《荀子·礼论》。
③ 《荀子·礼论》。

优秀者，爱亲之情更为强烈，三年之丧并不单单是外在的规定，它是对人情的缘饰，这就叫做"称情而立文"。荀子对三年之丧的看法与孔子一致①，在这方面表现他文质合一的儒家传统。

由此我们可以看出，儒家主张文质合一。"文"指外在的礼乐文饰，"质"指内在的人格修养，乃至生命的意义和价值，在儒家这里，两者不可偏废。

儒家的文质说受到墨家的严厉批评：

> 孔丘盛容修饰以蛊世，弦歌鼓舞以聚徒，繁登降之礼以示仪，务趋翔之节以观众，（儒）博学不可使议世，劳思不可以补民，累寿不能尽其学，当年不能行其礼，积财不能赡其乐，繁饰邪术以营世君，盛为声乐以淫遇民，其道不可以期世，其学不可以导众。②

墨家对儒家的批判固然是多方面的，但礼乐是其批判重点。他们强烈指责儒家礼乐的烦琐，以至于人们"累寿不能尽其学，当年不能行其礼，积财不能赡其乐"。在墨家看来，这种礼乐不但无用，而且有害。由此，他们提出了自己的重质主义的文质观。

三、墨家的重质主义

墨家从人的最基本的生活需求入手，直接反对礼乐的内容，强调质朴的生命本身，表现为一种重质主义的思路。《庄子·天下篇》："不侈于后世，不靡于万物，不晖于数度，以绳墨自矫，而备世之急。古之道术，有在于是者，墨翟、禽滑釐。闻其风而说之，为之大过，己之大顺，作为非乐，命之曰节用。生不歌，死无服。……不与先王同，毁古之礼乐。"又曰："今墨

---

① 《论语·阳货》："宰我问：三年之丧，期已久矣。君子三年不为礼，礼必坏；三年不为乐，乐必崩。旧谷既没，新谷既升，钻燧改火，期可已矣。子曰：食夫稻，衣夫锦，于女安乎？曰：安。女安，则为之。夫君子之居丧，食旨不甘，闻乐不乐，居处不安，故不为也。今女安，则为之！宰我出。子曰：予之不仁也！子生三年，然后免于父母之怀。夫三年之丧，天下之通丧也，予也有三年之爱于其父母乎？"

② 《墨子·非儒下》。

子独生不歌，死不服，桐棺三寸而无椁，以为法式。以此教人，恐不爱人。以此自行，固不爱己。"《韩非子·显学篇》："墨者之葬也，冬日冬服，夏日夏服。桐棺三寸，服丧三月，世主以为俭而礼之。"司马谈《论六家要旨》："墨者亦尚尧舜道，言其行德，曰：堂高三尺，土阶三等，茅茨不剪，采椽不刮；食土簋，啜土刑，粝粱之食，藜藿之羹；夏日葛衣，冬日鹿裘。其送死，桐棺三寸，举音不尽其哀，教丧礼，必以此为万民之率。使天下法若此，则尊卑无别也。"《淮南子·要略训》："墨子学儒者之业，受孔子之术，以为其礼烦扰而不说，厚葬靡财而贫民，久服伤生而害事，故背周道而用夏政。禹之时，天下大水，禹身执虆垂，以为民先，剔河而道九岐，凿江而通九路，辟五湖而定东海。当此之时，烧不暇撋，濡不给扢，死陵者葬陵，死泽者葬泽，故节财薄葬、闲服生焉。"故知墨子所服膺的是重质主义的实用思路，主要体现为节用、节葬、非乐。《墨子》书中，《节用》上中篇以及《七患》、《辞过》是对节用思想的集中表述，《节葬》、《非乐》分别论及节葬及非乐，下面进行具体论述。

（一）节用

发展一国经济，大致不出两个途径：一为开源，即积极地创造价值；二为节流，即减少消耗。节用即是以减少消耗的方式推动一国经济的发展，故墨子说：

> 圣人为政一国，一国可倍也；大之为政天下，天下可倍也。其倍之，非外取地也，因其国家，去其无用，足以倍之。[①]

基于这个目的，墨子认为：

> 是故古者圣王制为节用之法，曰：凡天下群百工，轮、车、鞼、匏、陶、冶、梓、匠，使各从事其所能。曰：凡足以奉给民用，则止。

---

① 《墨子·节用上》。

诸加费不加于民利者，圣王弗为。①

综合《节用》上中篇及《七患》、《辞过》，节用大致体现在六个方面。

1. 节宫室。

> 子墨子曰：古之民未知为宫室时，就陵阜而居，穴而处。下润湿伤民，故圣王作为宫室。为宫室之法，曰：高足以辟润湿，边足以圉风寒，上足以待雪霜雨露，宫墙之高足以别男女之礼。谨此则止。费财劳力，不加利者，不为也。役，修其城郭，则民劳而不伤；以其常正，收其租税，则民费而不病。民所苦者，非此也，苦于厚作敛於百姓。是故圣王作为宫室，便于生，不以为观乐也。作为衣服带履，便于身，不以为辟怪也。故节于身，诲于民，是以天下之民可得而治，财用可得而足。当今之主，其为宫室则与此异矣。必厚作敛于百姓，暴夺民衣食之财，以为宫室台榭曲直之望、青黄刻镂之饰。为宫室若此，故左右皆法象之。是以其财不足以待凶饥，赈孤寡，故国贫而民难治也。君实欲天下之治而恶其乱也，当为宫室不可不节。②

墨子承认，宫室的发明是一个进步，因为它极大地改善了人们的生活环境。但他同时认为，宫室的制作应遵循一定的法度，此法度主要有两点：一、足以抵挡自然界对躯体的侵害，即"高足以辟润湿，边足以圉风寒，上足以待雪霜雨露"；二、足以保证男女之别，即"宫墙之高足以别男女之礼"。除此之外，任何附加的内容都为墨子所反对。他的基本观点就是，"是故圣王作为宫室，便于生，不以为观乐也"。这种质朴主义的观点主要是出于救世的需要，"当今之主，其为宫室则与此异矣。必厚作敛于百姓，暴夺民衣食之财，以为宫室台榭曲直之望、青黄刻镂之饰。为宫室若此，故左右皆法象之。是以其财不足以待凶饥，赈孤寡，故国贫而民难治也"。墨子看到，当今之主在制作宫室满足基本生活需求的基础上，还附加了种种不

---

① 《墨子·节用中》。
② 《墨子·辞过》。

必要的装饰，这造成了财富的极大浪费，故墨子表示强烈反对。

2. 节衣服。

> 古之民未知为衣服时，衣皮带茭，冬则不轻而温，夏则不轻而清。圣王以为不中人之情，故作诲妇人治丝麻，梱布绢，以为民衣。为衣服之法：冬则练帛之中，足以为轻且暖；夏则绤绤之中，足以为轻且清。谨此则止。故圣人为衣服，适身体，和肌肤而足矣，非荣耳目而观愚民也。……当今之王，其为衣服，则与此异矣。冬则轻煖，夏则轻清，皆已具矣，必厚作敛于百姓，暴夺民衣食之财，以为锦绣文采靡曼之衣，铸金以为钩，珠玉以为珮，女工作文采，男工作刻镂，以为身服。此非云益煖之情也。单财劳力，毕归之于无用。以此观之，其为衣服，非为身体，皆为观好。是以其民淫僻而难治，其君奢侈而难谏也。夫以奢侈之君御好淫僻之民，欲国无乱，不可得也。君实欲天下之治而恶其乱，当为衣服不可不节。[①]

与节宫室的思路一样，墨子承认发明衣服的进步意义，但同时又认为，"故圣人为衣服，适身体，和肌肤而足矣，非荣耳目而观愚民也"。他认为，制作衣服只要做到冬温夏凉则可。如果在此基础上要求"锦绣文采靡曼之衣，铸金以为钩，珠玉以为珮"，加以种种装饰，则势必靡费民财。

3. 节饮食。

> 古之民未知为饮食时，素食而分处。故圣人作诲男耕稼树艺，以为民食。其为食也，足以增气充虚，强体适腹而已矣。故其用财节，其自养俭，民富国治。今则不然，厚作敛于百姓，以为美食刍豢，蒸炙鱼鳖。大国累百器，小国累十器，前方丈，目不能遍视，手不能遍操，口不能遍味。冬则冻冰，夏则饰饐。人君为饮食如此，故左右象之。是以富贵者奢侈，孤寡者冻馁，虽欲无乱，不可得也。君实欲天下之治而恶

---

① 《墨子·辞过》。

其乱，当为食饮不可不节。①

古圣人之为饮食，只求"足以增气充虚，强体适腹而已矣。故其用财节，其自养俭，民富国治"。而当今之主，则"厚作敛于百姓，以为美食刍豢，蒸炙鱼鳖"，势必造成"富贵者奢侈，孤寡者冻馁，虽欲无乱，不可得也"的局面。所以"为食饮不可不节"。

4. 节舟车。

古之民未知为舟车时，重任不移，远道不至。故圣王作为舟车，以便民之事。其为舟车也，全固轻利，可以任重致远。其为用财少而为利多，是以民乐而利之。故法令不急而行，民不劳而上足用，故民归之。当今之主，其为舟车与此异矣。全固轻利皆已具，必厚作敛于百姓，以饰舟车，饰车以文采，饰舟以刻镂。女子废其纺织而修文采，故民寒；男子离其耕稼而修刻镂，故民饥。人君为舟车若此，故左右象之。是以其民饥寒并至，故为奸邪。奸邪多则刑罚深，刑罚深则国乱。君实欲天下之治而恶其乱，当为舟车不可不节。②

古圣王制作舟车以便民，只求"全固轻利，可以任重致远。其为用财少而为利多，是以民乐而利之"。而当今之主，则在"全固轻利皆已具"的基础上，"厚作敛于百姓，以饰舟车，饰车以文采，饰舟以刻镂"。如此浪费民财民力，民将饥寒并至而国乱，所以"为舟车不可不节"。

5. 节甲兵。

其为甲盾五兵何？以为以圉寇乱盗贼，若有寇乱盗贼，有甲盾五兵者胜，无者不胜，是故圣人作为甲盾五兵。凡为甲盾五兵，加轻以利坚而难折者，……不加者去之。③

---

① 《墨子·辞过》。
② 《墨子·辞过》。
③ 《墨子·节用上》。

《节用中》曰：

> 古者圣人为猛禽狡兽暴人害民，于是教民以兵行。日带剑，为刺则入，击则断，旁击而不折，此剑之利也。甲为衣则轻且利，动则兵且从，此甲之利也。

墨子认为，甲兵的兴起，基于两个原因：一、圉寇乱盗贼；二、御猛禽狡兽。所以甲盾五兵在墨子看来是必要的。但是墨子认为，凡甲盾五兵，只要做到"加轻以利坚而难折"就可以了。若在此之上再加装饰，则为靡费民财。

以上五点主要集中在物质资料方面，与此不同，节用的第六条表现在人口方面。《辞过篇》曰：

> 凡回于天地之间，包于四海之内，天壤之情，阴阳之和，莫不有也，虽至圣不能更也。何以知其然？圣人有传：天地也，则曰上下；四时也，则曰阴阳；人情也，则曰男女；禽兽也，则曰牝牡、雄雌也。真天壤之情，虽有先王不能更也。虽上世至圣必蓄私，不以伤行，故民无怨。宫无拘女，故天下无寡夫。内无拘女，外无寡夫，故天下之民众。当今之君，其蓄私也，大国拘女累千，小国累百，是以天下之男多寡无妻，女多拘无夫，男女失时，故民少。君实欲民之众而恶其寡，当蓄私不可不节。

墨子认为，男女交合乃是天地之道，更是人口增加的途径，然而如果统治者私蓄过多，则"天下之男多寡无妻，女多拘无夫，男女失时，故民少"，所以"私蓄不可不节"。另外，墨子认为：

> 今天下为政者，其所以寡人之道多。其使民劳，其籍敛厚，民财不足，冻饿死者不可胜数也。且大人惟毋兴师以攻伐邻国，久者终年，速者数月，男女久不相见，此所以寡人之道也。与居处不安，饮食不时，作疾病死者，……不可胜数。此不令为政者所以寡人之道数术而起与？

圣人为政特无此。①

恶劣的生活环境、征战导致的男女分离，同样使人口减少，在这方面同样需要节制。不唯如此，墨子还提倡早婚早育，以积极的办法促进人口的增长：

> 昔者圣王为法曰：丈夫年二十，毋敢不处家。女子年十五，毋敢不事人。此圣王之法也。圣王既没，于民次也。其欲蚤处家者，有所二十年处家；其欲晚处家者，有所四十年处家。以其蚤与其晚相践，后圣王之法十年，若纯三年而字，子生可以二三年矣。此不惟使民蚤处家而可以倍与？②

提倡早婚早育以鼓励人口增长，实际上已经超出"节"的范畴了。

节用这几个方面都是针对时弊而言，"子墨子游，魏越曰：既得见四方之君，子则将先语？子墨子曰：凡入国，必择务而从事焉。……国家贫，则语之节用、节葬"，但亦有深层次的文化因素。《礼记·曲礼上》曰：

> 夫礼者，所以定亲疏、决嫌疑、别同异、明是非也……道德仁义，非礼不成；教训正俗，非礼不备；分争辩讼，非礼不决；君臣、上下、父子、兄弟，非礼不定；宦学事师，非礼不亲；班朝治军，莅官行法，非礼威严不行；祷祠祭祀，供给鬼神，非礼不诚不庄。

足见"礼"在一定意义上就是对生活原则方方面面的规定。这些规定又需要通过一定的形式表现出来，即通过具体的名物器数以标识礼所规定的差别。具体讲来，它包括祭器、丧器、射器、宾器，宫室车旗，玉帛钟鼓等方面的器物，又包括行为上的节文度数，针对不同的等级有不同的规定。《礼记·仲尼燕居》载：

---

① 《墨子·节用上》。
② 《墨子·节用上》。

故宫室得其度量，鼎得其象，味得其时，乐得其节，车得其式，……

礼所规定的种种文饰显然超出了单纯的实用目的。因此，墨子针对时弊的节用措施，从另一个方面看，亦是以重质的思路针对周文的一种反动。

（二）节葬

节葬是节用的延伸。墨子提倡节葬，一方面是破除人们的"厚葬久丧"的观念，一方面是斥责王公大人之厚葬久丧不利于天下国家的行为。首先墨子立定了一个价值标准：

子墨子言曰：仁者之为天下度也，辟之无以异乎孝子之为亲度也。今孝子之为亲度也，将奈何哉？曰：亲贫则从事乎富之，人民寡则从事乎众之，众乱则从事乎治之。当其于此也，亦有力不足，财不赡，智不智，然后已矣。无敢舍馀力，隐谋遗利，而不为亲为之者矣。若三务者，孝子之为亲度也，既若此矣。虽仁者之为天下度也，亦犹此也。曰：天下贫则从事乎富之，人民寡则从事乎众之，众而乱则从事乎治之。当其于此，亦有力不足，财不赡，智不智，然后已矣。无敢舍馀力，隐谋遗利，而不为天下为之者矣。若三务者，此仁者之为天下度，既若此矣。①

富贫、众寡、定危治乱乃是天下国家之三利，合乎三利，就是仁、义、孝子之事，必须加以提倡，否则便当加以阻止：

今逮至昔者，三代圣王既没，天下失义。后世之君子，或以厚葬久丧以为仁也义也，孝子之事也。或以厚葬久丧以为非仁义、非孝子之事也。曰二子者，言则相非，行即相反，皆曰：吾上祖述尧、舜、禹、汤、文、武之道者也。而言即相非，行即相反。于此乎后世之君子，皆

①　《墨子·节葬下》。

疑惑乎二子者言也。若苟疑惑乎之二子者言，然则姑尝傅而为政乎国家
万民而观之。计厚葬久丧，奚当此三利者？我意若使法其言，用其谋，
厚葬久丧实可以富贫众寡、定危治乱乎？此仁也义也，孝子之事也，为
人谋者不可不劝也。仁者将兴之天下，谁贾而使民誉之，终勿废也。意
亦使法其言，用其谋，厚葬久丧实不可以富贫众寡、定危理乱乎？此非
仁非义、非孝子之事也，为人谋者不可不沮也。仁者将求除之天下，相
废而使人非之，终身勿为。且故兴天下之利，除天下之害，令国家百姓
之不治也，自古及今，未尝之有也。①

关于节葬是否合理，存在两种相反的观点，持有这两种相反观点的人都
认为自己秉之于古圣王。墨子提倡以"三利"来判断其合理性，而他以此
认为厚葬久丧有害。综合《墨子·节葬下》，墨子主要从五点进行说明。

1. 厚葬久丧必害于"富贫"。

今天下之士君子，将犹多皆疑惑厚葬久丧之为中是非利害也。故子
墨子言曰：然则姑尝稽之。今虽毋法执厚葬久丧者言，以为事乎国家。
此存乎王公大人有丧者，曰棺椁必重，葬埋必厚，衣衾必多，文绣必
繁，丘陇必巨。存乎匹夫贱人死者，殆竭家室。存乎诸侯死者，虚车
府，然后金玉珠玑比乎身，纶组节约，车马藏乎圹，又必多为屋幕，鼎
鼓几梴壶滥，戈剑羽旄齿革，寝而埋之。满意若送从，曰天子杀殉，众
者数百，寡者数十。将军、大夫杀殉，众者数十，寡者数人。处丧之法
将奈何哉？曰：哭泣不秩声，翁缞绖，垂涕，处倚庐，寝苦枕凷。又相
率强不食而为饥，薄衣而为寒。使面目陷陬，颜色黧黑，耳目不聪明，
手足不劲强，不可用也。又曰：上士之操丧也，必扶而能起，杖而能
行，以此共三年。若法若言，行若道，使王公大人行此，则必不能蚤朝
晏退，治五官六府，辟草木，实仓廪。使农夫行此，则必不能蚤出夜
入，耕稼树艺。使百工行此，则必不能修舟车，为器皿矣。使妇人行
此，则必不能夙兴夜寐，纺绩织纴。细计厚葬，为多埋赋之财者也。计

---

① 《墨子·节葬下》。

久丧，为久禁从事者也。财以成者，扶而埋之。后得生者，而久禁之。以此求富，此譬犹禁耕而求获也，富之说无可得焉。[①]

首先，厚葬势必造成财富浪费，匹夫竭其家室，诸侯虚其府库；厚葬中的殉葬行为亦造成人口减少。另外，久丧有损生理健康，妨碍人们正常的活动，使王公大人怠于从政，使农夫忽于农事，使百工弃其工巧，使妇人丧其纺绩，这将阻碍经济发展，故为墨子所反对。

2. 久丧必害于"众寡"。

是故求以富家，而既已不可矣。欲以众人民，意者可邪？其说又不可矣！今惟毋以厚葬久丧者为政。君死丧之三年，父母死丧之三年，妻与后子死者，五皆丧之三年。然后伯父、叔父、兄弟、孽子，其族人五月，姑姊甥舅皆有月数，则毁瘠必有制矣。使面目陷䧟，颜色黧黑，耳目不聪明，手足不劲强，不可用也。又曰：上士操丧也，必扶而能起，杖而能行，以此共三年。若法若言，行若道，苟其饥约又若此矣。是故百姓冬不仞寒，夏不仞暑，作疾病死者，不可胜计也。此其为败男女之交多矣。以此求众，譬犹使人负剑而求其寿也，众之说无可得焉。[②]

久丧不利于人口增加，表现在两个方面。第一，久丧损害人们健康，使其抵御自然、疾病的能力减弱，从而减损寿命；第二，久丧妨碍男女交合，从而减少人口的生育。

3. 久丧必害于"定危治乱"。

是故求以众人民，而既不可矣。欲以治刑政，意者可乎？其说又不可矣。今惟毋以厚葬久丧者为政。国家必贫，人民必寡，刑政必乱。若法若言，行若道，使为上者行此，则不能听治，使为下者行此，则不能从事。上不听治，刑政必乱。下不从事，衣食之财必不足。若苟不足，

① 《墨子·节葬下》。
② 《墨子·节葬下》。

为人弟者求其兄而不得，不弟弟必将怨其兄矣。为人子者求其亲而不得，不孝子必是怨其亲矣。为人臣者求之君而不得，不忠臣必且乱其上矣。是以僻淫邪行之民，出则无衣也，入则无食也，内续奚吾，并为淫暴，而不可胜禁也。是故盗贼众而治者寡。夫众盗贼而寡治者，以此求治，譬犹使人三睘而毋负己也，治之说无可得焉。①

墨子认为，久丧使得上不听治，下不从事，将造成衣食之财的不足。财用的不足，将引起伦常之间的冲突，由此"并为淫暴，而不可胜禁也"。所以他认为，执久丧而"求以治刑政，而既已不可矣"。

4. 厚葬久丧，使得大国攻小国。

是故求以治刑政，而既已不可矣，欲以禁止大国之攻小国也，意者可邪？其说又不可矣。是故昔者圣王既没，天下失义，诸侯力征，南有楚、越之王，而北有齐、晋之君，此皆砥砺其卒伍，以攻伐并兼为政于天下。是故凡大国之所以不攻小国者，积委多，城郭修，上下调和，是故大国不耆攻之。无积委，城郭不修，上下不调和。是故大国耆攻之。今惟毋以厚葬久丧者为政，国家必贫，人民必寡，刑政必乱。若苟贫，是无以为积委也。若苟寡，是［修］城郭沟渠者寡也。若苟乱，是出战不克，入守不固。此求禁止大国之攻小国也，而既已不可矣。②

墨子首先指出大国攻小国的事实。在这种情况下，小国要想生存，必须有自保之道。对于小国而言，最重要的是造成一定的势，使大国不敢擅自发动侵略战争。这包括"积委多，城郭修，上下调和"等方面。如果以厚葬久丧为政，则这几个方面都将无法实现，由此必然招致大国的侵略。

5. 厚葬久丧不能邀上帝鬼神之福。

今惟无以厚葬久丧者为政，国家必贫，人民必寡，刑政必乱。若苟

---

① 《墨子·节葬下》。
② 《墨子·节葬下》。

贫，是粢盛酒醴不净洁也；若苟寡，是事上帝鬼神者寡也。若苟乱，是祭祀不时度也。今又禁止事上帝鬼神，为政若此，上帝鬼神始得从上抚之曰：我有是人也，与无是人也，孰愈？曰：我有是人也，与无是人也，无择也。则惟上帝鬼神降之罪厉之祸罚而弃之，则岂不亦乃其所哉！①

厚葬久丧从某种意义上说是对死者的保障，同时对生者而言亦有一定的祈福意味。但墨子认为，执厚葬久丧不但不能得上帝鬼神之福，相反还有可能招致惩罚。这是因为，厚葬久丧使国贫而无力祭祀，使民寡而无人祭祀，使政乱而祭祀不时，因此不能邀福于上帝鬼神。

总之，墨子以为厚葬将造成财富的浪费，久丧损害身体健康，耽误人口繁衍与正常工作。由此民贫而寡，而又体弱多病，国家将因此陷于衰乱而招致外患，同时亦不能邀上帝鬼神之福反而招致其惩罚。基于此，墨子托古而提出丧葬之法，《墨子·节葬下》曰：

> 故古圣王制为葬埋之法，曰：棺三寸足以朽体，衣衾三领足以覆恶。以及其葬也，下毋及泉，上毋通臭，垄若参耕之亩，则止矣。死者既以葬矣，生者必无久哭，而疾而从事，人为其所能，以交相利也。此圣王之法也。

墨子提出的丧葬之法包括薄葬与短丧两个方面。死者薄葬，可以节约财用；生者短丧，可以疾从事而生财，"故曰子墨子之法不失死生之利者，此也"②。

在诸礼之中，丧葬之礼是相当重要的。根据《礼记·丧服》，不同亲属参与某一亲人的丧葬之礼，有着不同的衣着装束，这就是"斩衰"、"齐衰"、"大功"、"小功"、"缌麻"，即所谓的"五服"。与之相应的时间期限也有不同。"斩衰"服丧期为三年，"齐衰"服丧期为三年或三月，"大功"

---

① 《墨子·节葬下》。
② 《墨子·节葬下》。

服丧期为九个月，"小功"服丧期为五个月，"缌麻"服丧期为三个月。这是墨子所认为的久丧的制度根源。关于父母三年之丧，《礼记·三年问》曰：

> 三年之丧，何也？曰：称情而立文，因以饰群，别亲疏贵贱之节，而弗可损益也。故曰无易之道也。创巨者其日久，痛甚者其愈迟。三年者，称情而立文，所以为至痛极也。斩衰，苴杖，居倚庐，食粥，寝苦，枕块，所以为至痛饰也。

三年之丧及其中的种种规定，一方面是为了体现孝子的责任和义务，另一方面是为了表达孝子心中的情感，具有伦理道德的意义。但墨子忽视这一点，直接认定这种行为有损于实用。因此，也可以说节葬短丧是墨子以重质主义思路对周文的反动。

（三）非乐

《墨子·非乐》的原文只存上篇，中下两篇已逸。另外，《三辩》亦讲非乐。下面综合此两篇，讨论墨子"非乐"大意。墨子认为，"乐非所以治天下之道"，大人为乐必将废听治，贱人为乐必将废从事。墨子非乐的观点，依然是重质主义的实效思路。《墨子·非乐上》载：

> 子墨子言曰：仁之事者，必务求兴天下之利，除天下之害。将以为法乎天下，利人乎即为，不利人乎即止。且夫仁者之为天下度也，非为其目之所美，耳之所乐，口之所甘，身体之所安，以此亏夺民衣食之财，仁者弗为也。是故子墨子之所以非乐者，非以大钟鸣鼓、琴瑟竽笙之声以为不乐也，非以刻镂文章之色以为不美也，非以犓豢煎炙之味以为不甘也，非以高台厚榭邃野之居以为不安也。虽身知其安也，口知其甘也，目知其美也，耳知其乐也，然上考之不中圣王之事，下度之不中万民之利。是故子墨子曰：为乐非也。

墨子区分了两种行为：一是务求兴天下之利，为天下度的行为；一是满足一己耳目口体之欲的行为。墨子承认感官需求的一定程度上的合理性，"非以大钟鸣鼓、琴瑟竽笙之声以为不乐也，非以刻镂（华）文章之色以为不美也，非以犓豢煎炙之味以为不甘也，非以高台厚榭邃野之居以为不安也"。但"上考之不中圣王之事，下度之不中万民之利"，故对乐加以否定。

1. 从乐器的制作方面看。

> 今王公大人虽无造为乐器，以为事乎国家，非直掊潦水、拆壤垣而为之也，将必厚措敛乎万民，以为大钟鸣鼓、琴瑟竽笙之声。古者圣王，亦尝厚措敛乎万民，以为舟车。既以成矣，曰：吾将恶许用之？曰：舟用之水，车用之陆，君子息其足焉，小人休其肩背焉。故万民出财赍而予之，不敢以为感恨者，何也？以其反中民之利也。然则乐器反中民之利，亦若此，即我弗敢非也。然则当用乐器，譬之若圣王之为舟车也，即我弗敢非也。①
>
> 民有三患，饥者不得食，寒者不得衣，劳者不得息，三者民之巨患也。然即当为之撞巨钟、击鸣鼓、弹琴瑟、吹竽笙而扬干戚，民衣食之财，将安可得乎？即我以为未必然也。意舍此，今有大国即攻小国，有大家即伐小家，强劫弱，众暴寡，诈欺愚，贵傲贱，寇乱盗贼并兴，不可禁止也。然即当为之撞巨钟、击鸣鼓、弹琴瑟、吹竽笙而扬干戚，天下之乱也，将安可得而治与？即我未必然也。是故子墨子曰：姑尝厚措敛乎万民，以为大钟鸣鼓、琴瑟竽笙之声，以求兴天下之利，除天下之害，而无补也。是故子墨子曰：为乐非也。②

墨子认为，当今之世和古圣王之时一样，重要的制作都要"厚措敛于万民"。不同之处在于，前者用于制造乐器，而后者用于制造舟车。对于正常的经济活动而言，"舟用之水，车用之陆，君子息其足焉，小人休其肩背焉"，舟车有着实用的目的。故"反中民之利"，而为民所赞同。制作乐器则不然，

---

① 《墨子·非乐上》。
② 《墨子·非乐上》。

它没有任何实用目的，故为墨子所反对。在墨子看来，对于人民而言，食、衣、息是主要的三大问题，而这都不是"撞巨钟、击鸣鼓、弹琴瑟、吹竽笙而扬干戚"所能够解决的；对于国家而言，大国攻小国，大家伐小家，是一个普遍存在的现象，而这亦非"撞巨钟、击鸣鼓、弹琴瑟、吹竽笙而扬干戚"所能够制止的。乐在墨子重质主义视野下一无是处，故为其所反对。

2. 从音乐的演奏方面看。

> 今王公大人惟毋处高台厚榭之上而视之，钟犹是延鼎也，弗撞击将何乐得焉哉！其说将必撞击之。惟勿撞击，将必不使老与迟者。老与迟者，耳目不聪明，股肱不毕强，声不和调，明不转朴。将必使当年，因其耳目之聪明，股肱之毕强，声之和调，眉之转朴。使丈夫为之，废丈夫耕稼树艺之时；使妇人为之，废妇人纺绩织纴之事。今王公大人，唯毋为乐，亏夺民衣食之财以拊乐，如此多也。是故子墨子曰：为乐非也。①

墨子认为，演奏音乐需要聪明健康之人，而这些人恰恰是社会生产的中坚。他们从事于音乐演奏，势必造成生产的荒废，"使丈夫为之，废丈夫耕稼树艺之时；使妇人为之，废妇人纺绩织纴之事"。故墨子以此而非乐。而且墨子认为，如果国家豢养一批专业音乐手，则后果更为严重：

> 昔者齐康公兴乐万，万人不可衣短褐，不可食糠糟，曰：食饮不美，面目颜色不足视也；衣服不美，身体从容丑羸不足观也。是以食必粱肉，衣必文绣。此掌不从事乎衣食之财，而掌食乎人者也。是故子墨子曰：今王公大人，惟毋为 [乐]，亏夺民衣食之财以拊乐，如此多也。是故子墨子曰：为乐非也。②

墨子以齐康公为例说明豢养专业音乐手需要很高的代价，"食必粱肉，

---

① 《墨子·非乐上》。
② 《墨子·非乐上》。

衣必文绣"。这将"亏夺民衣食之财",故乐为墨子所反对。

3. 从音乐欣赏方面看。

> 今人固与禽兽、麋鹿、蜚鸟、贞虫异者也。今之禽兽、麋鹿、蜚鸟、贞虫,因其羽毛以为衣裘,因其蹄蚤以为绔屦,因其水草以为饮食,故唯使雄不耕稼树艺,雌亦不纺绩织纴,衣食之财固已具矣。今人与此异者也,赖其力者生,不赖其力者不生。君子不强听治,即刑政乱;贱人不强从事,即财用不足。今天下之士君子以吾言不然。然即姑尝数天下分事,而观乐之害。王公大人蚤朝晏退,听狱治政,此其分事也。士君子竭股肱之力,亶其思虑之智,内治官府,外收敛关市、山林、泽梁之利,以实仓廪府库,此其分事也。农夫蚤出暮入,耕稼树艺,多聚叔粟,此其分事也。妇人夙兴夜寐,纺绩织纴,多治麻丝葛绪、捆布参,此其分事也。今惟毋在乎王公大人说乐而听之,即必不能蚤朝晏退,听狱治政,是故国家乱而社稷危矣!今惟毋在乎士君子说乐而听之,即必不能竭股肱之力,亶其思虑之智,内治官府,外收敛关市、山林、泽梁之利,以实仓廪府库,是故仓廪府库不实。今惟毋在乎农夫说乐而听之,即必不能蚤出暮入,耕稼树艺,多聚叔粟,是故叔粟不足。今惟毋在乎妇人说乐而听之,即不必能夙兴夜寐,纺绩织纴,多治麻丝葛绪、捆布参,是故布参不兴。曰:孰为大人之听治、而废国家之从事?曰乐也。是故子墨子曰:为乐非也。①

墨子认为,禽兽天生就可以满足生存需要,"因其羽毛以为衣裘,因其蹄蚤以为绔屦,因其水草以为饮食,故唯使雄不耕稼树艺,雌亦不纺绩织纴,衣食之财固已具矣"。而人则不然,他们不具备这样的天然条件,故"赖其力者生,不赖其力者不生"。在这种条件下,如果人们"说乐而听之",则将使各行各业者怠于自己的事业。这等于说,因为音乐而耽误了整个国家的正常运转,故墨子非乐。从这里我们可以看出,在墨子看来,人和禽兽一样,其目的就是生存即"活着"。就自然本能言,人甚至不如禽兽,

---

① 《墨子·非乐上》。

因为前者还需要为"活着"而奋斗，禽兽可以本能地"活着"。这种抛弃一切人文意义的重质主义思路昭然可见。

虽然墨子认为他非乐的根本原则是"上考之不中圣王之事，下度之不中万民之利"，但他亦不能否认古圣王有乐的事实。他与程繁曾讨论过这个问题。《墨子·三辩》载：

> 程繁问于子墨子曰：夫子曰：圣王不为乐。昔诸侯倦于听治，息于钟鼓之乐；士大夫倦于听治，息于竽瑟之乐；农夫春耕夏耘，秋敛冬藏，息于聆缶之乐。今夫子曰圣王不为乐，此譬之犹马驾而不税，弓张而不弛，无乃非有血气者之所能至邪？子墨子曰：昔者尧舜有茅茨者，且以为礼，且以为乐。汤放桀于大水，环天下自立以为王，事成功立，无大后患，因先王之乐，又自作乐，命曰《护》，又修《九招》。武王胜殷杀纣，环天下自立以为王，事成功立，无大后患，因先王之乐，又自作乐，命曰《象》。周成王因先王之乐，又自作乐，命曰《驺虞》。周成王之治天下也，不若武王。武王之治天下也，不若成汤。成汤之治天下也，不若尧舜。故其乐逾繁者，其治逾寡。自此观之，乐非所以治天下也。

墨子所谓的"圣王不为乐"显然不合事实。当程繁问及这个问题，他的回答是"其乐逾繁者，其治逾寡"，以此得出"乐非所以治天下"这个结论。从某种意义上讲，这是答非所问，程繁亦不满意，辩论进一步展开：

> 程繁曰：子曰圣王无乐，此亦乐已，若之何其谓圣王无乐也？子墨子曰：圣王之命也，多寡之。食之利也，以知饥而食之者智也，因为无智矣。今圣有乐而少，此亦无也。

墨子到底无法否认古圣王有乐的事实，他的回答是将"少乐"同于"无乐"。从某种意义上看，这种回答近似强词夺理。[①] 但是根据论辩的理

---

① 蔡仁厚先生认为："程繁问他：'子曰圣王无乐，此亦乐已，若之何其谓圣王无乐也？'墨子的回答，则说'圣王有乐而少，此亦无也'。这话竟是强词夺理了。"见蔡仁厚：《墨家哲学》，东大图书公司1982年版，第57页。

路，墨子似乎认为，人从某种程度上需要一些乐，就需要的这些音乐而言不能称作乐，而是对生命的一些补充。只有超出这些正常需要之外的乐方能称作乐，而非乐正是非的这部分"乐"。从这个角度看，墨子"非乐"，并非反审美，即反对音乐的艺术性，而是反奢靡。韦政通说："乐在当时仍是贵族的专利品，玩这一套是很费钱的，贵族的财富主要来自万民，墨子并不反对'厚措敛乎万民'，但必须为万民之利才合理。"① 所以，墨子非乐，就是对这种耗靡民财的活动的合法性的质疑。这种说法有一定的道理，但这种意味在墨子整个"非乐"论述中是很薄弱的，弥漫整个"非乐"论述的是质朴的实用主义气息。另外，程繁在此还涉及了一个重要的问题：人是否能够以血肉之躯而像机器一样劳作不休？换句话说，人是否有完全异化为工具的可能性？墨子对此没有回答，他那种质朴的生命气质是无法理解乐的人文价值的。

从历史的眼光看，正是由于"礼崩乐坏"或"周文疲弊"，才会有墨家对于"乐"的一番态度。西周以来的礼乐制度强调乐的教化功用，这一点为儒家所继承。可以说，墨子非乐的思想固然针对时弊，可是从文化的意义上看，是对周代礼乐以及儒家思想的批判。《墨子·公孟》：

> 子墨子谓程子曰：儒之道足以丧天下者，四政焉。……又弦歌鼓舞，习为声乐，此足以丧天下。

儒家礼乐并举，乐素为儒家所重。在儒家看来，乐不仅可以悦耳怡情，还具有教化的功用，甚至其中包含神秘的因素而与道相通，音乐在儒家思想中具有相当高的地位。这在前面已有所论述。墨子则对乐全然否定，在墨子看来，听美妙的音乐并不是不愉快，看缤纷的色彩并不是不高兴，烹炒煎蒸并不是不爽口，高台厚榭并不是不舒服，身口耳目之欲都是客观存在的。但之所以非乐，关键在于"民有三患，饥者不得食，寒者不得衣，劳者不得息"，为乐不但无助于解决这些问题，而且"今王公大人虽无造为乐器，以为事乎国家，非直掊潦水、拆壤垣而为之也，将必厚措敛乎万民，以为大钟

① 韦政通：《中国思想史》上册，上海书店出版社 2003 年版，第 76 页。

鸣鼓、琴瑟竽笙之声"。基于这样一个实用的目的，墨子对乐持极端的反对态度。

四、儒墨文质观比较

从节用、节葬、非乐三方面看，墨家持极端的重质主义观念。墨家所谓的"质"，与儒家所谓的"质"根本不同，它指人们最基本的生活欲求和需要。儒墨两家在春秋战国时期分属于不同的社会集团，儒家是以士君子自居，而墨家则代表了野人百姓之利。故儒家重礼乐教化，墨家重视人们吃饭穿衣的问题，所以强调强本而节用，主张节葬、非乐。儒家之学是君子之学，大人之学，以治国平天下为目的，礼乐教化是士君子的基本修养；而墨家来源于民间，当时老百姓的基本问题是生存，所以生活的基本欲求和需要为其所重视。儒家讲文质合一，注重学问切于社会人生，即学问的实用性。在儒家看来，三年之丧，诗书礼乐皆有益于人的道德意识的自觉，有益于家国天下。格物、致知、诚意、正心、修身、齐家、治国、平天下，环环相扣，体现了儒家文质合一的文化特征。墨家文化质朴无华，不仅注重"用"，更注重"效"。墨家主张节用、节葬、非乐，并不是单单从"用"的角度来讲的，主要是从"效"的角度来讲的。墨家所谓彩色虽美而不以为美，饮食虽甘而不以为甘，佳音虽乐而不以为乐，居处虽安而不以为安。美、甘、乐、安皆彩、食、音、居之用，然美而不美，甘而不甘，乐而不乐，安而不安，并非是其无用，而在于以美为美，以甘为甘，以乐为乐，以安为安，将导致财富的匮乏，人民的贫困，社会的不安。墨子主张："足以奉给民用者则止，诸加费而不加民利者，圣王弗为。"墨家汲汲乎为天下忧不足，所以以质为主。儒家文质彬彬，有贵族之遗风；墨家质朴无华，保留平民之精神。孟子劝国君与民同乐，而墨子劝王公大人与民同苦，这就是儒墨文质观上的差别。

第七章　儒墨政治思想异同

先秦诸子多数有很强的实践意识，即试图解决当下的社会问题。除了思想领域的构建之外，有些还提出了一系列的政治措施，直接实现他们的理想。在这方面，墨家相对于儒家更为积极。墨子想要建立一个由贤才执政，上通天志，下及万民的政治体制，于是有尚同、尚贤之说。尚同包含两层含义：一是建立一套层层设置、畅通无碍的政治组织；一是贯彻一种"下同于上"的政治理念。就政治组织言，设立天子、三公及各级正长，这可以说是对周代制度形式的模仿。不过其具体组成人员的确立办法却与周代大为不同。具体而言，周代的制度形式内部人员主要以血缘的宗法关系来确定，而墨子所设想的政治组织的人员却是由"选贤"而产生。虽然儒家并没有直接的制度建构，但在重视"选贤"这一点上，儒墨两家却有相似之处，都试图打破周代宗法制度下的选人制度。不过在政治组织的动态运作过程中，墨家主张"下同于上"，而儒家主张"和而不同"，两家在这方面的分歧显而易见。

一、西周政治组织形式及其特点

前面我们说过，周代与夏商相较，其特殊之处就是建立了一套以血缘宗法制为根据的系统的政治体制。

首先在王权继承上开始确立嫡长子继承制。王国维说："舍弟传子之

法，实自周始。当武王之崩，天下未定，国赖长君；周公既相武王克殷胜
纣，勋劳最高，以德以长，以历代之制，则继武王而自立，固其所矣。而周
公乃立成王而己摄之，后又反政焉。摄政者，所以济变也；立成王者，所以
居正也。自是以后，子继之法遂为百王不易之制矣。"① 根据王国维的观点，
周以前的王位，兄终弟及占有很大比例。成汤至帝辛三十帝，兄终弟继者十
四。武王克殷之后不久就去世，其时成王尚幼。根据当时的传统，所面对的
严峻的政治形势，以及周公的功劳、德行，他继承武王之位是理所当然的。
然而他先是摄政，然后又返政于成王，为周代明确确立了传子之制。王国维
又说："然使于诸子之中可以任择一人而立之，而此子又可任立其欲立者，
则其争益甚，反不如商之兄弟以长幼相及者犹有次第矣。故有传子之法，而
嫡庶之法亦与之俱生。"② 周以前无明确的嫡庶之制，周则由传子之制而生
嫡庶之制。因为子可有多人，如果不明确到底应该传位给哪一个，争斗是不
可避免的。在确立了嫡庶之制后，诸子之间就有了名分上的贵贱之别。传子
不以贤，而以嫡子中的长子继位。如果这项制度确立下来，则依靠自然生成
的关系就达到了息争的目的。王国维说："盖天下之大利莫如定，其大害莫
如争。任天者定，任人者争；定之以天，争乃不生。故天子诸侯之传世也，
继统法之立子与立嫡也，后世用人之以资格也，皆任天而不参以人，所以求
定而息争也。古人非不知官天下之名美于家天下，立贤之利过于立嫡，人才
之用优于资格，而终不以此易彼者，盖惧夫名之可藉而争之易生，其敝将不
可胜穷，而民将无时或息也。故衡利而取重，絜害而取轻，而定为立子立嫡
之法，以利天下后世；而此制实自周公定之。"③ 这即是说，王权更替上嫡
长子继承制的确立就是为了息争。当然这是一个凝固的制度，依天而定，可
能导致贤才不在位，在位未必贤的局面。但是，出于息争的目的，这不得不
说是一种无奈选择。

　　以这种由血缘所确立的嫡长子继承制为根基，西周统治者将分封的政治
关系建立在家族的血缘关系上，这就是西周的封建制。徐复观认为，封建制
度"即是根据宗法制度，把文王武王成王康王等未继承王位的别子（武王

---

① 王国维：《殷周制度论》，《王国维遗书·观堂集林》卷十，上海古籍书店 1983 年版，第 3 页。
② 王国维：《殷周制度论》，《王国维遗书·观堂集林》卷十，上海古籍书店 1983 年版，第 4 页。
③ 王国维：《殷周制度论》，《王国维遗书·观堂集林》卷十，上海古籍书店 1983 年版，第 3 页。

不是嫡长子），有计划地分封到旧有的政治势力中去，作为自己势力扩张的据点，以联络监督同化旧有的政治势力，由此逐渐达到'普天之下，莫非王土'的目的。被封的别子，即成为封国之祖，他的嫡长子，则成为百世不祧之宗，按照宗法建立一个以血统为纽带的统治集团"。① 父子、兄弟的关系是血缘关系，自天子到诸侯、大夫等依次分封，则是由血缘关系而来的政治关系。天子死，其嫡长子继承其权力而为天子，如此一代代传下去。天子的其他儿子若被封为诸侯，则在他死亡之后，其嫡长子复继承权力而为下一代的诸侯，亦是这样一代代传下去。卿大夫等亦如此。这就是西周的封建制度。

　　由此我们可知，宗法制及由此而来的封建制，一个突出之处就是以自然的血缘关系确立其人员的地位。不过王国维认为："尊尊、亲亲、贤贤，此三者治天下之通义也。周人以尊尊、亲亲而义，上治祖祢，下治孙，旁治昆弟，而以贤贤之义治官。故天子诸侯世，而天子诸侯之卿大夫士皆不世。盖天子诸侯，有土之君也；有土之君不传子不立嫡，则无以弭天下之争。卿大夫士者，图事之臣也，不任贤，无以治天下之事。"这即是说，在整个周代政权组成人员中，分为"有土之君"和"图事之臣"两种。"有土之君"世袭，"图事之臣"任贤。这样就在宗法封建制度下给尚贤留出了一个空间。比如在宗法封建制度建立之始，就有对异姓的分封，如封姜姓于齐。但是这种分封，是以婚姻联系起来，使之成为姻娅甥舅的关系，依然是以血统为基础的政治关系。这种异姓进入统治阶层和贵族系统的现象，是经过共主同意并以联姻的方式纳入血缘关系中的。至于天子诸侯的卿大夫由任贤而产生，这只不过是王国维的猜测，或者说是宗法封建制后期的状况。童书业先生说："每世的天子都是以嫡长子的资格继承父位，奉戴始祖，是为大宗；他们的众子（包括嫡长子的诸母弟与庶子）封为诸侯，是为小宗。每世的诸侯也是以嫡长子的资格继承父位，奉始祖为大宗；他们的众子封为卿大夫，为小宗。每世的卿大夫也以嫡长子的资格继承父位，奉始祖为大宗；他们的众子各有食地为小宗。"② 天子、诸侯固然由世袭产生，即便是卿、大

---

① 徐复观：《两汉思想史》上册，华东师范大学出版社2001年版，第13页。
② 童书业：《春秋史》，上海古籍出版社2003年版，第7页。

夫亦由世袭产生。这说明，西周所建立的一整套系统的政治制度，并没有把"选贤"放在重要的地位。

理想的宗法封建制应该是一个凝固的世袭系统，然而在内外军政形势紧张的情况下，为了克服内忧，抵御外患，必然要不拘亲疏而鼓励任用有才能的人，也必然会根据其贡献提升其官职，给予其分封的利益。因此，国家的生存本身，决定了宗法政治是不可能彻底的，宗法原则也不可能成为不变的治国原则。有能力的异姓之士必然要在尚贤的道路上进入统治集团，甚至主政。这种状况在春秋末年演变为对"名分"的僭越。先是天子权威下降，"政由方伯"。后来诸侯政权又渐渐落在大夫手中，甚至"陪臣执国命"。以鲁国为例，鲁国因秉周礼的缘故，由公族执掌大政。公族之中以季、孟、叔三家为最强，他们都是桓公之后，故称"三桓"。童书业先生认为："当鲁文公去世，大夫东门遂杀嫡立庶，鲁君从此失了国政。后来东门氏因与'三桓'争政，被'三桓'除去，从此政权更集中于三家。"① 三家通过"作三军"、"舍中军"，尽力分公室军赋，鲁君则仅仅有"公徒"，势力大弱于三家。昭公力图除去季氏，但三家合攻昭公，使得他只好出奔，死在国外。三家专政于鲁，但各家之内也频繁发生家乱，季孙氏有南氏和阳虎之乱，叔孙氏有竖牛及侯犯之乱，孟孙氏有公孙宿之乱。季氏家臣阳虎甚至一度主鲁国之政。春秋时期天子、诸侯、大夫、陪臣关系的变动，打破了观念上由礼制所形成的"名分"，表现为对名分的僭越。但是换一个角度看，这种僭越反映了在凝固的宗法封建制度下贤能之才的挣扎，任人以能以贤成了时代的要求。

二、消极依附与自觉建构——儒墨
对待政治组织形式的态度

先秦儒家对具体的政治组织建构没有表现太大的兴趣。就孔子而言，他不认为刚性的政治组织形式存在什么问题，而仅仅是丧失了内在的精神，从而导致其效力的遗失。孔子要求人们安于由现存的政治组织形式所赋予的权

---

① 童书业:《春秋史》，上海古籍出版社 2003 年版，第 239 页。

利，对任何的僭越行为，他都表现出极大的愤怒。譬如《雍》乐、八佾等为天子之礼乐，三家以卿行天子之礼就是僭越。孔子认为：

> 天下有道，则礼乐征伐自天子出；天下无道，则礼乐征伐自诸侯出。自诸侯出，盖十世希不失矣；自大夫出，五世希不失矣；陪臣执国命，三世希不失矣。天下有道，则政不在大夫。天下有道，则庶人不议。①

孔子将历史发展分为"天下有道"之世与"天下无道"之世。天下有道就是各阶层各处其位，其中最重要的就是天子决定礼乐征伐；天下无道则天下各阶层不各安其位，各行其道，诸侯、大夫决定礼乐征伐，甚至陪臣执国命。这一方面反映出孔子对当时社会现状的看法，另一方面反映出孔子的努力方向就是要恢复"礼乐征伐自天子出"的"有道之世"。从这个角度看，孔子盖欲依附现有的政治组织形式以表现其政治理想。

墨子则不然，他对政治组织形式的建构表现了极大的自觉，表现在他的"尚同"说中。他认为，价值标准不统一，是天下混乱的根源之一：

> 子墨子言曰：古者民始生、未有刑政之时，盖其语，人异义。是以一人则一义，二人则二义，十人则十义。其人兹众，其所谓义者亦兹众。是以人是其义，以非人之义，故交相非也。是以内者父子、兄弟作怨恶，离散不能相和合。天下之百姓，皆以水火、毒药相亏害。至有余力，不能以相劳。腐朽余财，不以相分。隐匿良道，不以相教。天下之乱，若禽兽然。②

墨子设想了一个没有任何政治组织的原始状态，认为在此环境下，人的行为标准都由自己决定。个体的差别性导致了行为标准的差异，从而出现"一人则一义，二人则二义，十人则十义"的现象。这种人各异义的状况必

① 《论语·季氏》。
② 《墨子·尚同上》。

然导致纷争，纷争升级，则是"内者父子、兄弟作怨恶，离散不能相和合。天下之百姓，皆以水火、毒药相亏害。至有余力，不能以相劳。腐朽余财，不以相分。隐匿良道，不以相教。天下之乱，若禽兽然"，即天下混乱。进一步看，这种人各异义的现象可以概括为在上之君与在下之民政治标准的对立：

> 今此何为人上而不能治其下？为人下而不能事其上？则是上下相贼也。何故以然？则义不同也。若苟义不同者有党，上以若人为善，将赏之，若人唯使得上之赏，而辟百姓之毁，是以为善者必未可使劝，见有赏也。上以若人为暴，将罚之，若人唯使得上之罚，而怀百姓之誉，是以为暴者必未可使沮，见有罚也。故计上之赏誉不足以劝善，计其毁罚不足以沮暴。①

如果在上之君和在下之民的政治标准对立，则会出现离心离德的情况，"为善者必未可使劝"，"为暴者必未可使沮"。因此，统一行事标准便是安定天下的关键。这是墨子提倡尚同的第一个原因。

此外，墨子认为，上之为政不能得下之情是天下混乱的另一原因：

> 子墨子言曰：知者之事，必计国家百姓所以治者而为之，必计国家百姓之所以乱者而辟之。然计国家百姓之所以治者，何也？上之为政，得下之情则治，不得下之情则乱。何以知其然也？上之为政，得下之情，则是明于民之善非也。若苟明于民之善非也，则得善人而赏之，得暴人而罚之也。善人赏而暴人罚，则国必治。上之为政也，不得下之情，则是不明于民之善非也，若苟不明于民之善非，则是不得善人而赏之，不得暴人而罚之。善人不赏而暴人不罚，为政若此，国众必乱。故赏罚不得下之情，而不可不察者也。②

---

① 《墨子·尚同下》。
② 《墨子·尚同下》。

墨子认为，如果上能够得下之情，则可以赏罚分明而国治，反之则国乱。而上得下之情的前提在于尚同：

> 然计得下之情，将奈何可？故子墨子曰：唯能以尚同一义为政，然后可矣！①

这是墨子提倡尚同的第二个原因。基于以上两点，墨子试图建立一套政治组织形式，平息争斗，管束万民。

"尚同"说可以算做墨子的国家起源论。梁启超说，墨子的国家起源思想"和欧洲初期的'民约论'很相类。'民约论'虽大成于法国的卢梭，其实源于英国的霍布士（霍布斯）和洛克。他们说：人类未建国以前，人人都是野蛮的自由，漫无限制。不得已聚起来商量，立一个首长，于是乎就产出国家来了"。② 霍布斯（Hobbes，1588—1679）认为："在任何政治还不存在的自然状态下，人人欲保持个人的自由，但是又要得到支配旁人的权力。这两种欲望都受自我保全的冲动主使。由于它们的冲突，发生了一切人对一切人的战争，把人生弄得'险恶、残酷而短促'。在自然状态下，没有财产、没有正义或不义；有的只是战争，而'武力和欺诈在战争中是两大基本美德'。"③ 简而言之，霍布斯就人之利害冲突着眼，认为人在本质上是自私自利的，为了保存自己有时不免伤害他人。在没有正常的情况下，人与人之间像狼一样，故需通过"契约"以建立国家。但是，墨子更注重论述人类混乱的原因是由于"义"的不同，即各讲各的道理，即各人的衡量标准不一样。在这方面，二人又存在不同。

关于尚同的具体组织形式，墨子说：

> 明乎民之无正长，以一同天下之义，而天下乱也，是故选择天下贤良、圣知、辩慧之人，立以为天子，使从事乎一同天下之义。天子既以立矣，以为唯其耳目之请，不能独一同天下之义，是故选择天下赞阅贤

---

① 《墨子·尚同下》。
② 梁启超：《墨子学案》，上海书店出版社1992年版，第62页。
③ 罗素：《西方哲学史》下卷，马元德译，商务印书馆1982年版，第71页。

良、圣知、辩慧之人，置以为三公，与从事乎一同天下之义。天子、三公既已立矣，以为天下博大，山林远土之民不可得而一也，是故靡分天下，设以为万诸侯国君，使从事乎一同其国之义，国君既已立矣，又以为唯其耳目之请，不能一同其国之义，是故择其国之贤者，置以为左右将军、大夫，以远至乎乡里之长，与从事乎一同其国之义。①

墨子认为，在尚同的政治组织中，从人事方面讲，最高者是天子，三公是天子的辅佐；其次是诸侯国君，将军大夫是诸侯的辅佐；再其次是乡长，最后是里长。从地域的方面讲，由于天下过于广大，于是分为许多诸侯国，又分设为许多乡里，合起来便是整个天下。由纵的人事系统配合地域区分，便构成了尚同的政治组织机构。我们可以看出，墨子所提倡的这种政治组织，与周代的政治组织形式相似。不过，墨子在政治组织的建构方面是自觉的，他相信制度在政治中的作用，这一点又和儒家不同。

三、儒墨贤才治国论

西周的宗法封建制作为一套凝固的体系在某种意义上和"选贤与能"是相背的，但不管儒家还是墨家都提倡尚贤，这是对西周宗法封建制的一种超越。孔子曰：

仲弓为季氏宰，问政。子曰：先有司，赦小过，举贤才。曰：焉知贤才而举之？曰：举尔所知，尔所不知，人其舍诸？②

《中庸》曰：

义者，宜也，尊贤为大。
凡为天下国家有九经，曰：修身也，尊贤也，亲亲也，敬大臣也，

---

① 《墨子·尚同中》。
② 《论语·子路》。

体群臣也，子庶民也，来百工也，柔远人也，怀诸侯也。修身则道立，尊贤则不惑，亲亲则诸父昆弟不怨，敬大臣则不眩，体群臣则士之报礼重，子庶民则百姓劝，来百工则财用足，柔远人则四方归之，怀诸侯则天下畏之。齐明盛服，非礼不动，所以修身也。去谗远色，贱货而贵德，所以劝贤也。

孟子曰：

贤者在位，能者在职，国家闲暇，及是时明其政刑，虽大国必畏之矣。①

言无实不祥。不祥之实，蔽贤者当之。②

知者无不知也，当务之为急；仁者无不爱也，急亲贤之为务。尧舜之知而不遍物，急先务也。尧舜之仁，不遍爱人，急亲贤也。③

不信仁贤，则国空虚。无礼义，则上下乱。无政事，则财用不足。④

他们皆强调尚贤的重要性。

然而，在先秦儒家心目中，究竟怎样才算是贤才呢？《论语·雍也》载：

子曰："贤哉回也！一箪食，一瓢饮，在陋巷，人不堪其忧，回也不改其乐。贤在回也！"

孔子赞颜回贤，是因为颜回不因处境艰难而改变操守。《论语·述而》载：

---

① 《孟子·公孙丑上》。
② 《孟子·离娄下》。
③ 《孟子·尽心上》。
④ 《孟子·尽心下》。

> 冉有曰："夫子为卫君乎？"子贡曰："诺，吾将问之。"入。曰："伯夷叔齐，何人也？"曰："古之贤人也。"曰："怨乎？"曰："求仁而得仁，又何怨？"出，曰："夫子不为也。"

孔子又称伯夷叔齐为贤者，亦因他们不改变操守。《孟子·告子上》载孟子曰：

> 生，亦我所欲也，义，亦我所欲也，二者不可得兼，舍生而取义者也。……是故所欲有甚于生者，所恶有甚于死者。非独贤者有是心也，人皆有之，贤者能勿丧耳。

孟子以能舍生取义的人为贤者。故知儒家论贤，是以德行为主要标准。

与儒家相较，墨子更加推重贤才。他专立尚贤一目，对此表达了一套系统的观点。墨子尚贤的原因十分明确，即基于尚贤在治理国家中的重要作用：

> 子墨子言曰：今者王公大人为政于国家者，皆欲国家之富，人民之众，刑政之治。然而不得富而得贫，不得众而得寡，不得治而得乱，则是本失其所欲，得其所恶。是其故何也？子墨子言曰：是在王公大人为政于国家者，不能以尚贤事能为政也。①

王公大人欲使国家富庶、人民众多、政治清明，关键在于尚贤。他从反面说：

> 入国而不存其士，则亡国矣。见贤而不急，则缓其君矣。非贤无急，非士无与虑国；缓贤忘士，而能以其国存者，未曾有也。②

---

① 《墨子·尚贤上》。
② 《墨子·亲士》。

这就是说，一个国家的主政者不爱惜贤士，就要亡国了。发现贤才却不急于举用，贤才就会怠慢国君。不是贤才就不能在危急时解救国难，没有贤才就不能为国谋划。怠慢贤才，忘记士人，而能使国长存，是从未有过的事。因此对于贤才，他认为：

> 此固国家之珍，而社稷之佐也。亦必且富之，贵之，敬之，誉之，然后国之良士，亦将可得而众也。①

即尊重贤才，重视贤才，给予贤才相应的地位、待遇。

尚贤是治理国家的根本举措，需从两方面进行说明。首先，从贤才的内在能力看：

> 贤者之治国也，蚤朝晏退，听狱治政，是以国家治而刑法正。贤者之长官也，夜寝夙兴，收敛关市、山林、泽梁之利，以实官府，是以官府实而财不散。贤者之治邑也，蚤出莫入，耕稼、树艺、聚菽粟，是以菽粟多而民足乎食。故国家治则刑法正，官府实则万民富。上有以絜为酒醴粢盛，以祭祀天鬼。外有以为皮币，与四邻诸侯交接。内有以食饥息劳，将养其万民，外有以怀天下之贤人。是故上者天鬼富之，外者诸侯与之，内者万民亲之，贤人归之。以此谋事则得，举事则成，入守则固，出诛则强。故唯昔三代圣王尧、舜、禹、汤、文、武之所以王天下、正诸侯者，此亦其法已。②

贤才具有治理国家的特殊能力，主要包括三点：一是政治方面，能够使国家治而刑法正；二是理财方面，表现在合理的调整、管理国家税收上，以充实国家财政；三是治理农事方面，使人民衣食丰足。贤人做到这三点，即可使一个国家政治清明、经济繁荣。在这种条件下，使得国家有财力进行祭祀，以邀天鬼之福；与四邻交接，以和谐万邦；还可以养万民，怀贤人，从

---

① 《墨子·尚贤上》。

② 《墨子·尚贤中》。

而实现天下治的政治目的。

其次，从尚贤这一举措本身言，它作为一种奖惩机制可以使天下之人皆以贤能为自己的追求目标：

> 今若有一诸侯于此，为政其国家也，曰："凡我国能射御之士，我将赏贵之。不能射御之士，我将罪贱之。"问于若国之士，孰喜孰惧？我以为必能射御之士喜，不能射御之士惧。我赏因而诱之矣，曰："凡我国之忠信之士，我将赏贵之。不忠信之士，我将罪贱之。"问于若国之士，孰喜孰惧？我以为必忠信之士喜，不忠不信之士惧。今惟毋以尚贤为政其国家百姓，使国为善者劝，为暴者沮。大以为政于天下，使天下之为善者劝，为暴者沮。然昔吾所以贵尧、舜、禹、汤、文、武之道者，何故以哉？以其唯毋临众发政而治民，使天下之为善者可而劝也，为暴者可而沮也。然则此尚贤者也，与尧、舜、禹、汤、文、武之道同矣。①

尚贤是一种奖惩机制，使贤能者得赏而不贤者得罚。墨子理想地认为，在这个机制的刺激下，人人能趋向贤能。他说：

> 是故古者圣王之为政，言曰："不义不富，不义不贵，不义不亲，不义不近。"是以国之富贵人闻之，皆退而谋曰："始我所恃者，富贵也。今上举义不辟贫贱，然则我不可不为义。"亲者闻之，亦退而谋曰："始我所恃者，亲也。今上举义不辟疏，然则我不可不为义。"近者闻之，亦退而谋曰："始我所恃者，近也，今上举义不辟远，然则我不可不为义。"远者闻之，亦退而谋曰："我始以远为无恃，今上举义不辟远，然则我不可不为义。"逮至远鄙郊外之臣、门庭庶子、国中之众、四鄙之萌人闻之，皆竞为义。是其故何也？曰：上之所以使下者，一物也。下之所以事上者，一术也。譬之富者，有高墙深宫。墙立既，谨上为凿一门，有盗人入，阖其自入而求之，盗其无自出。是其故何

---

① 《墨子·尚贤下》。

也？则上得要也。①

这里墨子举了一个十分形象的比喻，譬如深墙大院，仅有一门出入，盗入其中，如果关闭此门，则盗将无门而出，只得束手就擒。治国亦是如此，在墨子看来，如果得其要领，则可使天下治。他认为，"上之所以使下者，一物也。下之所以事上者，一术也"。因此，如果坚持"不义不富，不义不贵，不义不亲，不义不近"的标准，人们基于求富、求贵的心理，自然会尚贤而向义，如此则可以实现天下大治的政治目的。

尚贤对治理国家如此重要，统治者却不能实施，在墨子看来是因为他们"明于小而不明于大"：

> 而今天下之士君子，居处言语皆尚贤，逮至其临众发政而治民，莫知尚贤而使能。我以此知天下之士君子，明于小，而不明于大也。何以知其然乎？今王公大人有一牛羊之财，不能杀，必索良宰。有一衣裳之财，不能制，必索良工。当王公大人之于此也，虽有骨肉之亲、无故富贵、面目美好者，实知其不能也，不使之也。是何故？恐其败财也。当王公大人之于此也，则不失尚贤而使能。王公大人有一罢马不能治，必索良医。有一危弓不能张，必索良工。当王公大人之于此也，虽有骨肉之亲、无故富贵、面目美好者，实知其不能也，必不使。是何故？恐其败财也。当王公大人之于此也，则不失尚贤而使能。逮至其国家则不然，王公大人骨肉之亲、无故富贵、面目美好者，则举之。则王公大人之亲其国家也，不若亲其一危弓、罢马、衣裳、牛羊之财与！我以此知天下之士君子，皆明于小，而不明于大也。此譬犹瘖者而使为行人，聋者而使为乐师。②

墨子认为，按照日常经验，制衣裳必借良工，杀牛羊必借良宰，这是大家所遵守的常识。以此类推，制国则必靠贤才。然而实际上，王公大人偏偏

---

① 《墨子·尚贤上》。
② 《墨子·尚贤下》。

做不到这一点，故墨子认为他们"明于小而不明于大"。不能做到的原因在于，"王公大人骨肉之亲、无故富贵、面目美好者，则举之"，即以这些标准代替贤才的标准。在墨子看来，如果王公大人能够转变这个观念，树立尚贤的决心，便能够真正有尚贤的行为。

仅有观念和决心还是不够，还必须给予贤才实实在在的好处，即必置"三本"：

> 既曰若法，未知所以行之术，则事犹若未成，是以必为置三本。何谓三本？曰：爵位不高则民不敬也，蓄禄不厚则民不信也，政令不断则民不畏也。故古圣王高予之爵，重予之禄，任之以事，断予之令。夫岂为其臣赐哉？欲其事之成也。①

所谓"三本"即是爵位、俸禄和发布政令的权力，这是贤才治理天下的必要条件。爵位高是为了使民敬，俸禄厚是为了使民信，政令断是为了使民畏。贤才只有具备了这些条件，才具备了治理天下的外在资格。《中庸》："王天下有三重焉，其寡过矣乎！上焉者，虽善无征，无征不信，不信民弗从。下焉者，虽善不尊，不尊不信，不信民弗从。"在治理天下时，强调征验和尊位，在这一点上《中庸》与墨子的观点大同小异。

另外，"三本"不仅仅是贤才治理天下的必要条件，还是保证贤才归附的条件：

> 今王公大人亦欲效人以尚贤使能为政，高予之爵，而禄不从也。夫高爵而无禄，民不信也。曰："此非中实爱我也，假藉而用我也。"夫假藉之民，将岂能亲其上哉？故先王言曰："贪于政者，不能分人以事；厚于货者，不能分人以禄。"事则不与，禄则不分，请问：天下之贤人将何自至乎王公大人之侧哉？②

---

① 《墨子·尚贤中》。
② 《墨子·尚贤中》。

分人以事，重予之禄，才能使贤才心悦诚服地归顺。这是聚贤的重要手段。

实际上，在墨子看来，贤才包括两方面的条件：一是德行，二是出众的能力，即"厚乎德行、辩乎言谈、博乎道术"①。以注重德行而论，墨子的贤才观与儒家是相似的。但值得说明的是，墨子所谓的德行是建立在诱导和欲望的推动上，因而这样的德行仅仅是工具意义的，自身并不是目的。这又是和儒家的不同之处，亦是墨子功利主义的一种表现。

在宗法封建制下，作为最高统治地位的天子由嫡长子担任，据王国维说是为了息争而不是选贤。儒墨都注重尚贤，那么他们对于最高统治者的选拔方式是什么态度呢？孔子主张正名：

> 齐景公问政于孔子。孔子对曰："君君，臣臣，父父，子子。②"

这固然涉及一般生活中的价值标准，亦特别涉及政治生活的原则，但对于政权的转移问题，并未讨论。譬如"君不君"时，是否应该置换君王，孔子未予回答。孟子则具体讨论了这个问题，《孟子·万章上》：

> 万章曰："尧以天下与舜，有诸？"孟子曰："否。天子不能以天下与人。""然则舜有天下也，孰与之？"曰："天与之。""天与之者，谆谆然命之乎？"曰："否。天不言，以行与事示之而已矣。"曰："以行与事示之者，如之何？"曰："天子能荐人于天，不能使天与之天下，诸侯能荐人于天子，不能使天子与之诸侯；大夫能荐人于诸侯，不能使诸侯与之大夫。昔者尧荐舜于天而天受之，暴之于民而民受之。故曰：天不言，以行与事示之而已矣。"曰："敢问：荐之于天而天受之，暴之于民而民受之，如何？"曰："使之主祭而百神享之，是天受之，使之主事而事治，百姓安之，是民受之也。天与之，人与之。故曰：天子不能以天下与人。舜相尧二十有八载，非人之所能为也，天也。尧崩，

---

① 《墨子·尚贤上》。
② 《论语·颜渊》。

三年之丧毕，舜避尧之子於南河之南。天子诸侯朝觐者，不之尧之子而之舜，讼狱者，不之尧之子而之舜；讴歌者，不讴歌尧之子而讴歌舜。故曰：天也。夫然后之中国践天子位焉。而居尧之官，逼尧之子：是篡也，非天与也。《泰誓》曰：'天视自我民视，天听自我民听。'此之谓也。"

孟子认为，舜继承的天子之位，并不是尧给予的，而是天给予的。不过天并不是以人格化的形式直接给予，而是以行事来暗示。具体来讲就是，上一任天子所推荐的天子候选人，如果能够"暴之于民而民受之"，则意味着天以此人为天子。孟子在这里实际上把天置换为民，"天视自我民视，天听自我民听"，人心所向即是天心所在。把民和天相联系是传统影响的结果。自殷商以来，天命观念一直很流行。它主要和政权的转移相关，即是说它决定政权的更替。孟子创造性地将原始的天命诠释为民意，这是其民本思想的一个具体体现。

天子由谁来任命？对于墨子也是一个问题。《尚同》三篇关于天子任命的内容分别为：

> 夫明虖天下之所以乱者，生于无政长，是故选天下之贤可者，立以为天子。①
>
> 明乎民之无正长，以一同天下之义，而天下乱也，是故选择天下贤良、圣知、辩慧之人，立以为天子，使从事乎一同天下之义。②

"是故天下之欲同一天下之义也"，"是故选择贤者，立为天子"，这些话语皆无主词，故难以确定由谁来选拔天子。方授楚先生认为："选择天子者谁耶？此于选择上无主词，颇为暧昧，《墨子·尚贤下》则曰：'是故天之欲一同天下之义也，是故选择贤者立为天子。'则选择者为天，乃王权神（天）授说也。故天子须对天负责任。"③ 这就是说由"天"来选择"天

① 《墨子·尚同上》。
② 《墨子·尚同中》。
③ 方授楚：《墨学源流》，中华书局 1989 年版，第 84—85 页。

子"。这个推断是有根据的。在天子及各级正长这个组织中，其职务皆由上一级所任命。按照这个逻辑，则天子应由天任命。然而如果选天子者为"天"，则与《墨子·经上》之"君，臣萌通约也"相矛盾。因为这句话的意思是：天子、国君是由臣民共同约定而产生的。如何看待这个矛盾呢？

墨子重视天的观念，相信有一个人格性的天存在。因此他认为，作为最高存在者的天应该决定天子的废立。墨子赋予天种种意志、人格，实际上是人情的反映。以天选举天子，其实是由人来决定。我们看这样一则材料：

> 然则富贵为贤以得其赏者，谁也？曰：若昔者三代圣王尧、舜、禹、汤、文、武者是也。所以得其赏，何也？曰：其为政乎天下也，兼而爱之，从而利之，又率天下之万民，以尚尊天事鬼、爱利万民。是故天鬼赏之，立为天子，以为民父母，万民从而誉之曰圣王，至今不已。[1]

这段话直接说明天子之位由天鬼所决定。不过我们可以看到，天鬼决定天子之位是有条件的，"其为政乎天下也，兼而爱之，从而利之，又率天下之万民，以尚尊天事鬼、爱利万民"。如果能够实现这些条件，则"天鬼赏之，立为天子"，"万民从而誉之曰圣王"。天鬼决定天子的观念实际上落实在了万民的行动上。再看另一则材料：

> 古者舜耕历山，陶河濒，渔雷泽。尧得之服泽之阳，举以为天子，与接天下之政，治天下之民。[2]

这是说，舜作为天子是由上一位天子举荐的。结合上面的分析，天对天子之位的决定被两个步骤所置换：一、天子候选人由上一任天子推举；二、万民评价其是否合格，从而最终决定是否可以践天子之位。这就使天或天鬼实际上被抽空了。这和孟子的思路几乎完全一致，只不过孟子的表达更为系

---

① 《墨子·尚贤中》。
② 《墨子·尚贤中》。

统、清晰而已。

综上，儒墨两家在贤才观上基本一致，都是出于对宗法封建制度的反动而倡导尚贤。即使对于最高统治者，两家亦本着民本的思想而主张由贤人担任。

四、"和"、"同"之辨

墨子试图建立一套从天子、三公到各级正长的系统的政治组织形式，目的就是达到"下同于上"，这是"尚同"说的实质。与墨家"同"的政治理念相比，儒家强调的是"和"。在这一点上，一方面反映出儒墨两家哲学思维的不同，一方面亦暗示了两家不同的政治走向。

"和"的观念起源甚早。《尚书·尧典》：

> 八音克谐，无相夺伦，神人以和。

《尚书·君陈》：

> 宽而有制，从容以和。

这里的"和"指"和谐"、"融合"之意。把"和"与"同"作为一对哲学范畴放在一起讨论，始于春秋。《国语·郑语》记史伯之言曰：

> 夫和实生物，同则不继。以他平他谓之和，故能丰长而物归之。若以同裨同，尽乃弃矣。故先王以土与金木水火杂以成百物。是以和五味以调口，刚四支以卫体，和六律以聪耳，正七体以役心，平八索以成人，建九纪以立纯德，合十数以训百体……于是乎先王聘后于异姓，求财于有方，择臣取谏工，而讲以多物，务和同也。声一无听，无一无文，味一无果，物一不讲。

这是有关"和"、"同"思想的系统论述。张岱年先生认为："史伯提出的'和'的界说是:'以他平他谓之和',即不同事物相互聚合而得其平衡。不同事物聚合而得其平衡,故能产生新事物,故云'和实生物';如果只是相同事物重复相加,那就还是原来事物,不可能产生新事物。故云'同则不继'。"[①] 实际上,这里还蕴涵有更深刻的含义。所谓"和",即是此物在保持自身的同时而与他物形成某种平衡;所谓"同",即是一物丧失自身而与他物完全融合。换句话说,所谓"和",即是自身存在之外亦肯定他者存在的合理性,反之亦如是;所谓"同",即是一物存在的合理性依赖于他物,它们之间是一种不均衡的依附关系。

较早明确把"和"、"同"思想引入政治伦理领域上来讨论的是孔子。《论语·子路》:

> 君子和而不同,小人同而不和。

将"和"、"同"作为人与人之间的交往原则。《学而》:

> 有子曰:礼之用,和为贵。先王之道斯为美。小大由之,有所不行。知和而和,不以礼节之,亦不可行也。

"和"是礼的施行原则。在先秦儒家典籍中,《易传》和《中庸》分别赋予"和"以形而上学的意味。《乾卦·彖传》:

> 大哉乾元,万物资始,乃统天。云行雨施,品物流形。大明始终,六位时成,时乘六龙以御天。乾道变化,各正性命,保合太和,乃利贞。

乾元为万物所资以始者,统摄万物而为之主。天为万物总称,统天乃是统万物。乾元既统万物,则天地之间,"云行雨施,品物流行",无不是乾

---

① 张岱年:《中国古典哲学概念范畴要论》,中国社会科学出版社2000年版,第57页。

元所创造、所鼓舞。表现于万物，则物物各得其性。关于"保合太和"，牟宗三先生认为需与"各正性命"放在一起解释："'各正性命'是就各物自身说，犹'万国各得其所而咸宁'是就各国自己说；'保合太和'是就得性命之正之各物之间说，犹太和大同是就皆得其所之各国之间说。"① 乾元鼓舞下的万物各得其所、各得其性，则为太和。《中庸》：

> 喜怒哀乐之未发谓之中，发而皆中节谓之和。中也者，天下之大本也；和也者，天下之达道也。致中和，天地位焉，万物育焉。

《中庸》从人之情出发，先预设一个"喜怒哀乐之未发"的"中"的境界，然后把"发而皆中节"谓之"和"，表示情感的合理、合度。《中庸》进一步认为，人情感中和的极致可上通于天地的化育。换句话说，在主体中和的视界下，"万物并育而不相害，道并行而不相悖"，一切各安其位，本自如如。由此可知，儒家对"和"的理解亦包含"自身存在之外亦肯定他者存在的合理性"的"和"的本质意义。从政治领域看，这样一种思路蕴涵着民主的萌芽，因为自身既然承认他者的合理性，必然和他者在共同的生存境域下达成某种一致性。

墨子倡"尚同"，"下同于上"是"尚同"的内在精神。《尚同中》云：

> 天子，诸侯之君，民之正长，既已定矣，天子为发政施教曰："凡闻见善者，必以告其上。闻见不善者，亦必以告其上。上之所是，必亦是之。上之所非，必亦非之。已有善，傍荐之。上有过，规谏之。尚同义其上，而毋有下比之心。上得则赏之，万民闻则誉之。意若闻见善，不以告其上。闻见不善，亦不以告其上。上之所是不能是，上之所非不能非。已有善，不能傍荐之。上有过，不能规谏之。下比而非其上者，上得则诛罚之。万民闻则非毁之。"

墨子认为，在这样一个层层上同的组织中，一、闻见善不善，必以告其

---

① 牟宗三：《才性与玄理》，广西师范大学出版社 2006 年版，第 91 页。

上；二、必须以上之所是为是，以上之所非为非；三、傍荐己善，规谏上过。这几点规定，是要天下万民尚同于其上。有了这个细密而完整的尚同的组织机构，加之这些规定，只要天子操赏罚大权，掌握天下各级正长，就可以发挥很大的政治功效，从而实现天下治。

在尚同的组织机构中，要求各级人们层层尚同于天子，但这并不意味着尚同的完结，天子还须顺从于天：

> 天子又总天下之义，以尚同于天。①

这样，由最低级的统治者，到天子、天，形成了完整的尚同体系。不过，天子之下的尚同都在可知的经验范围内，而天子尚同于天则进入了超验的领域，这之间如何沟通呢？墨子认为，主要有两条途径：

> 故古者圣王，明天鬼之所欲，而避天鬼之所憎，以求兴天下之利，除天下之害；是以率天下之万民，斋戒沐浴，洁为酒醴粢盛，以祭祀天鬼。其事鬼神也，酒醴粢盛不敢不蠲洁，牺牲不敢不腯肥，圭璧币帛不敢不中度量，春秋祭祀不敢失时几，听狱不敢不中，分财不敢不均，居处不敢怠慢。曰：其为正长若此。是故上者，天鬼有厚乎其为政长也，下者，万民有便利乎其为政长也。天鬼之所深厚而能强从事焉，则天鬼之福可得也。万民之所便利而能强从事焉，则万民之亲可得也。其为政若此。是以谋事得、举事成、入守固、出诛胜者，何故之以也？曰：唯以尚同为政者也。故古者圣王之为政若此。②

一、设定天欲恶的内容，以己之行事对其进行参赞，"明天鬼之所欲，而避天鬼之所憎，以求兴天下之利，除天下之害"；二、以具体的祭祀行为表达对天鬼的尊重，"是以率天下之万民，斋戒沐浴，洁为酒醴粢盛，以祭祀天鬼"。如果能够做到以上两点，则天将赐之福，"天鬼之所深厚而能强

---

① 《墨子·尚同下》。
② 《墨子·尚同中》。

从事焉，则天鬼之福可得也"；否则，天将降祸：

> 夫既尚同乎天子，而未上同乎天者，则天菑将犹未止也。故当若天降寒热不节，雪霜雨露不时，五谷不孰，六畜不遂，疾菑戾疫，飘风苦雨，荐臻而至者，此天之降罚也，将以罚下人之不尚同乎天者也。①

需要说明的是，就整个尚同体系来说，这自下而上的层层尚同，自然含有上下交通之意。天通过天子，再由天子通过各级正长，而为万民制定标准，这是自上往下。天下万民通过各级正长与天子而上同于天，这是自下往上。天下万民尚同于天不是直接的，而是要通过天子这一中介。天下万民既不能越过天子而直接尚同于天，则实际上是以天子的价值标准作为自身的标准，如此则天子的集权是不可避免的。这是"同"这一理念本身所导致的必然结果。由此我们可以看出，儒墨两家在这一点上是截然异趣的。

总之，西周建立的宗法封建制度虽然是一套系统的、完整的统治体制，但是在人员的选拔上则是以"亲亲"而实现"尊尊"。这是一套按照血缘亲疏选拔人才的凝固体系，与选贤与能的理念是相悖的。在宗法封建制度面临崩溃的情况下，儒墨两家在政治组织方面表达了各自的态度。儒家对于制度构建没有太大的兴趣，而墨家相反，积极、自觉地进行制度建构，试图建立一套上下相通的政治组织形式。虽然墨家的这套政治组织形式和周代的制度在形式上相似，但是在人员的选拔上，墨家彻底抛弃了周代的规定，完全以"尚贤"标准，即使在最高统治者天子的选拔上亦是如此。关于这一方面，儒家亦是如此，共同表达了"尚贤"的态度。在政治制度的动态运作中，儒家的理念是"和"，而墨家的理念是"同"，代表了两种不同的思维特征以及政治走向。

---

① 《墨子·尚同中》。

第八章　征伐与非攻

历来言墨子思想，多以兼爱非攻连属，且以非攻为兼爱的附属与延伸。此固然有理，然而这种诠释模式不足以显示非攻的特殊地位，亦不足以揭示非攻所触及的思想深度。"非攻"自字面上理解即反对战争，但实际上并非拒绝所有的战争。如冯友兰先生说："墨翟反对兼并战争，但他不是简单的和平主义者；他只主张非攻，而不主张非战。他反对攻，却讲究守。他不主张'去兵'，而主张备兵，主张备兵自守。……墨翟一般地反对进攻，主张自卫。"[①] 非攻显示了墨子对待战争这一人类最高冲突的态度，对其进行独立研究是有必要的。

战争作为历史现象在历史的每一阶段都有所表现，不同时代的人对此都有所感受和评价。一方面，每一主体都是历史的产物，以往的观念或多或少地以各种方式影响主体当下的判断；另一方面，不同主体因其所据角度的不同，又有可能造成对同一事件价值判断的不同。因此，对于非攻的讨论，既要从纵的方面弄清西周以来的战争观念对其的影响，又要从横的方面将其与同时代的其他学派的观点进行比较，在此大背景下理清非攻思想的轮廓并揭示其中所蕴涵的价值标准，以此作为墨子战争观的哲学意蕴。

我们认为，三代天命战争观背后有着民本的意义，即战争价值判断标准在于民意。儒家从根本上反对战争，孔子认为只有是出自最高统治者且为了

---

① 冯友兰：《中国哲学史新编》第一册，人民出版社 1995 年版，第 219 页。

维护社会秩序的战争才是合理的，这被孔子称作征伐自天子出；孟子走得更远，直接将战争的发动原因归为民意，既是对孔子征伐的战争观的发展，亦是对上古以来天命战争观中所蕴涵的民本思想的遥承。墨子非攻，其反对战争的态度最为明显。在非攻之外，墨子还提出了"诛"的战争理念，赋予这种战争以合理性。下面我们具体分析。

一、上古战争观溯源

程远先生认为："战争观作为观念文化的一个组成部分，直接受思想文化发展阶段的制约。在殷、周时期，人的一切作为，无不与天命密切相关。作为'国之大事'的战争自然也逃脱不了天命观的束缚。天命是发动战争的依据，制导着战争的进程，安排着战争的结局。天命战争观盛行于三代，春秋时渐趋衰落。"① 这个论断是有道理的。据《史记·夏本纪》记载，禹崩，传位于益，但天下不服益而拥戴禹子启。"于是启遂即天子之位，是为夏后帝启。……有扈氏不服，启伐之，大战于甘。"这场战斗意义非凡，它背后所牵涉的是禅让制和世袭制的争斗。战前，启作《甘誓》：

> 王曰："嗟！六事之人，予誓告汝：有扈氏威侮五行，怠弃三正，天用剿绝其命，今予惟恭行天之罚。……用命，赏于祖；弗用命，戮于社，予则孥戮汝。"

"剿绝其命"是"天"的意志，这场战争只不过是替"天"行事而已，"天"赋予其合理性。《尚书·汤誓》记载，商汤在灭夏时反复申明，"有夏多罪，天命殛之"，并且说，"非台小子，敢行称乱"，"夏氏有罪，予畏上帝，不敢不正"，"尔尚辅予一人，致天之罚"。意思是说，夏桀罪大恶极，上天命令我进行讨伐，不是我胆敢犯上作乱，实在是夏桀有罪，我畏惧上帝，不敢不去征伐。希望你们辅助我，完成上帝对夏桀的惩罚。武王伐商时，会师孟津，作《泰誓》以告全军：

---

① 程远：《先秦战争观研究》第一章"天命战争观"，西北大学博士学位论文，2005年。

今商王受，弗敬上天，降灾下民。沈湎冒色，敢行暴虐，罪人以族，官人以世，惟宫室、台榭、陂池、侈服，以残害于尔万姓。焚炙忠良，刳剔孕妇。皇天震怒，命我文考，肃将天威，大勋未集。肆予小子发，以尔友邦冢君，观政于商。……商罪贯盈，天命诛之。予弗顺天，厥罪惟钧。

这里历数商王的种种罪行，并宣称这些行为使得"皇天震怒"。"天"曾经"命我文考，肃将天威"，可惜，文王早逝，"大勋未集"。现在只好由我来"恭行天罚"了。退一步言，我若不顺应上帝，则我的罪行就和商王一样，"予弗顺天，厥罪惟钧"。由此可见，战争的最终依据是"天"，即"天意"决定一场战争是否合理。

然而"天"作为一个超验者，它的内容注定是空洞的，以"天"作为战争合理性的根据有待进一步落实。根据《尚书》记载，当时已经出现了以"民意"落实"天意"的思想。《虞书·皋陶谟》：

天聪明，自我民聪明；天明畏，自我民明威。

《周书·泰誓》：

天视自我民视，天听自我民听。[①]

"天意"通过"民意"来表现，即以民为天的落实；以天为战争的价值标准，即隐含着以民为价值标准的可能性。

这种思潮在春秋时期的战争中得以显现，即以民意作为兴兵作战的首要条件。《左传·昭公十三年》载吴灭州来，楚令尹子期请伐吴。王弗许，曰：

吾未抚民人，未事鬼神，未修守备，未定国家，而用民力，败不可

---

① 此见孟子所引。今本《泰誓》虽为伪书，但此语孟子尝见到，可以证明当时经中应有此语。

悔。州来在吴，犹在楚也。子姑待之。

楚王不答应伐吴的第一个原因就是"吾未抚民人"。丕郑之子丕豹出奔秦国后，请求秦出兵伐晋，理由是"晋侯背大主而忌小怨，民弗与也"①。一心争霸的秦晋等大国，亦把争取民心看做是成就霸业的战争发起和胜利的前提。《左传·僖公二十七年》：

> 晋侯始入而教其民，二年，欲用之。子犯曰："民未知义，未安其居。"于是乎出定襄王，入务利民，民怀生矣，将用之。子犯曰："民未知信，未宣其用。"于是乎伐原以示之信。民易资者不求丰焉，明征其辞。公曰："可矣乎？"子犯曰："民未知礼，未生其共。"于是乎大蒐以示之礼，作执秩以正其官，民听不惑而后用之。出谷戍，释宋围，一战而伯，文之教也。

文公取得政权之初，"入务利民"，从而使"民怀生矣"。在此基础上又教民，使民知义、知信、知礼。正因为晋文公"抚民"、"教民"，获得了民众支持，所以，才会取得一战而霸的成就。从表面看，这是利用人民来为战争的胜利做保障。但实际上，这种利用已经预设了民意为战争合理性的根据。由此可知，春秋时期，人们已经初步达成共识：战争价值判断标准在于民意。这种思潮在儒家那里得到了极大的发挥。

二、征伐——儒家的战争观

仁是孔子思想的核心，虽然仁这个概念本身十分难以把握，但"爱人"不能说不是其表现之一：

> 樊迟问仁。子曰："爱人。"②

---

① 《左传·僖公十年》。
② 《论语·颜渊》。

"爱人"从最基本的层面讲就是爱护人的生命。《论语·乡党》载：

> 厩焚。子退朝，曰："伤人乎？"不问马。

这是孔子爱护人的生命的例证。战争无疑牵涉到对人生命的伤害，与"爱人"的精神是相悖的，从这个角度看，反对战争或者说反对战争中无辜的杀伤是孔子的基本态度。

> 子贡问政。子曰："足食，足兵，民信之矣。"子贡曰："必不得已而去，于斯三者何先？"曰："去兵。"①

孔子认为，"足食"、"足兵"和"民信"是为政的三件大事，而三者中又有主次之分。在这三者中若要去掉一个，孔子毫不犹豫地主张"去兵"。其对战争暴力的不认同态度于此可见。卫灵公问阵，孔子说：

> 俎豆之事，则尝闻之矣，军旅之事，未之学也。②

孔子认为，解决矛盾冲突并非唯有战争一种手段，还有比战争更好更有效的途径。在孔子的心目中，最好的方式当然是完全不用暴力的"仁化"。卫灵公不问仁而问戎，不求本而求末，所以孔子不愿回答。

反对战争或者说反对杀伤，并不等于孔子无视现实战争的威胁。《史记·孔子世家》载：

> 定公十年春，及齐平。夏，齐大夫黎言于景公曰："鲁用孔丘，其势危齐。"乃使使告鲁为好会，会于夹谷。鲁定公且以乘车好往。孔子摄相事，曰："臣闻有文事者必有武备，有武事者必有文备。古者诸侯出疆，必具官以从。请具左右司马。"定公曰："诺。"

---

① 《论语·颜渊》。
② 《论语·卫灵公》。

这是孔子以"武备"保障自己国家权益的一个例子，说明孔子并不是因为厌恶战争就逃避战争。孔子生活在一个礼崩乐坏的时代，旧有的秩序将被打破，而新的秩序尚未建立。孔子希望全社会都能在一种等级分明而又和谐的社会秩序中，各守与自己名分相应的礼义规则，不得僭越，各得其所。基于这个理由，孔子认为，战争并非不能进行，关键是战争的发动权必须掌握在最高统治者手中。孔子曰：

> 天下有道，则礼乐征伐自天子出；天下无道，则礼乐征伐自诸侯出。①

孔子的理想是，天子为共主而各阶层各安其位。天子所发动的战争，是为了保证秩序的正常运转，这即是征伐，征伐是被允许的。如果战争不是出自天子，则意味着对秩序的破坏，孔子对这样的战争是反对的。总之，基于爱人的理念，孔子基本上否定战争。不得已而发动战争，孔子认为必须由最高统治者发动，以对秩序的维护为目的，这即是自天子出的征伐。

从哲学思想上看，孟子和孔子一脉相承并有所发展；在战争观上，孟子继承了孔子的征伐战争观亦有所发展。在孟子看来，重视人的生命是最基本的政治标准，任何人都不应轻易剥夺他人的生命，这与孔子的观点是一致的。《孟子·梁惠王上》记载：

> 孟子见梁襄王。出，语人曰："望之不似人君，就之而不见所畏焉。卒然问曰：天下恶乎定？吾对曰：定于一。孰能一之？对曰：不嗜杀人者能一之。孰能与之？对曰：天下莫不与也。"

从孔子到孟子，社会环境发生了巨大的变化。孔子之时，周王朝虽然已衰落不堪，但其天下共主的名义尚存，孔子企图恢复周天子的权威，是有一定的社会基础的。孟子生活在战国中期，群雄争逐，恢复周王朝的权威已不可能，天下重新统一已成大势所趋。当时的中心议题已不是怎样恢复周王朝

---

① 《论语·季氏》。

的权威，而是以什么方式走向统一。孟子认为，"不嗜杀人者能一之"，把对人生命的重视提高到决定统一天下的地位。孟子认为，一般的战争，目的在于拓疆兼并，常常是"争地以战，杀人盈野；争城以战，杀人盈城"。对此孟子愤然曰："此所谓率土地而食人肉，罪不容于死。故善战者服上刑，连诸侯者次之，辟草莱、任土地者次之。"① 故孟子对当时一般的战争持反对态度，这与孔子也是相似的。

然而孟子也不是对战争一概反对。他认为发动战争需要两个条件：一，战争的对象暴虐无道；二，发动战争者是所谓的"王师"、"天吏"。《孟子·梁惠王章句下》载：

> 齐人伐燕，胜之。宣王问曰："或谓寡人勿取，或谓寡人取之。以万乘之国伐万乘之国，五旬而举之，人力不至于此。不取，必有天殃。取之，何如？"孟子对曰："取之而燕民悦，则取之。古之人有行之者，武王是也。取之而燕民不悦，则勿取。古之人有行之者，文王是也。以万乘之国伐万乘之国，箪食壶浆，以迎王师。岂有他哉？避水火也。"

齐宣王陶醉于这么短的时间战胜了一个实力相当强的国家，认为非人力所能为。孟子说，原因无他，主要在于"今燕虐其民，王往而征之。民以为将拯己于水火之中也，箪食壶浆，以迎王师"。燕国应该伐，但孟子并不认为齐国具备伐燕的资格。《孟子·公孙丑下》：

> 沈同以其私问曰："燕可伐与？"孟子曰："可。"……齐人伐燕。或曰："劝齐伐燕，有诸？"曰："未也。沈同问燕可伐与，吾应之曰可，彼然而伐之也。彼如曰：孰可以伐之？则将应之曰：为天吏，则可以伐之。今有杀人者，或问之曰：人可杀与？则将应之曰：可。彼如曰：孰可以杀之？则将应之曰：为士师，则可以杀之。今以燕伐燕，何为劝之哉？"

---

① 《孟子·离娄上》。

孟子认为燕可伐，是因为燕作出了许多悖理暴虐之事，但这不等于孟子认为齐国就可以征伐燕国。齐国亦是一个暴虐的团体，以齐国伐燕国就等于燕国自己伐自己。孟子认为，只有天吏才有这个征伐资格。关于天吏的条件，孟子是这样描述的：

> 尊贤使能，俊杰在位，则天下之士，皆悦而愿立于其朝矣。市廛而不征，法而不廛，则天下之商，皆悦而愿藏于其市矣。关讥而不征，则天下之旅，皆悦而愿出于其路矣。耕者助而不税，则天下之农，皆悦而愿耕于其野矣。廛无夫里之布，则天下之民，皆悦而愿为之氓矣。信能行此五者，则邻国之民，仰之若父母矣。率其子弟，攻其父母，自生民以来，未有能济者也。如此，则无敌于天下。无敌于天下者，天吏也。①

作为统治者，只有在政治上"尊贤使能"，在经济上薄税敛，使得天下归心，才有资格做天吏；只有天吏才有资格发动战争，天吏是民意的代表。这说明，在孟子看来，只有完全出于民意的战争才是合理的。

由此可知，出于对生命本身的重视，孔孟对一般的攻城略地的战争都持否定态度。如果说孔子赞成出自天子的征伐是出于对周礼秩序的维护，那么孟子赞成王者之师（天吏）对不仁者的征伐则摆脱了周礼的限制而完全落实在民心、民意上。具体说来，孔子以周礼为理论根据，认为尽管纣王暴虐无道，武王伐之并非善举：

> 子谓韶：尽美矣，又尽善也。谓武：尽美矣，未尽善也。②

孟子则不同，他完全从民心、民意出发，肯定汤武革命：

> 齐宣王问曰："汤放桀，武王伐纣，有诸？"孟子对曰："于传有

---

① 《孟子·公孙丑上》。
② 《论语·八佾》。

之。"曰："臣弑其君，可乎？"曰："贼仁者谓之贼，贼义者谓之残，残贼之人，谓之一夫。闻诛一夫纣矣，未闻弑君也。"①

孟子认为国家的主体是民众，谁拥有了民众谁就拥有了国家。因此，国君的具体所指是动态的、可变的。如果国君失去民心，与"一夫"无异，讨伐之，犹如惩罚一个普通小民，不存在合"礼"不合"礼"的问题。由此可见，从孔子那里由天子发动的征伐到孟子这里就发展成完全以民意为标准的征伐，这既是对孔子征伐的战争观的发展，亦是对上古以来天命战争观中所蕴涵的民本思想的遥承。

三、非攻——墨子的战争观

在对待战争的态度上，墨子提倡非攻。非攻，简言之，即否定攻伐之战。墨子否定攻伐战争主要基于两个理由：一、攻伐之战不义；二、攻伐之战不利。所谓义，在墨子看来，即是社会上一般的价值标准。不义即是违反了此价值标准，攻伐之战即是如此：

今有一人，入人园圃，窃其桃李，众闻则非之，上为政者得则罚之。此何也？以亏人自利也。至攘人犬豕鸡豚者，其不义，又甚入人园圃窃桃李。是何故也？以亏人愈多。苟亏人愈多，其不仁兹甚，罪益厚。至入人栏厩，取人马牛者，其不仁义又甚攘人犬豕鸡豚。此何故也？以其亏人愈多。苟亏人愈多，其不仁兹甚，罪益厚。至杀不辜人也，扡其衣裘、取戈剑者，其不义又甚入人栏厩、取人马牛。此何故也？以其亏人愈多。苟亏人愈多，其不仁兹甚矣，罪益厚。当此天下之君子皆知而非之，谓之不义。今至大为攻国，则弗知非，从而誉之，谓之义。此可谓知义与不义之别乎？②

---

① 《孟子·梁惠王下》。
② 《墨子·非攻上》。

墨子认为，夺人财产，亏人以自利，违背了一般的社会价值标准，应受到社会的谴责及相应的处罚，而且根据亏人以自利的行为大小，其不义的程度也相应变化。对比窃李攘豚这样的事，攻人之国更是不义之甚。这是对于财产而言，对于生命亦是如此：

> 杀一人，谓之不义，必有一死罪矣。若以此说往，杀十人，十重不义，必有十死罪矣。杀百人，百重不义，必有百死罪矣。当此天下之君子皆知而非之，谓之不义。今至大为不义攻国，则弗知而非，从而誉之，谓之义。情不知其不义也，故书其言以遗后世。若知其不义也，夫奚说书其不义，以遗后世哉？①

故知，墨子反对战争，是基于对生命、财产个人所有权的肯定。然而一般人却认识不到这一点，原因在于他们坚执亏人可以利己。从利己的角度出发，忽视对义这一价值标准的遵从。

基于此，墨子试图证明统治者认为有利于己的攻伐战争实际上是不利的：

> 子墨子言曰：古者王公大人为政于国家者，情欲毁誉之审，赏罚之当，刑政之不过失，故当攻战而不可为也。今师徒唯毋兴起，冬行恐寒，夏行恐暑，此不可以冬夏为者也。春则废民耕稼树艺，秋则废民获敛，此不可以春秋为者也。今唯毋废一时，则百姓饥寒冻馁而死者，不可胜数。今尝计军上，竹箭、羽旄。幄幕、甲、盾、拨，劫往而靡弊腑冷不反者，不可胜数。又与其矛、戟、戈、剑、乘车，其列住碎折靡弊而不反者，不可胜数。与其牛马，肥而往，瘠而反，往死亡而不反者，不可胜数。与其途道之修远，粮食辍绝而不继，百姓死者，不可胜数也。与其居处之不安，食饭之不时，饥饱之不节，百姓之道疾病而死者，不可胜数。丧师多不可胜数，丧师尽不可胜计，则是鬼神之丧其主

---

① 《墨子·非攻上》。

后，亦不可胜数。①

攻伐之战占用民时，耗散物资，杀伤人众，使攻战国受到很大的物质损失，因此必须加以反对。

不过，针对墨子这个观点，攻战国亦有反驳的理由，即战胜可以带来荣名，可以使领土扩展。墨子则认为问题不是这么简单：

> 国家发政，夺民之用，废民之利。若此甚众，然而何为为之？曰：我贪伐胜之名，及得之利，故为之，子墨子言曰：计其所自胜，无所可用也。计其所得，反不如所丧者之多。今攻三里之城、七里之郭，攻此不用锐，且无杀而徒得，此然也。杀人多必数于万，寡必数于千，然后三里之城、七里之郭且可得也。今万乘之国，虚数于千，不胜而入。广衍数于万，不胜而辟。然则土地者，所有余也；王民者，所不足也。今尽王民之死，严下上之患，以争虚城，则是弃所不足而重所有余也。为政若此，非国之务者也！②

也就是说，虽然攻伐之战可以带来荣名、领土等利益，但付出的代价也是同样巨大的。另外，就现实情况而论，实际是地有余而人不足，攻人之国而取其地、略其城，亦将无人驻守，所以攻战无利可得。

墨子这种反驳实际上是无力的，在现实中，确实有国家因攻战而得利。为驳斥这种看法，墨子又表达了他的观点：

> 饰攻战者言曰："南则荆、吴之王，北则齐、晋之君，始封于天下之时，其土地之方，未至有数百里也。人徒之众，未至有数十万人也。以攻战之故，土地之博，至有数千里。人徒之众，至有数百万人，故当攻战而不可为也。"子墨子言曰："虽四五国则得利焉，犹谓之非行道也。譬若医之药人之有病者然，今有医于此，和合其祝药之于天下之有

① 《墨子·非攻中》。
② 《墨子·非攻中》。

病者而药之。万人食此，若医四五人得利焉，犹谓之非行药也。故孝子不以食其亲，忠臣不以食其君。古者封国于天下，尚者以耳之所闻，近者以目之所见，以攻战亡者，不可胜数。何以知其然也？东方有莒之国者，其为国甚小，间于大国之间，不敬事于大，大国亦弗之从而爱利。是以东者越人夹削其壤地，西者齐人兼而有之。计莒之所以亡于齐、越之间者，以是攻战也。虽南者陈、蔡，其所以亡于吴、越之间者，亦以攻战。虽北者且不一著何，其所以亡于燕代、胡貊之间者，亦以攻战也。是故子墨子言曰：古者王公大人，情欲得而恶失，欲安而恶危，故当攻战而不可不非。"①

荆吴齐晋因战争得利的事实墨子亦不能否认。但墨子认为，攻战虽有利，但只对少数国家有利，而不能对所有国家有利。其实墨子在此置换了观念，即把一国一家乃至个人的具体之利转换为普遍性的天下之大利。这是墨子非攻的本质，同时在这个意义上亦实现了义利的统一。《非攻下》云：

> 天下之害厚矣！而王公大人乐而行之，则此乐灭天下之万民也。岂不悖哉！

王公大人乐攻伐之战，等于乐灭天下万民，故攻伐乃是不利于天下的大害。墨子为整个天下之利着想，故提倡非攻。

从整个《墨子》一书中，我们会发现墨子常常利用圣王作为权威，以证明其学说的合理性。但在非攻这一观点上恰恰因此而招致另一种疑问：既然非攻符合天下之大利，为什么圣王亦有战争？这使墨子陷入两难：如果承认圣王发动战争是合理的，则非攻的合理性将受到攻击；如果承认非攻的合理性，则圣王的权威不保。为解决这个矛盾，墨子提出了"诛"的概念，以区别于攻伐之战：

> 今逮夫好攻伐之君，又饰其说以非子墨子曰：以攻伐之为不义，非

---

① 《墨子·非攻中》。

利物与？昔者禹征有苗，汤伐桀，武王伐纣，此皆立为圣王，是何故也？子墨子曰：子未察吾言之类，未明其故者也。彼非所谓攻，谓诛也。昔者有三苗大乱，天命殛之，日妖宵出，雨血三朝，龙生于庙，犬哭乎市，夏冰，地坼及泉，五谷变化，民乃大振。高阳乃命玄宫，禹亲把天之瑞令，以征有苗。四电诱祗，有神人面鸟身，若瑾以侍，搤矢有苗之祥。苗师大乱，后乃遂几。禹既已克有三苗，焉磨为山川，别物上下，卿制大极，而神民不违，天下乃静，则此禹之所以征有苗也。逮至乎夏王桀，天有诰命，日月不时，寒暑杂至，五谷焦死，鬼呼国，鹤鸣十夕馀。天乃命汤于镳宫，用受夏之大命："夏德大乱，予既卒其命于天矣，往而诛之，必使汝堪之。"汤焉敢奉率其众，是以乡有夏之境，帝乃使阴暴毁有夏之城。少少，有神来告曰："夏德大乱，往攻之，予必使汝大堪之。予既受命于天，天命融隆火于夏之城间西北之隅。"汤奉桀众以克有，属诸侯于薄，荐章天命，通于四方，而天下诸侯莫敢不宾服，则此汤之所以诛桀也。逮至乎商王纣，天不序其德，祀用失时，兼夜中，十日雨土于薄，九鼎迁止，妇妖宵出，有鬼宵吟，有女为男，天雨肉，棘生乎国道，王兄自纵也。赤鸟衔珪，降周之岐社，曰："天命周文王伐殷有国。"泰颠来宾，河出绿图，地出乘黄。武王践功，梦见三神，曰："予既沈渍殷纣于酒德矣，往攻之，予必使汝大堪之。"武王乃攻狂夫，反商之周，天赐武王黄鸟之旗，王既已克殷，成帝之来，分主诸神，祀纣先王，通维四夷，而天下莫不宾焉。袭汤之绪，此即武王之所以诛纣也。若以此三圣王者观之，则非所谓攻也，所谓诛也。①

既然攻伐之战为不义，禹征有苗，汤伐桀，武王伐纣，皆是攻伐之事，为什么无碍于他们为圣王呢？因为他们所进行的战争是"诛"而不是"攻"。墨子提出"诛"以区别于攻伐之战的"攻"，"攻"不符合天下之义利，而"诛"却恰恰与此相反。那么"诛"的内涵是什么呢？禹征有苗，是因为三苗大乱，天命殛之，禹躬行天之罚。汤征夏桀，武王征纣，皆是如

① 《墨子·非攻下》。

此。故知"诛"即是行天之命的征伐。也就是说，有苗、夏桀、商纣皆是暴君，天启示禹、汤、武王加以诛灭。行诛之事虽出于三圣王，实际上却是天假其手以显示它的意志。天命赋予圣王发动战争的合理性，使其和一般的攻伐之战区别开来。这显然是对三代天命战争观的继承。由于"诛"的对象都是暴王，亦说明了这些战争是救民于水火的正义之战，这又使得墨子的这种战争思想有了民本的意义。

四、儒墨战争观比较

由以上分析我们可以看出，在否定一般意义的战争这一点上，儒墨两家表现出惊人的相似。不过这种相似背后亦有分歧：儒家反对战争，是出于对生命的珍惜，墨家亦是如此，但墨家还着重强调对财产的保护，这是区别于儒家的一个地方。除此之外，反对战争的形而上根据亦有差异。孔子因"爱人"而反对造成杀戮的战争，他认为"仁者爱人"，为"爱人"找到了"仁"这一根基。不管仁如何难以界定，它属于德性范畴是无可置疑的。因此，孔子反对战争实际上是建立在德性意义上的。墨家的非攻虽然亦有"义"这一标准，但"义"在很大程度上是和"利"结合在一起的，或者说在墨子那里是义利不分的。因此，非攻的功利主义特色是很强烈的。

但是儒墨都不是彻底地否定战争，都承认一些战争在某种意义上具有一定的合理性。孔子提出出自天子的征伐之战，孟子提出由天吏所发动的出自民意的征伐之战，以及墨子所提出的诛杀暴王的"诛"，都是他们所认可的战争。这些战争之所以被认可，主要在于它们都有民意的基础。但是墨子认为，"诛"这样的战争发动的征兆在于上天的启示，他利用一些灾异来解释这种启示，如"日妖宵出，雨血三朝，龙生于庙，犬哭乎市，夏冰，地坼及泉，五谷变化"，如"日月不时，寒暑杂至，五谷焦死，鬼呼国，鹤鸣十夕余"，如"妇妖宵出，有鬼宵吟，有女为男，天雨肉，棘生乎国道"等。和孔孟相比，这种思路使其民本思想减弱，同时增加了神秘主义的因素。

附录一：儒墨哲学之比较

——兼论中国文化未形成民主科学故

儒墨两家现象差异背后隐藏着深层次的思维差异。这两种相异的思维模式原是先秦哲人给中国人开辟的不同的心灵空间，原可以构成主体不同层面的生存境域。但从现实中看，先秦之后墨家迅速衰落下去，逐渐淡出了中国人的生活世界，作为一个死亡的标本尘封在了历史的记忆中。这是墨学本身的悲哀，是中华文化系统的一个缺失，更是服膺中华文化的主体的一个遗憾。从某种意义上讲，墨学的缺失使得中国人在心灵世界的养成、思维空间的开辟上显得不圆满，使得在文化的演进中因缺少真正异质因素的激荡、冲击而造成后劲不足，使得中华文化在近代如此窘迫地与西方文化对面。因此，对儒学兴盛、墨学消亡的历史进程的反思，对于关键时刻文化抉择的检讨，对失落的精神空间的重启，将是我们现在需要面临的任务。

一、儒墨的历史流变

孔子是儒家学派的创始人，儒学在孔子时代就有了很大的发展。相传孔子有弟子三千，其中身通六艺者就有七十余人，这在人口稀少，文化传播手段极其落后的先秦时代实属奇迹。孔子没后，儒家学派开始分化，到战国后期，韩非已有"儒分为八"之说。他说：

自孔子之死也，有子张之儒，有子思之儒，有颜氏之儒，有孟氏之儒，有漆雕氏之儒，有仲良氏之儒，有孙氏之儒，有乐正氏之儒。①

韩非的"儒分为八"之说，实际上概括了儒家自春秋以来到战国后期总的分化情况。这八派之中，有人是孔子的直传弟子，有人是孔子的再传弟子，有人则是孔子的三传乃至数传弟子。但从现有的文献及对现世的影响看，孔门大致可以分为三派：从曾子、子思到孟子是一派，另一派则是以《易传》为中心，第三派是以礼的传承为中心，荀子是其代表人物。② 儒学由统一走向分化，是学术发展的正常现象。这一现象正说明儒学有强大的生命力。

公元前 221 年，秦始皇用法家之术灭亡了六国，统一了天下。政治上的统一，相应地也要求思想上的统一，先秦时代百家争鸣的局面消失了。秦朝坚持"以法为教"、"以吏为师"的政策，对儒家、墨家等其他学派横加摧残。然而秦王朝受到历史的惩罚，仅立朝十二年，二世而亡。汉代秦而兴，汉高祖刘邦起自田间，最初对儒生、儒学极尽鄙夷、羞辱之能事。然而当陆贾告诉他可以马上得天下，但不能马上治天下时，他对儒学的态度就有了转变，儒学在汉初的命运也就好于秦朝。但在思想领域，萧何、曹参、陈平等人喜黄老，官方提倡黄老之术，黄老道家在汉初盛行一时。到汉武帝时，儒学的遭遇终于峰回路转，汉代大儒董仲舒向汉武帝提出了"罢黜百家，独尊儒术"的建议并为其采纳。儒学的历史命运发生了巨大的转折，即由民间的文化学派变为了官方的意识形态。

汉代儒学已由先秦时代思想体系的创造性建立转变为对原始典籍的解读、注释。由于解释者理解结果的不同，理解意图的不一，从而出现了今文经学和古文经学两个学派。古文经学注重名物训诂，今文经学注重微言大义。董仲舒是一位今文经学家，他利用阴阳五行理论，改造孔子的思想，系统地提出了"屈民以伸君，屈君以伸天"的思想，并以"天人感应"、"人副天数"为依据，来说明人与自然、人与社会的关系。今文经学在汉代演

---

① 《韩非子·显学》。
② 徐复观：《中国人性论史》，华东师范大学出版社 2005 年版，第 121—122 页。

变出谶纬之学，从而走向了神秘主义。而古文经学则日趋烦琐，发展到"幼童守一艺，皓首不能穷一经"的程度。儒学到东汉末年，内在的创造活力泯灭无存。

魏晋时代，玄学兴起，新道家出现。玄学在思想原创方面超越儒学，独领一代风骚。接着佛学乘玄学之风，在华夏大地迅速传播，儒学在此时不显精彩。隋唐时代，佛学风行天下，儒学虽保持着官方学说的地位，但除了《五经正义》之外，儒学几无成就。直到宋代以后，儒学才再度复兴。宋明时代占统治地位的是理学，可以说是先秦儒家的复兴。玄学的兴起，佛学的传入，给中国思想界注入了活力。经七八百年的发展，佛学终为儒学所消化。宋明理学就是以儒学为主体，进而吸收、消化佛学的结果。这样就确立了儒学在中国思想领域长达七八百年的统治地位。

周敦颐、程颢、程颐、张载、朱熹、陆九渊、王阳明是宋明儒学的主要代表。学术界一般将宋明儒学分为理学和心学两个系统，即程朱理学和陆王心学。① 宋明儒学以道德自觉为入路，进而探究先秦儒家的道德形而上学。宋明儒学将政治、伦理意义的统治秩序与宇宙秩序统一起来，将人道和天道统一起来，视道德秩序为宇宙的本真，将孔孟的仁义礼智提升到本体论的高度加以诠释，从而深化了儒家学说。不过，程朱理学从自在的理出发，认为性即理；而陆王心学则从主体意义的心出发，认为心即理。程朱理学强调"道问学"，而陆王心学则重视"尊德性"。但官方更欣赏程朱理学，所以在这个长期的过程中，程朱理学一直占统治地位。

明末清初，王夫之、顾炎武、黄宗羲、颜元、戴震等人从不同的层面反省宋明儒学的得失。王夫之从哲学的角度对宋明儒学乃至数千年的哲学进行总结。他提出"天下惟器"的思想，肯定了对象的实在性，为理找到了一个落实之处。就天理、人欲的关系而言，他指出，"人欲之大公，即天理之至正"。离开了人欲就没有天理，天理不过是人欲的理想实现。黄宗羲继承和发展了孟子"民贵君轻"的理论，提出了民为主、君为客的思想，并明确指出，"天下之治乱，不在一姓之兴亡，而在万民之忧乐"。顾炎武对亡

---

① 牟宗三先生将宋明儒学分为三系：程朱系、陆王系和胡（五峰）刘（蕺山）系。在他看来，胡刘系才是北宋儒学即周敦颐、张载、程颢之嫡传，而程（程颐）朱是"别子为宗"，同时他又指出，陆王系和胡刘系可合为一大系。

国和亡天下作了区分，他认为朝代之更迭是亡国，这并没有什么了不起，本民族文化的消亡才是亡天下。天下兴亡，匹夫有责。而颜元将程朱理学和孔孟之教对立起来，认为"去一分程朱，方见一分孔孟"，"程朱之道不息，周孔之道不著"。在颜元眼里，程朱理学不但不能代表孔孟真精神，反而是对其的背叛。戴震则严厉地批判程朱理学是以理杀人。

孔子所开创的儒学，经过了先秦的原始阶段，汉代的经学阶段，宋明儒学阶段，至明末清初始受到怀疑和批判。这种怀疑和批判尽管十分大胆和惊人，但它是站在儒家立场上的一种自我批评。它们并不想通过这种批评动摇儒学在中国的统治地位，而不过是想借助自我批判去恢复儒学的创造活力。随着满洲贵族入主中原，理学的地位反而得到进一步强化。儒学在中国两千多年的进程中，其创始人孔子一直作为中国文化的集大成者，以"至圣先师"的身份，以"文宣王"的政治地位，受到历代统治者的尊崇和知识分子的供奉，广大民众的精神皈依。孔子是圣人的代名词，是完美道德的体现者，他的思想和学说是判断是非善恶的标准。其学说的影响早已跨越国界，广被东亚、东南亚诸国接受。孔子成为世界性的思想导师，成为人格的型范。

不过，自1840年后，孔子及其儒学受到了西方文化的挑战，孔子的地位开始动摇。先是康有为以今文经学为形式，以西方的民主、平等、博爱思想为内容，通过重塑孔子的形象，力图促进儒学的近代化。与康有为同时的谭嗣同则猛烈地批判纲常名教。革命家章太炎明确指出，今日提倡民权，孔教断不可用。新文化运动的领袖们则响亮地喊出了"打到孔家店"的口号，使儒学遭受到了历史上从未有过的猛烈冲击和批判。陈独秀、胡适、吴虞、鲁迅是新文化运动的主将，也是反孔、反儒最有力的倡导者。他们认为儒学不适应现代生活，是社会进步的阻力，是人民愚昧的总根源，是国家落后的总根源；孔孟思想和民主精神、科学精神是根本对立的，只有彻底摧毁儒学，彻底打倒孔子，在中国才能实现民主与科学，才能真正实现现代化。儒学在新文化运动中由原来衡量是非善恶的标准，变成了人人诟病的对象。

在长达两千多年的专制社会中，时代的变更、王朝的更迭，兴衰成败，大江东去，淘尽多少英雄，然而孔子在这种千变万化之中，始终保持了精神导师的地位，其学说和思想为历代统治者所提倡。这与孔子的生前遭遇形成多么大的反差啊！这种殊荣对于孔子可以说是喜忧交杂。一方面，不少真正的学者，抱着"为往圣继绝学"的苦心悲愿，继承孔子的精神，发挥了孔子的思想和学说，使儒学由战火纷飞的春秋战国，一直走到今天，而且还会走向未来。另一方面，也有不少学者根据自身的需要，任意涂抹孔子的形象，歪曲孔子的学说，打着孔子的旗帜，去扼杀孔子的精神，以至于使孔子面目全非。还有一些口是心非的统治者，口头上以儒学治国，甚至说什么半部《论语》治天下，实际上是以孔子作为欺骗民众的工具。两千多年来，儒学独行天下，是儒学之幸事，唯其如此，孔子之名号，人人可得而假之，以行其私，这又是孔子及儒学的不幸。

墨学的命运与儒学恰成对反。当儒学昂首学坛，兴盛辉煌之时，正是墨学横遭贬抑之日；儒学命途多舛，横遭打击的近代，墨学反而呈露出复苏之机。但从整体上说，墨子和墨学不如孔子和儒学幸运。在长达两千多年的漫漫历史进程中，墨子不仅不是圣人，也不是贤者，甚至是"无父"、"无君"的代名词，墨学也就成了异端邪说的代名词，墨子饮恨含冤于千古长夜。虽有韩愈等二三学者出而为墨子鸣不平，但并没有改变人们的思想偏见。直到近代，西风东渐，墨子及其学说才受到学人的重视，由此也改变了墨子及其学说的历史命运。

墨学创始于墨子，兴盛于战国，衰落于秦汉。墨子没后，墨分为三。《韩非子·显学篇》曰：

> 自墨子之死也，有相里氏之墨，有相夫氏之墨，有邓陵氏之墨，……墨离为三。

"墨离为三"是韩非对战国后期墨家学派活动情况的说明。墨子弟子有禽滑釐、高石子、耕柱子、曹公子、胜绰等。相传禽滑釐事墨子三年，胼手胝足，面目黧黑，役身给使，不敢问欲。墨子十分感动，就在泰山之中，置酒切肉，拔茅而坐，款待这位高足。禽滑釐再三向墨子请教"守道"。当楚惠王请公输般制造好先进的攻城器具，准备攻打宋国时，墨子派禽滑釐率三百弟子，前往宋国，帮助宋国守城。可见禽滑釐精于守御之道，是墨子非攻主张的实践者。高石子曾仕于卫，卫君高予之爵、重予之禄，但不听高石子之言，高石子毅然辞去。墨子称赞他是"背禄向义"的典型。耕柱子曾在楚任职，墨子带弟子过楚，耕柱子招待不丰厚，弟子有怨言。不久耕柱子遗十金于墨子，以供墨家团体使用。墨子的学生都要坚持墨家的主张，做到"道不行不受其赏，义不听不处其朝"，遵守墨家纪律。墨子推荐学生到各国任职，学生则向墨子交付一定的俸禄。墨家学派是一个有组织的文化团体。

墨子是墨家学派的创始人，墨家作为文化团体或社会团体，其领袖是巨子。《庄子·天下篇》说墨家成员"以巨子为圣人，皆愿为之尸，冀得为其后世，至今不绝"。大概墨子是第一位巨子。有史料可查的巨子有三人：孟胜，田襄子，腹䵍。孟胜与楚国的阳城君友善，阳城君令其守国。楚王死，群臣起而攻吴起，阳城君参与事变，失败逃走。楚没收阳城君之国，孟胜力竭而死，从死者百八十余人。孟胜死后，田襄子为巨子继承人①。另外，还有巨子腹䵍。他在秦任职，其子杀人，秦惠文王念其年高，兼仅此一子，令人赦免其子死罪，但腹䵍行墨家之法而杀之②。墨子死后，墨学继续发展，并成为与儒学中分天下的显学。孟子曾惊呼"墨翟之言盈天下"③。《吕氏春秋·当染》载："孔墨皆死久矣，从属弥众，弟子弥丰，充满天下。"足见墨学在战国时代声势之大。墨家学派信徒虽多，声势虽大，但自墨子没后，并没有产生思想巨匠，这是墨学之不足。孔子死后，子思、孟子、荀子出现，《易传》、《中庸》、《孟子》、《荀子》、《大学》等典籍问世，使儒学能不断地继往开来。

秦灭六国，一统天下，行法家之术，禁百家之学。"儒以文乱法，侠以武犯禁"（韩非语）。墨家既文且侠，更是严惩不贷的典型。"昔秦以武力吞天下，而斯、高以妖孽累其祸，废古术，隳旧礼，专任刑罚，而儒墨既丧焉。"④ 秦王朝的文化政策对墨家学派是一致命打击。不过秦王朝是一短命王朝，二世而亡。汉兴，墨学还不绝如缕。"昔者淮南衡山修文学，招四方

---

① 《吕氏春秋·上德》。
② 《吕氏春秋·去私》。
③ 《孟子·滕文公》。
④ 《盐铁论·论诽》。

游士，山东儒墨悉聚于江淮之间，讲议集论，著书数十篇。"① 汉武帝采纳董仲舒建议，"罢黜百家，独尊儒术"，墨学作为先秦与儒家对立的学派备受冷落。至此以后，在近两千年的历史行程中，只有晋鲁胜作过《墨辩》注，唐代韩愈提倡儒墨互用，及乐台研究过墨子外，《墨子》就很少有人问津了。《墨子》一书在《汉书·艺文志》记载是七十一篇，到宋时只有六十三篇，到明代只有五十三篇了。《墨子》一书是借助《道藏》得以保存下来，否则都将完全亡佚了。

方授楚先生认为，清之颜元所倡导的实学与墨学有某种相似之处，颜元之反程朱就是墨子的"非儒"，颜元的艰苦卓绝即是墨子所谓的以绳墨自矫，虽枯槁不舍也。同时他又认为颜元崛起于穷巷，见闻不博，于《墨子》一书似未睹也。所以颜元之行似墨然不得谓之墨学也。② 其实颜元是儒家，而不是墨家。颜元重力行，重经验，重实际操作，是对宋明儒学空谈心性的一种反动。颜元类墨家处，一是因为儒墨有相通处，从二者相通上看颜元即儒即墨，均无不可；二是因为儒学本身也是一种开放的系统，继前贤而起的儒家较其前人总有新建树、新贡献。这些东西亦不必归类于墨家，仍可以说为儒家思想应有之义。

墨学沉睡近两千年，在近代竟奇迹般地复活了。近代以来，随着国门被列强用炮火轰开，西方的声、光、电、化等一系列新知识亦涌入中国大地，中国社会面临三千年未有之变局。社会结构急剧变革，思想也日趋活跃起来，中西古今各种学说纷纷呈现于思想舞台，又一次百家争鸣，墨学在这种背景下复活了。

近代墨学的研究主要有两大成就：一是对《墨子》一书的考订、校释、整理，唤起沉睡千年的墨学苏醒；二是发挥墨学的文化功能和政治功能，力图使它服务于现实。当然这两方面是相互促进、相得益彰的，因而体现在具体研究成果上很难将二者分开。这两方面在近代都取得了可喜的成就，就前一方面而言，毕沅的《墨子注》，汪中的《墨子表微》，王念孙的《墨子杂志》，苏时学的《墨子刊误》，俞樾的《墨子平议》，孙诒让的《墨子间

---

① 《盐铁论·晁错》。
② 方授楚：《墨学源流》，中华书局1989年版，第212页。

诂》，张惠言的《墨子经说解》，梁启超的《墨经校释》，邓高镜的《墨经新释》，伍百非的《墨辩解诂》，张之锐的《墨辩新注绪论》，钱穆的《墨辩探源》，谭戒甫的《墨经易解》，鲁大东的《墨辩新注》，栾调甫的《读梁任公墨经校释》，方授楚的《墨学源流》等是这一时期的代表作。上述著作注重对《墨子》进行整理、校释、校订，但也透显出对墨学理论的领悟和把握。就后一方面说，如汪中的《墨子表微》，梁启超的《墨子学案》，章太炎的《原墨》，马宗霍的《墨学论略》，太虚的《墨子评议》等，是这一时期的理论研究成果。就两方面说，当推孙诒让的《墨子间诂》对墨学研究的贡献最大。

《墨子间诂》共十九卷，其中正文十五卷校订五十三篇《墨子》，目录一卷，考订《汉书·艺文志》所著录的《墨子》七十一篇佚文，附录一卷，后语二卷。在后语中，孙诒让从墨子传略，墨子年表，墨学传授，墨学绪闻，墨学通论，墨学与诸子学的关系等方面进行了全面论述。与孙同时代的另一位著名学者俞樾，在该书的序文中说："自有《墨子》以来，未有此书也。"这个评价绝不过分。孙诒让虽说仍然站在儒家的立场研究墨学，但其心态远比传统儒者宽容、开放。他一方面批评墨子"持之太过，或流于偏激"，甚至批评墨家"非儒尤为乖戾"；另一方面说，"儒墨异方，跬武千里，其相非宁足异乎？""综览厥书，释其纰驳，甄其纯实，……其用心笃厚，勇于振世救弊，殆非韩吕诸子之伦比也"①。这个评价最重要的是摘掉了孟子戴在墨家头上几千年的"禽兽"的帽子，对墨子而言有平反之功。就学理言，孙诒让的评价持论公允，史料翔实，足成一家之言。

在孙诒让之前，以研究墨子名世者有汪中、毕沅。毕沅的研究主要侧重于对墨学的整理，而汪中则公然推崇墨子，认为墨子学说是救世之术，"至其述尧舜，陈仁义，禁攻暴，止淫用，感王者之不作，而哀生人之长勤，百世之下，如见其心焉"②。更为大胆的是，他公然称孟子攻击墨子之兼爱为"无父"，"斯已枉矣"；后儒不看墨子书，而盲目地相信了孟子的说法亦无足怪。汪中在当时被视为异端，为"名教之罪人"，并被指为"墨者汪中"。

---

① 孙诒让：《墨子间诂·自序》，《孙诒让全集》，中华书局2009年版，第2页。
② 汪中：《述学·内篇卷三》，《丛书集成初编》，中华书局1991年版，第49页。

由此我们也足以看出汪中学说之价值。汪中是有清以来出而为墨学鸣不平之第一人，可惜其著作大都失传了。汪中对墨学的研究虽说没有孙诒让系统，但其持论远比孙诒让激烈。如果说晚于汪中的孙诒让仍然是立足于儒家来评论墨子的话，那么汪中则是已经超越了儒家的立场。

近代对墨学复兴起推动作用的首推梁启超。梁启超于维新变法失败后避居日本，办《新民丛报》。其间对墨学极为推崇，大声疾呼：今欲救中国，"厥惟墨学，惟无学别墨而学真墨"①。将墨学视为救国之真理，秦汉以下梁启超为第一人，其赞佩墨学、敬仰墨学可想而知。孙诒让对梁启超的墨学研究与鼓吹寄予厚望，梁启超亦不负众望，完成《墨子学案》与《墨经校释》两书，将墨学中艰深的学理用畅达的语言表达出来，而其笔端常带情感且挟有相当的吸引力，为墨学在近代中国的复兴做出巨大贡献。但到20世纪20年代，梁启超对墨学的态度在某些方面又重新回到了传统观点，比如认为墨子的兼爱必然导致无父。

近代提倡墨学者可谓多矣，值得一提的还有胡适。胡适也对墨子评价相当高，认为墨子"也许是在中国出现过的最伟大的人物"，说他不仅是一个哲学家，也是宗教的创始人，并称《墨子》为战国时代唯一真正有价值的著作。胡适大胆断言，"非儒学派的恢复是绝对需要的，因为在这些学派中可望找到移植西方哲学与科学最佳成果的合适土壤"②。胡适对墨学的复兴充满信心并寄予厚望，希望通过复兴墨学来达到移植西学的目的。我们认为，此时的胡适是相当理智和清醒的，这一见解时至今日仍有重要意义。

当然也有学者对墨子持贬斥态度，郭沫若就是其中最典型的代表。在郭沫若看来，墨家代表着奴隶主阶级的利益，以王公大人为本位。节用、节葬、非乐是为了替奴隶主榨取老百姓更多的利益，而兼爱、非攻则为了保护私有财产神圣不可侵犯。一句话，墨学是反动的，是反进化的，是反革命的，是倒退的。郭沫若一再声称自己的研究没有"偏恶"，"倒是尽了客观研讨的能事的"③。但他的研究是值得商榷的，他生硬地使用阶级分析法，硬将墨子及其学说打入奴隶主阶级的阵营，由此先入之见来分析材料只能是

①　梁启超：《子墨子学说》，见《饮冰室合集·专集》卷三十七，中华书局1989年版，第1页。
②　胡适：《先秦名学史》，上海学林出版社1983年版，第9页。
③　《郭沫若全集》历史编第二卷，人民出版社1982年版，第125页。

百般歪解。郭沫若的研究虽然在政治上影响很大，但没有多少学者认同他的观点。

自中国步入近代以来，墨学这一沉寂了近两千年的学派再度成为学术界关注的热点。与以往备受冷落的情况相比，近代以来墨学研究的繁荣可称为"墨学的复兴"。但这只是墨学研究的复兴，也可以说是墨家精神的复兴。墨学的价值虽说不断被发现，墨家精神在近代中国仁人志士身上也有所体现，但墨学作为一个学派在近代中国并未形成。像"墨者汪中"这一称号，其实是其论敌强加在汪中头上的，未必符合汪中本人的实际。如果汪中真是墨者，他对墨学也是宣传有力，发挥无功。像梁启超高呼以墨学救国，并取墨家的"任"（《墨经》载："任：为身之恶，以成人所急。""任：士损己而益所为也。"）而自号为"任公"。这说明他十分推崇墨学，但后来却走向尊儒反墨。胡适要复兴非儒家的学派（主要是墨学）作为移植西方哲学与科学的土壤，但也只有口号而无行动。墨学在近代煞是热闹，然而并没有形成自己的学派，这也许是墨学研究潮涨潮落的原因吧。

二、墨学衰微之故

由儒墨之流变足以看到这一现象：自西汉以下，当儒学兴盛的时候，墨学就衰退下去；而当儒学衰退的时候，墨学就兴盛起来，儒墨之间似乎存在着此消彼长的关系。然而在长期的中国历史发展进程中，总体上讲，儒学显而墨学微，墨学长期灰暗而无光彩。在先秦时代，儒墨并称显学，孟子甚至惊呼墨子之言盈天下。而墨家对自己的学说也相当自信，《墨经》曾有"天下无人，子墨子之言也犹在"的感叹。但是在现实中，何以儒学独显而墨学式微呢？对于这一问题，近代学人苦苦思索，提出了不少真知灼见。

胡适认为墨学由盛而衰，原因有三："第一，由于儒家之反对"；"第二，由于墨家学说之遭政客猜忌"；"第三，由于墨家后进的'诡辩'太微妙了"。[①] 方授楚不同意胡适的说法。他认为孟子虽然骂墨子为"无父"的"禽兽"，但墨家同样也"非儒"，况且汉罢黜百家，独尊孔氏时，墨学久已

---

① 胡适：《中国哲学史大纲》，团结出版社2006年版，第219—221页。

衰微了。所以墨学衰微与儒家反对无关。至于政客的猜忌，方授楚指出，儒家同样也遭政客的猜忌。关于第三点，方授楚指出，那只能是名家消亡的原因，而不是墨家消亡的原因。方授楚在《墨学源流》一书中，还驳斥了李季的墨学衰亡于"农工阶级失败"说，驳斥了郭沫若的墨家是反革命派，敌不过进化的攻势，所以消亡之说。他提出自己的观点，墨学之所以消亡主要因如下因素：其一是墨学自身的矛盾。如一方面主张兼爱，一方面又主张杀盗；一方面主张非攻，一方面又赞成正义的战争。其二是墨家的理想过高。所谓理想过高，是说墨子学说立足于贱人的立场，其日常生活皆以当时的贱人生活为标准，这种主张不容易实现。其三是墨家组织之破坏。他认为墨家是一组织严密的团体，因团体的扩大，成分复杂，从而使组织破坏，加速灭亡。其四是有拥秦之嫌。主要证据有，墨家的"尚贤"、"尚同"主张与秦国的政策相近，墨家的学者有很多在秦国任职，陈涉起义，儒者多参加，而墨家参与者则不踊跃。他认为墨家是起自社会变革过程中的学派，天下已定，秦是阳法而阴儒，汉是阳儒而阴法，墨学遂亡。[①] 方授楚对墨家衰微原因的论述比较完备，但理论的说明亦不尽善。其第四条说墨家有拥秦之嫌是导致墨家衰亡的原因，我们觉得不妥。秦之政策来源于法家，与法家的关系远比与墨家的关系密切，而法家并未消亡。法家的术其实是源于道家。墨家是否拥秦未可断言，假使拥秦也不是导致其式微的直接原因。

赵纪彬认为，墨家之衰微在于"为求合于上层阶级之欣赏，乃溺于辩而流于文，趋于名辩，或吸收儒家、道家的思想，以求宗教色彩之淡薄。这样一来，已失其固有的阶级使命"[②]，致使墨家哲学变质为诡辩。仅仅从墨家在先秦发展的角度讲，从胡适、梁启超到赵纪彬都将后期墨家流为诡辩视为墨学衰亡的主要原因，其实墨家之辩学恰恰是墨学的最大特征，应当说是墨学之所以为墨学之处，是墨学的独特价值所在。一句话，它应当是墨学存在的理由，不应是墨学衰亡之因。

近年来不少学者继续探讨墨学衰微之故，提出了种种新说。如丁原明认为，秦汉以后，"特别是在西汉中期独尊儒术的打击下，墨家才有相当多的

① 方授楚：《墨学源流》，中华书局 1989 年版，第 201—210 页。
② 赵纪彬：《赵纪彬文集》（一），河南人民出版社 1985 年版，第 97 页。

思想逃归到儒学，并成为墨学得以湮灭的一个重要原因"。① 这种观点的重要支撑点是儒墨相通，用它虽能说明秦汉以后各家思想合流的趋向，但作为考察墨家学派衰亡的原因就难以令人信服。而且说墨家有相当多的思想逃到儒家里去是不准确的，思想只能互相吸收，互相合流，不能说是逃归。当然秦汉以后墨家思想有些已被儒家吸收，但遗憾的是，现在还没有多少确实的证据证明墨家学者放弃自己的立场，归向儒家。

　　郭墨兰曾就这一问题作过深入的讨论。他认为中国的历史由先秦进入到秦汉，建立起政治经济高度统一的中央集权制国家，从而要求思想文化上的统一。"代表统治阶级利益，且能随时应变的儒家学说被封建统治者选中，定为一尊，而代表劳动者利益，适应性较差的墨学受到排斥、冷落，便由'显学'骤衰为'绝学'。""符合不符合血缘宗法政治的要求，是儒、墨显学一盛一衰的重要原因。"这是墨学骤衰的客观原因。就主观讲，郭先生认为，墨家学派及其思想自身也有弱点，如存有自相矛盾之处，像唯物主义与唯心主义的矛盾，事鬼与节葬的矛盾等。再者他认为墨家主张"尚同"，有违事理。原因是"尚同"缺乏灵活性，没有包容精神，是简单的同一。最后他认为，墨家在组织结构上也有问题。如巨子制度，数传而失。一个团体没有首领也就瓦解了。② 郭先生是位有心人，他对墨学衰微原因的探讨相当系统。不过，我们仍然有疑问：秦汉中央集权建立后，要求思想统一，为什么道家思想依然能够存在，而墨家思想却不能存在呢？道家不是比墨家更反宗法、反伦理吗？至于郭先生对墨家衰微主观原因的探讨与方授楚先生的见解大同小异，这里就不再讨论。

　　秦汉以后墨学衰微的原因究竟在哪里？对于这一问题我们主张分开讲，就是将墨学即墨家思想和墨家学派分开，分别探讨其衰微之故。以往学者都将两者混同起来，所以他们的探讨有的是讲墨家思想衰微的原因，有的是讲墨家学派衰亡的原因，这样难免使本来简单的问题复杂化。就墨家学派的消亡言，我们认为主要有如下原因：

　　客观上说，中国社会由先秦时代的列国并存进入到统一的中央集权时

---

　　① 丁原明：《儒墨相通——兼论墨学的衰微》，《墨子研究论丛》（一），山东大学出版社 1991 年版。

　　② 郭墨兰：《试论墨学骤衰的原因》，《墨子研究论丛》（二），山东大学出版社 1993 年版。

代，墨家学派原先生存和发展的土壤与环境已不复存在。正像郭墨兰等学界前辈所指出的那样，秦汉以后，政治经济等各方面统一，同样要求思想文化上的统一，百家争鸣已不适合国家统一的要求，富有强烈的行为色彩、注重实践的墨家学派因不适应这一要求，而只能放弃生存的权利。法家在中国历史由分裂走向统一的过程中，起到了任何一家都难以相比的作用，对于法家的有效性，中国历代统治者无不予以高度重视。所以不少学者指出，汉以下中国政治形态实质上是阳儒阴法。历代帝王政客虽说对法家之法并不是绝对的尊崇，但对其势与术则绝对钟情。至于儒家就不必多说。而道家在长期历史长河中，起到了清凉剂的作用。它既可以为失意的政客、不得志的知识分子提供一种精神解脱，以缓解社会的政治矛盾，这对巩固统治非但无害，反而有益。唯独墨家学派组织严密，具有强烈的参与意识，如韩非所言，"儒以文乱法，侠以武犯禁"，墨家既文且侠，墨家学派人人赴汤蹈火，死不旋踵，所以统治者绝不容许这样的学派存在。墨家学派秦汉以后不复存在也就容易理解了。

　　主观上说，墨家学派自身的组织性原则导致了它的消亡。方授楚认为墨学之衰亡在于其组织之破坏；而组织之破坏在于墨者人数众多，成分复杂，导致分裂。郭墨兰认为墨家组织之破坏是由于巨子传承发生问题。这两种观点都有道理。但我们认为墨家学派在于其组织本身，至于组织分裂问题、巨子传承问题都是枝叶之原因，非根本原因。墨家是一有组织的学派，有组织就有组织行为和组织机构。组织行为和组织机构都是组织之表现形式。孟胜为阳城君守城，孟胜作为巨子一死，随孟胜而死者竟达百八十余人。这是何等的壮烈！对墨家而言，又是何等的损失！像这种情形绝不会发生在儒家学派身上，也绝不会发生在道家、法家学派身上。因为儒家、道家、法家之成员只是思想、志向相同的一种标识，并没有外在制度化的规范。大概儒分为八对儒家而言是好事，但墨离为三对墨家而言则是灾难。更重要的是，墨家由于重组织之统一，往往在思想的创造上就有所忽略了，所以孔子以后有大儒，墨子以后无大墨。重组织的结果，淡化了墨家作为一个文化学派的文化意义。组织是外在的，而外在组织外力是可以打散的，但思想的存在则是永恒的，超时空的，是外在的力量无法摧毁的。这可能是墨家学派消失的主要原因。

墨家学派是一有组织的团体，这一团体分散在不同的国家和地区，这在交通落后，通信不发达的战国时代，根据墨子针对不同国家的情形采取不同说教的原则，不同区域的墨家学派成员之间肯定会出现分歧。在《韩非子·显学篇》中有"墨离为三"之说，在《庄子·天下篇》中有"南方之墨"和"北方之墨"之不同，"俱诵墨经，而倍谲不同，相谓别墨"。由于人数众多，成分复杂，分布区域又广，巨子继承发生问题也是极有可能的。这点方授楚及郭墨兰已经指出。《庄子·天下篇》曰："以巨子为圣人，皆愿为之尸，冀得为其后世，至今不决。"墨家学派在战国后期可能因为区域不同，对墨子学说的理解不同，对墨家组织结构的观点不同，形成了不同的学派，都认为自己是墨子学说的真正继承者。墨家学派分裂，组织瓦解，精神的凝聚力随组织之瓦解而淡化，最终导致墨家学派消亡。

墨家学派分裂导致其消亡，而儒家学派的分裂却有助于儒学的发展，其故在于儒家学派只是一学术标识，而墨家不仅是一学术标识，更是一有组织的团体。有组织反为组织所累。儒家学派注重师生之间情感的培养与交流，而墨家重理智，重经验，轻情感，甚至排除情感因素的干预。儒家讲仁义，仁义是情感；墨家贵义，义是天下之大利。无论是天下之大利，还是个人之私利，利都是干枯的。西汉时，距孔子去世已有二百多年，司马迁游孔子之乡，为孔子之余韵惊叹不已。重不重情感培养，可能是造成墨家学派式微与儒家学派昌盛的原因之一。

总之，客观上说，秦汉以后，中国社会不容许墨家学派存在；主观上讲，墨家学派没有根据客观形势的变化调整自己的社会角色，最后组织瓦解，墨家作为一个学派就消失于中国的历史长河中了。

墨家学派的消亡与墨学即墨家思想的衰微既相关，又不完全相同。因为墨家学派是指由墨子开创的具有共同文化理想的知识分子团体，而墨学则是指墨家学派的思想、学说。墨家学派是墨学的创造者和传承者，而墨学是墨家学派的精神纽带。学派是硬件，而学说是学派的软件。墨家学派消亡了，但观念性的东西一经形成就具有某种永恒的意义，它不会随着一学派的消亡而马上消亡。所以我们说墨家学派消亡了，但墨学不是消亡了，而是式微了。墨学在中国长期历史中是似亡而未亡，关于这一点李泽厚在其《中国古代思想史论》一书中有详细的说明。

墨家学派消失了，只是说墨家作为一种社会群体力量展现于历史舞台的情形消失了，这并不意味着个别的、分散的墨者就不存在了。即使个别的、分散的墨者也从历史舞台中消失了，也不意味着墨家思想学说就不存在了。墨家思想、学说有些为儒家吸收了，汇归于儒家，成为儒家思想的组成部分；有些为法家吸收了，成为法家思想的组成部分。不能否认，儒家的大同思想确与墨家有相通之处，也不能否认汉代儒家的天人感应论与墨家的天志也有相通之处，法家的"法不阿贵"论与墨家的法仪也有相通之处。墨家的思想被儒家、法家乃至其他家吸收的事实，说明墨家已经丧失了主体性原则，成为他人利用吸收的对象。这一事实说明墨学式微了，衰落了。这一式微和衰落主要表现为：

第一，墨学创造性功能的衰竭。墨子以后的墨家学者虽说在自然科学、逻辑学、知识学等方面成绩斐然，然而没有对战国时代百家争鸣的局面进行批判性总结，并在总结的基础上建立新的思想体系。道家老子以后有庄子，老庄有同有异，法家申不害以后有韩非，儒家孔、孟、荀更是代不乏人，唯独墨家，墨子以后无大墨。这说明到了战国中期，墨者忙于社会活动而疏于讲学、传道，可见墨家创造性功能的衰竭，墨学的危机不自秦汉以后为然，战国后期就有所显露。

第二，墨学主体性原则的失落。随着墨学创造力的衰竭，墨学主体性原则失落了。主体性原则的失落主要表现在秦汉以后墨学成为中国文化解构的对象，而不是建构系统。这就出现了一些学者所说的"逃归"儒学的现象。

第三，墨学在秦汉以后只有"源"而没有了"流"。中国社会的广袤土地好象是一望无垠的沙漠，墨学好比是一条河流，当这条河流淌到秦汉就不见了。当然河流没有化为无，它只是被沙漠吸收了。从这个地方被吸收的东西也许会在其他地方重新冒出来，但作为河，是只见其源而不见其流了。由于墨学在秦汉以后成为中国文化解构的对象，所以墨学的一些思想为儒家乃至其他各家所吸收，还有一些思想被历史无情封陈，如逻辑学、知识论、自然科学。当然，也有一些思想为历代农民起义的领袖所利用，如"替天行道"、"等贵贱"、"均贫富"等，都与墨子的思想有相类之处。虽然这些造反英雄未必读过墨子的书，或许根本就不知道墨家学派这回事，但由于人类生活的共同规定性，墨学精神会在不同历史时期的社会旋涡中浮现出来。

墨学在秦汉以后式微了，这是不容置辩的事实。但为什么在先秦轰轰烈烈，与儒学足以分庭抗礼的墨学会式微呢？原因大概如下：

第一，墨家学派的消亡使之失去了学术思想传承的载体。

第二，创造力的衰竭，主体原则性的迷失，使墨学成为解构的对象而非建构的主体。这既是墨学衰微的表现，也是墨学衰微后在长期的中国历史行程中难以复活的原因。

第三，如《庄子·天下篇》所言，墨家学者所遵循的生活原则，"其生也勤，其死也薄，其道大觳。使人忧，使人悲，其行难为也。恐其不可以为圣人之道，反天下之心。天下不堪。墨子虽独能任，奈天下何？"墨学主张天下人都过一种简朴的生活，这既不可能，也不现实。"反天下之心，天下不堪"，"其行也难为"。苦行是宗教修炼手段，墨学虽说是一种学说，但在它初创时期不是没有向宗教发展的趋向，但后期墨家没有营构出精深的理论以抵抗先秦时代的人文思潮，豁显出其宗教精神和宗教价值，反而由于墨学的经验性特征，打落了自身的超越意识，斩断了自身向宗教发展的可能性。在现象界或者说在经验领域，墨家学说"其道大觳"，失去了现实基础。墨家节葬、节用、非乐等，虽说可理解为经济上的平均主义，但它只是消极的平均主义，即它不是通过穷者、弱者、愚者等转换自身变为富者、强者、智者；而是力图使富者、强者、智者效法大禹，过一种简朴的生活，以使饥者得食，寒者得衣，劳者得息。这在等级森严的现实社会中只是一种可望而不可及的虚幻的平均主义。方授楚认为墨家理想过高，其实问题不在这里。因为理想再高也无关系，关键是墨家改造现实的主张太不切于实际。理想高了，一时不能实现，可以放到未来中去实现，但现实主张却需要当下满足。墨学之所以失败是因为它没有将现实与理想，此岸与彼岸分开，相反，却将理想等同于现实，也将现实理想化，缺少分阶段实施方案，这是墨学失败的原因之一。

第四，正像胡适所指出的那样，儒家的反对是墨学衰微的一个原因。方授楚对胡适的反驳是无力的。因为在先秦百家争鸣中，儒墨相互批判并无损一个学说的存在。当独尊儒术之后，尤其儒学成为中国人的价值判断标准以后，孟子、荀子曾经对墨学的批判可以说是将墨学复兴的希望断送了。墨学之所以能够在近代复活，固然与西学传入有关，也许与儒家权威的失落关系更大。这一点说明了对墨学而言，儒家的反对绝非无关紧要，而是关系甚大。

第五，墨学理论自身的弱点。这些弱点包括方授楚所说的墨学理论自身的矛盾。儒家是道德的理想主义，墨家是爱的理想主义。道德的理想主义虽说高远，但它易转化为实际。自天子以至于庶人，一是皆以修身为本，亲亲而仁民，仁民而爱物。它主张从自身做起，从当下做起，因而并不空疏，仁爱更符合宗法社会的人之常情。墨家爱的理想主义，虽说有现实的根基，但无法转化为实际。让人们不分贵贱、贫富、种族、血缘地相亲相爱，不太现实，所以"其行也难为"。其次，儒家文质彬彬的实用性格，迎合统治者的需要；而墨家重质轻文的实效性格，统治者绝不喜欢。儒家要求统治者与民同乐，而墨家则要求统治者与民同苦，甚至吃苦在前，享乐在后，这一乐一苦，统治者是一喜一惧。儒墨不同的理论特点大概是造成儒墨不同历史命运的内在根由。

第六，墨学理论史脉的浅薄。前面我们提出过，在周代礼乐制度崩溃的背景下，儒家赋予礼乐以仁的内涵，使礼乐再度发生作用，这可以说是一种顺承。沿着这条思路，儒家最终发展为道德的理想主义，即强调道德在政治领域的核心意义。墨家则不然，他们认为，既然礼乐不再发生作用，甚至还有负面的意义，最便捷的路径就是绕开礼乐重起炉灶，这可以说是一种逆救。他们试图树立兼爱的理念以救治这个社会，兼爱何以可能就成了墨家不得不探讨的课题。儒家将德性建立在心体、仁体上，赋予德性以心性论的意义；而墨家缺少这个根基，在前期对兼爱的论证主要是经验意义上的，后期逐渐演变为知性意义的推理。这两种路径代表了儒墨两家思维的不同走向，儒家因对礼乐制度的顺承从某种意义上显得史脉深厚，而墨家的逆救虽然显示了心灵世界的独辟，但对传统的继承性无疑比儒家弱了许多。

天在传统思想中是一个古老的概念。在对天的理解上，儒墨两家亦表现了较大的差异。前者主要是形而上的德性之天，后者主要是人格意义的天。从思想史的角度看，西周以来，原始宗教气氛下的天的人格意义已经减弱，代之以人文意义。儒家秉承这种传统，从德性的意义上理解天，将天视为德性所以可能的形而上根据；墨家则力倡天的人格意义，将其视为判断善恶的外在标准，视为赏善罚恶的人格实体。这是对西周以来的人文主义思潮的反动，也是对原始宗教观念的回归。这在某种意义上是逆社会潮流而行。

墨子重质主义的思路表现为对人的生理存在的关注，这反映了他质朴的思想特色。但是，从某种意义上讲，这种关注是以牺牲人的其他方面的需求为代价的。人不仅仅是一个生理意义的存在者，心灵的诸方面都有存在的意义。只有生理的满足而心灵世界却不得满足对一个人来说是不完整的，这种不完整性在某种意义下将是不可忍受的。另外，人们的工作活动是为了满足生理的需要，这意味着生命的全部力量被用于物质的创造，生命因而被异化为物质的工具，这必然导致整个生命体的枯竭和被奴役。以音乐而论，制造乐器，演奏音乐固然以物质的消耗为代价，但音乐可以颐养性情，可以陶冶人格，这又是人所需要的。因此，墨家重质主义的思路仅仅关注了人生理存在的物质一面，而忽略了心灵调节、培养的一面，这也是其衰微的原因之一。

总之，对于百家争鸣之前的周代文化，儒家大致持一种顺承的态度，而墨家则在某种意义上持反对态度。由此可以说明墨家学说所遵循的思维特征与周代文化是相异的，从而墨家不是周代文化的直接传承者。这固然是一种创新，但也从另一方面说明了墨家史脉的浅薄。这种状况从某种意义上拉大了墨家理论与民众文化心理沉淀的距离，从而使其不能够如儒学一样在中国人心中牢固扎根。这可以说也是其衰微的原因之一。

秦汉以后，墨学衰落了。墨学的衰落也就是墨学文化特质的丧失，而墨学文化特质的丧失对中国文化的未来发展造成了重大影响，可以说墨学的特质是中国文化健全的基因中不可缺少的因素，墨学的衰落使中国文化出现了不少偏差。关于这一点，我们下面进行详谈。

三、墨学衰微与中国文化之缺陷

先秦时代是儒、墨、道、法等并存的时代，秦汉以后，墨学衰微了。秦汉是中国社会、中国文化奠基时期，是中国的社会结构、文化形态重新组合之成型时期。由这一时期所造就的政治、经济结构以及中国文化的形态，直接决定了中国文化的未来走向。然而就在这关键时刻，儒、道、法都有所建树，有所表现，而墨家却失语了。先是秦以法家之术统一六国，建立了中国第一个君主专制政体，法家风卷诸子，呈永霸天下之势。暴秦"以法为教"，法终不是教；"以吏为师"，然吏终不是师。随着秦朝的覆亡，法家失势。但汉承秦制，也就是说以法家理论为指导原则建立起来的专制主义的君主政体被保留了下来。汉初，尊黄老道家之术，与民休息，道家也曾有过辉煌。儒家在汉武帝时终于取得了主流意识形态的地位，并保持这一地位两千多年。此后的中国文化或者是道法合流之文化，或者是儒法合流之文化，或者是儒道法合流之文化。但由于法家有强烈的反文化色彩，魏晋以后，印度佛学传入，儒、释、道三教构成中国思想文化的主要内容，而法家只是在制度层面发挥作用，在思想文化领域不显色彩。墨学在近两千年的历史中，被排除在中国文化的历史长河之外。墨学衰微使本来应该儒、墨、道、法健全互动的文化系统发生偏差，使中国文化的发展形态受到损伤。

由儒、道、法所形构的中国文化系统绵延数千年，广被整个东亚地区，并曾一度创造过辉煌的汉、唐文明。所以在中西文化没有交会之前，人们并没有发现这一文化系统的不足。不仅如此，与周边民族的文化相比，中国人常引以为自豪，并由这种自豪而引发出华夏文化的优越感。自1840年以来，随着国门被西方列强用炮火轰开，这种优越感与自豪感逐渐变成自卑感乃至罪孽感。这一变化过程恰恰伴随中国文化的不足不断被发现、被认识的过程。中国人由感到科技器物的落后，到感到制度的落后，乃至样样落后，华夏文化的优越感在一些人那里最后被民族文化的虚无主义所取代，由是要彻底否定传统文化，要全心全意地全盘西化。不过，近代中国文化变迁的历史表明：沉醉于华夏文化自我优越感固然不足取，而全盘否定中国文化更不足法，正视中国文化的不足并力求克服这些不足，才是当代中国人的重要课题。

中国文化的不足，前辈学者从不同角度、不同学科已作了富有成效的探索。就中国文化研究的客观对象方面说，中国文化重人文轻自然，几乎是学术界公认的事实。当然道家讲"道法自然"，儒家重视天道的研究。但无论是道家的"自然"，还是儒家的天道，都是价值化的概念。道家的自然是一种修养境界，儒家的天道实际上人道的超越化、外在化范畴，更是一价值化的范畴。荀子虽主张天人相分，但荀子的思想并没有在中国占据支配地位。我们说中国文化重人文轻自然，是指中国文化没有将自然作为一客观的、外在的对象加以研究、考察，在中国没有形成自然哲学传统。道家在"道法自然"的传统下，将自然看做是体道、悟道、修道的最高境界，而儒家所谓"吾心即是宇宙，宇宙即是吾心"，宇宙的客观意义几乎荡然无存。中国文化，在儒家是道德化、价值化了自然，在道家是超越了自然，二者都将自然视为人的主观境界形态，而非认知对象。儒家关心人的道德，而道家关注人的自然，法家关心人的利害。如果说儒家、道家都是将自然收进来，内化为人的境界或价值的话，那么可以说只有墨家视自然为外在、客观的对象。墨子的"天志"是人间善恶、是非、曲直的客观尺度，这个尺度绝对是外在的。后期墨家放弃了墨子天志理论，但客观性原则并没有放弃。墨家认为宇宙就是无穷的时间和空间，这与陆象山"吾心即是宇宙，宇宙即是吾心"的思路大相径庭，沿墨家的路向绝对开不出陆象山的"心性宇宙论"来。墨家的消亡，中国文化对自然探讨的路向没有得到继续发展；相反，主观境界形态的自然、价值化的天地，则得以充分发展，而这种发展在中国不会产生出自然哲学。

与重人文轻自然相应，中国文化重伦理而轻知识。在中国文化中，充分得以发展的是伦理学与政治学，而没有形成独立的知识系统。重人文，即重人与人之关系的和谐及人的境界提高。轻自然，即忽视了人与自然关系的探讨。在儒家，自孟子起就重道德本心而轻耳目感官。所谓"耳目之官不思"，而"心之官则思"。耳目之官何止不思，甚至还会为物欲所蒙蔽。宋明儒者，大都重德性之知，而轻视闻见之知。牟宗三先生在分析中国文化未出现逻辑、数学、科学等时指出：在中国，无论是儒学，还是道家，智之独立系统始终未彰显出来，道家虽然对可道世界即知性世界论谓得很清楚，但未能正面而视，就转向了不可道世界即超知性境界。儒家的用心在道德政治，在伦理教化，而不在纯粹的知识。在儒家"智只是在仁义之纲维中通晓事理之分际。而在道家，无仁义为纲维，则显为察事变之机智，转而为政治上之权术而流入贼"。[①] 儒家的仁心是道德心、是本心，非认知心；道家的道心是自由心，亦非认识心。虽说儒家讲习心，道家也讲成心，有认知心之倾向，但儒家的习心与道家的成心都是负面的、消极的，是应排除的，所

---

① 牟宗三：《历史哲学》，（台湾）学生书局1984年版，第180页。

以儒道两家对认知心未能正面而视，未能开出独立的知识论。墨家与之完全不同，儒道两家所轻视者恰恰为其所重视。孟子轻耳目之官，而墨子则将"百姓耳目之实"作为判断是非、真伪的标准，所谓"察知有与无之道者，必以众人耳目之实"。后期墨家将知分为"亲知"、"闻知"、"说知"三类，并认为知识就是名、实、合、为。墨家的知是客观之知，沿墨家的学术路向中国文化未尝不可转出独立的知识形态。墨学衰微使中国文化健全发展的基因被破坏，走向重伦理轻知识的路向。

正如许多学者所指出的那样，中国传统的政治重人治而轻法治，时至今日，这一问题依然存在。众所周知，儒家的政治是贤君贤相形态的政治，也是德治主义的理想政治。它主张"为政在人"，即政治清明与否取决于从政人的道德水准。但是道德之士出现于政治舞台并没有必然性，所以就出现了人存政举、人亡政息的局面。而道家主张无为而治，欲以不治而达到治之极，这亦不是法治。法家在中国秦汉时代曾尽了它创制的作用，它也十分突出法在整个文化领域的地位。在有限的意义上说，法家的法具有客观性，"法不阿贵，绳不曲挠"①。法家反道德、反仁义，似乎也强调法治。如"释法术而任心治，尧不能治一国。去规矩而妄臆度，奚仲不能成一轮。……使中主守法术，拙匠守规矩尺寸，则万不失矣"②。但由法家绝对推不出法制来，因为法家法的制定没有客观性，或者说没有客观保证，它是专制君主制定的，也是为专制君主服务的。法在执行过程中更无客观性保证，因为专制君主是一自由无限体，他没有对立者，可以为所欲为。所以君主所实行的是术治，而不是法治。术治仍然是一种人治。之所以出现这一结局，归根到底是在法家的政治理论设计中没有制约专制君主的客观力量乃至主观设想。法家之法的客观是为了保证君主的主观，法家法的公正是为了成全君主的偏好，法家法的无私是为了达到君主的最大之私。墨家文化特色在这一点上亦与诸家不同，其"上同而下不比"固然有走向专制主义之嫌，但层层上同，上同于天。天高于地上的君主，是制约君主的外在力量。而且墨家的法仪是客观、无私、公正的，秦惠王赦免墨家巨子之子的杀人之罪，而墨家巨子则

---

① 《韩非子·有度篇》。
② 《韩非子·用人篇》。

坚决执行墨家之法而杀之。秦惠王对法的理解是法家式的，而墨家巨子的法是墨家的。前者是主观的，后者是客观的。假设墨学没有衰微，中国文化的发展可能会出现另一种情况。

中国传统文化另一个大的缺失，在于没有形成近代意义上的民主政治与科学的前提。当然在中国近代没有出现民主政治主要是由于专制政体造成的，但在西方同样是专制政体为什么会出现民主政治而中国却不能呢？梁漱溟先生认为这是由于中西文化的路向不同造成的，或者说是由中国和西方不同的人生态度造成的。西方人的人生态度是向前要求，向前奋斗，所以产生民主与科学；而中国人的人生态度是随遇而安，摄欲寡生，绝不会出现民主与科学。但梁先生认为，中国文化要接纳民主与科学，又有赖于中国人的人生态度的复兴即儒家人生态度的复兴。他认为，儒家原有乾刚阳动的人生态度，但后来被道家阴柔化了。为什么会被阴柔化呢？梁先生没有回答。我们认为，先秦时期中国人的人生态度是健全的，不过这种健全是建立在不同学派的不同人生态度相互融合基础上的。儒家的人生态度是综合的，即乾坤阴阳并建，"达则兼善天下，穷则独善其身"，"用则行，舍则藏"，"有道则见，无道则隐"。而道家的人生态度是消极的、阴柔的、坤静的，所谓"知雄守雌"、"不敢为天下先"、"心斋"、"坐忘"等。而墨家的人生态度是刚而不柔的。且看它"赴汤蹈火，死不旋踵"，且看它"摩顶放踵，利天下而为之"，不都是向前要求，有进而无退的人生态度吗？秦汉以后，墨学衰微，在人生领域儒道交相为用。儒道互补的结局，是将儒家乾刚阳动的一面冲淡了，导致中国人过分阴柔守静的人生观。顺梁先生的思路，深化梁先生的思考，不难得出墨学衰微是中国难以走向近代民主与科学的重要原因。

科学的发展是以形式逻辑为基础的，哲学中知识论同样以形式逻辑为基础。自严复起，对中西两方学说都有透彻了解的中国人都认识到，中国哲学之所以未能产生西方式哲学认识论，之所以未能产生出西方近代意义的科学，原因在于中国文化中没有西方式的形式逻辑。在先秦，中国文化有自己的形式逻辑系统。秦汉以后，这一系统由于墨学的衰微而终绝了。墨学的衰微应该是中国未能出现近代科学的重要原因。

墨学与西方文化最为接近，这一点梁漱溟先生看得很清楚。梁先生总是孔、墨并举，如说墨子一任理智计算，而孔子一任直觉；墨子两眼只看外在物质，而孔子两眼只看人的情感。他将孔子作为中国文化的代表，而将墨学视为与西洋文化同科。他在《东西方文化及其哲学》一书中说，他常觉得墨子太笨，西方洋人太笨，没有孔子聪明。所以他要求："一反夕阳的路子，墨子的路子，而为中国的路子，孔子的路子。"[1] 的确，墨学重分析，重逻辑，与西方文化同科，其所倡导的兼爱与西方耶教的博爱也有相近之处。张岱年先生曾指出："中国历来最缺乏的，是群我一体的思想。墨子的兼爱，颇与此种观念相近。"[2] 墨学的衰微，使中国文化高度发展了道德的理想主义、儒家的人文主义，而无法走向逻辑实证主义即科学主义，这是中国未能走向近代民主与科学的重要原因。近代以来，有学者惊呼：欲救中国，厥唯墨学。也有的学者公开主张复活墨学作为移植西学的土壤，都是有道理的。

---

① 梁漱溟：《梁漱溟全集》第一卷，山东人民出版社 1989 年版，第 506 页。

② 张岱年：《中国哲学大纲》，中国社会科学出版社 1982 年版，第 279 页。

附录二：对立 互补 创新

——从儒墨学术差异看墨学在中国文化重建中的独特作用

儒墨互补的提法，并不是贬低道家与法家，也不是排斥佛学。因为在中国文化长期发展过程中，道家、法家乃至佛学的东西早已浸透到儒学之中，成为儒学的有机组成部分。几千年的文化发展史表明：儒学作为中国文化的骨干，作为中国文化的主流意识，作为中国文化的核心，它在今天足以代表中国文化的一般特征。当我们说儒墨互补时，同时也暗含儒、道、法与墨学的互补。由于墨学与西方文化相近，儒墨互补亦可以为中西互补提供某种参考。几千年来，儒墨相互排斥，相互对立，势如水火，鲜有见到两者互补互用。在当代，中国文化已将纳入世界文化发展轨道作为自觉的选择，不同的文化学派只有超越门户之见，以平等的眼光正视对方和自己，才能继承传统，超越传统，形构传统，创造传统，建立起堪以自豪的现代文化系统。儒墨由对立走向互补，是中国现代学术发展的客观要求，是建立现代中国新文化的需要。探究这种互补的可能性是一个具有价值的文化课题。

一、儒、道互补之检讨

秦汉以下，墨学衰微，儒、道、法三家在中国文化领域交互为用。由于法家是一种帝王之学，在广大平民社会并没有产生太大的影响。支配、左右知识分子乃至大众日常精神信仰、价值取向、出处进退之道及行为方式的是儒、道两家。长期以来，儒、道两家在各个层面交互为用，这就是学术界常说的儒、道互补。儒、道互补虽说是秦汉以下中国文化的事实存在，但这一存在并非是至善至美的。中国文化的长处固然与儒、道互补有关，而中国文化的短处，儒、道两家也有不可推卸的责任。对儒、道互补学术界作了多方面的探讨，这一探讨对于理解中国文化是有益的。

李泽厚先生指出：《老子》对于人生真理的思索寻觅，在与《庄子》结合后，成为对儒家思想的补充；而《老子》对矛盾的多方面揭示则直接被吸收在《易传》中，成为儒家的世界观。他还认为，老子、孙子、韩非那种生活智慧和细致思维的特点，也被儒家吸收、同化。[①] 关于庄子，他特别指出："以庄子为代表的道家，实际上是对儒家的补充，补充了当时儒家还没有充分发展的人格——心灵哲学，从而也在后世帮助儒家抵抗和消化了例如佛教等外来的东西，构成了中国传统的文化——心理结构中一个很重要的方面。"[②] 当然，他并非完全认同这种互补。在他看来，庄子的东西与儒家的"乐天知命"、"安贫乐道"、"无可无不可"等观念结合起来，对培植逆来顺受、得过且过的奴隶性格起过十分恶劣的作用。从严格的意义上说，李泽厚先生的观点还不是儒、道互补论，因为他的有关论述都是说道家的某些思想成为儒家的补充，对于儒家如何补充道家方面似乎所论不详，甚或没有论及。

当代大儒牟宗三先生对儒、道互补的论述精透见底。他说：

> 儒家是太阳教的自由，道家是太阴教的自由。这是中国文化生命中所固有的两轮。太阳教的自由解决自由与矛盾的冲突，有一超越分解，它能使"自由主体性"实体地挺立起自己，客观化自己。而太阴教的自由则既不想克服此矛盾，亦无超越的分解，自亦不能使其"非道德而超道德的自然无为之主体"实体地挺立起自己，客观化自己，而是永远地停在偏面的主观之用中。……它只是如其自性而起清凉冲淡之作用，如是它亦可以辅助消导太阳教之自由系统而顺适调畅之。它的无为

---

① 李泽厚：《中国古代思想史论》，人民出版社 1985 年版，第 104 页。
② 李泽厚：《中国古代思想史论》，人民出版社 1985 年版，第 190 页。

无执彻底散开之相忘虚灵的精神，亦正可以说是太阳教之自由系统之保护神。（说保母更恰）太阴不只是清凉，亦是母道。道家以及后来之佛教，在中国历史中，说毛病流弊，尽可说出很多，但如其自性，亦尽有许多好处。①

牟宗三先生所说的太阴指的是月亮，月亮象征着清凉、柔顺、冲淡、消极，太阳象征着刚健、勇猛、积极。牟宗三先生以太阳教来概括儒家文化，以太阴教来说明道家文化，以显儒、道之不同。他以"母道"、"保护神"、"保母"等词语来描述道家文化在中国文化中的作用和地位，是对道家文化的极高评价，表现了当代儒家的开放心灵。当然这是牟宗三先生在论及魏晋玄学时对儒、道所作的评价，以之说明秦汉后的中国文化事实。将儒、道两家视为中国文化固有之两轮当然可以，但如果说牟宗三先生的这段话指的是中国文化的全幅，则有可讨论之处。就儒家而言，它本身就是乾坤并建，阴阳合体，刚柔相济的文化形态，以太阳教来说明儒家文化就不甚妥贴。

儒、道互补是学者们经常使用的术语，不少学者认为儒、道互补构成了中国文化的主干。事实上，在秦汉以后的中国文化中，儒家的地位是任何一家都难以匹敌的，道家主干说固不应理，儒、道互补之主干说虽然是想调和儒家主干说与道家主干说的矛盾，但于理不通。因为儒、道互为主干，是指儒、道两家为主干呢？还是指儒、道两家互补后所形成的一种新东西为主干呢？如果以前者为是，则儒、道两家主干说之争的矛盾并没有解决，反而加剧了。因为两家学说不可能在中国文化发展的历史长河中起完全相同的作用，再说两个并行不悖的主干等于说取消了主干，主干说也就取消了它的意义。若以后者为是，亦不妥。因为这个由儒、道互补所形成的新东西中究竟是以儒家为主呢？还是以道家为主？如果以儒家为主，显然儒家仍是中国文化的主干；如果以道家为主，道家则是中国文化的主干。本人认为，儒、道互补的确是中国文化的事实，但中国文化是道家补儒家为多，而儒家补道家则少。可以说汉以后的中国文化实际是以儒家文化为主体，兼容道家乃至法家、佛学所形成的文化传统。儒家是中国文化的主干，这一说法有理、有

① 牟宗三：《才性与玄理》，（台湾）学生书局1985年版，第376—377页。

据，符合事实。

以往中国文化是儒、道互补所形成的文化传统，也可以说是以儒家为主，兼采道家所形成的文化传统。但这种儒、道互补的文化传统是有缺陷的，前面我们已经对此作了详细的说明。而缺陷的形成，儒、道互补的模式难辞其咎。从这个角度可以说，儒、道互补恰恰强化了中国文化的缺陷。

首先，儒、道互补经历了长期的历史发展，减杀了中国文化的阳刚乾动面，加强了中国文化的柔静面。梁漱溟先生认为，中国文化的人生态度本来是刚的，但后来"总偏阴柔坤静一边，近于老子，而不是孔子阳刚乾动的态度"。[①] 前面我们曾指出，儒家的人生态度是乾坤并建，阴阳合体，刚柔相济，而道家的人生态度偏于阴柔坤静，墨家的人生态度则偏于阳刚乾动。在儒家，"用则行，舍则藏"，"天下有道则见，无道则隐"，"达则兼善天下，穷则独善其身"。所以儒家的人生态度是有进有退，进退自如，有刚有柔，刚柔相济，有阴有阳，阴阳交推。在墨家，"兴天下之利，除天下之害"是无条件的，为实现兼相爱、交相利，赴汤蹈火，死不旋踵。墨家的人生态度是有刚而无柔，有进而无退，有阳而无阴。在道家，"归柔守雌"，"不敢为天下先"，是有退而无进，有阴而无阳，有柔而无刚。儒家的人生态度代表了中国文化的主流，是健全的态度，而墨家与道家都偏向一方。秦汉以降，墨学衰微，儒、道互补，结局是道家的柔静态度冲淡了儒家阳刚乾动的态度，强化了儒家阴柔坤静的态度，又无墨家阳刚的态度以中和之，故给梁漱溟先生的感觉是中国人的人生态度近于老子而不象孔子。

其次，儒、道互补对中国文化造成的影响是其主观面得到高度发展，而其客观面始终没有发展起来。我们知道，无论是儒家还是道家，都是主观境界形态的学问，所以中国文化能侔于天而不能下贯于人。儒家"尊德性而道问学"，主张成己成物，成贤成圣。而道家"为学日益，为道日损，损之有损，以至于无为"，希望成为博大真人、至人、神人、天人。儒、道两家都重人生境界的提高，忽视了人间学问的全面撑开。儒家尽管有荀子"天人相分"的思想，尽管也发出过"制天命而用之"的呼吁，但荀子的思想在儒家体系中没有占据主导地位，而占据主导地位的是孔孟的价值化、道德

---

① 梁漱溟：《梁漱溟全集》第一卷，山东人民出版社 1989 年版，第 539 页。

化的天。什么"制天命而用之"？庄子不是讲"不以人易天"吗？制天命何为呢？儒、道互补使儒家本已有的客观面冲淡了。中国文化所以缺少知性的内容，在某种意义上和儒、道互补有关。

总之，在我们看来，历史选择儒、道互补而不是选择儒、墨互补固然有着复杂的政治、经济乃至文化的原因，但历史的这一选择必然有其合理性。平心而论，中国文化的优点诚然在于儒、道互补，而缺点也在于此。儒、道互补既可以使两家的优势互补，也会出现优劣、长短互补，也不排除以短补短的助长两家之短的情形存在。儒、道互补以道家文化的不足助长了儒家的不足的情形是存在的。像儒家的"明哲保身"与道家的"不遣是非"等结合起来，都会产生不良的社会影响。

由以上分析，我们完全可以说，中国文化仅有儒、道互补是不够的，甚至是有害的。虽说儒、道互补是中国文化的往日事实，但这一事实并未尽合人意。中国文化要进一步发展，在我们看来就要改变中国文化儒、道互补的局面，重振中国文化的阳刚之气，撑开中国文化的客观面，促进中国文化的多方面发展。中国文化欲充分实现其自身，融会西学是绝对需要的，但西学能否融会到中国文化之中，也就是说如何才能保证中国文化对西学不出现排异现象，这就要调整中国文化的自身结构，使之与西方文化相适应、相协调。这正像移入一种新型物种，首先要改良土壤，使土壤适宜新物种生长一样，重新调整中国文化的内在结构，变儒墨对立为儒墨互补，化儒、道互补为儒、墨互补，就是恰当地变化中国文化土壤条件，使之适宜于西方文化的传入。

二、儒、墨互补之可能

互补作为一种观念曾大量出现在量子力学领域，科学家玻尔曾以互斥而互补解释光学中的波粒二象性现象，而这一现象又为互补说提供了重要理论依据。当然这里所说的互补与量子力学中的互补不完全相同，但也有一致性。互补原理是东西哲学中的一个古老命题，量子力学的互补原理的形成自然受到哲学观点的影响，同时量子力学的互补原理又进一步启发了哲学家们的思考，使哲学领域中的互补问题更加丰富和周全。我们认为，互补不是随意的，而是有条件的。越是能满足互补的条件，互补性就越强。互补的首要前提是具备两个不同的系统，单一的系统互补就无从谈起。如果是单一文化形态，那么这一文化系统内应有两个或两个以上对立或互斥的子系统。其次，这两个或两个以上文化系统是对立的、互斥的，只有互斥才有可能互补。第三，有相同的时空坐标，也就是说二者能在同一时空坐标内发生联系，即两个或两个以上的文化系统应处于同一论域。我们认为，儒家与道家能满足上述条件的第一条和第三条，但不能完全满足第二条，即儒家和道家互斥性或对立性不强。而儒家与墨家则完全满足上述三个条件，所以儒、墨两家学说具有较强的互补性。

有人认为"互补性构架正是为了适应量子现象的特殊需要而发展起来的"，是"一种把握冲突的和谐，重建对立中的自洽性的恰当模式"，互补性架构，实质上是"在对立中求协调的新型逻辑架构"。[①] 用中国哲学的话说，互补就是相反相成。儒、墨两家是对立的。从两个文化学派发生的源头上看，儒学是有感于春秋时期人文秩序的失落，试图重建西周以来的人文传统；而墨家是在儒学兴起以后，深切感到儒学的缺失及不足，起而反对儒学，提倡一种新学说。所谓"墨子学儒者之业，受孔子之术，以为其礼烦扰而不说，厚葬靡财而贫民，久服伤生而害事，故背周道而用夏政"[②]。从儒、墨两家的学术思想上看，儒家亲亲，墨家尚贤；儒家差等，墨家兼爱；儒家繁礼，墨家节用；儒家重丧，墨家节葬；儒家统天，墨家天志；儒家远鬼，墨家明鬼；儒家重乐，墨家非乐；儒家知命，墨家非命；儒家尊仁，墨家贵义；儒家重情感，墨家重理智；儒家重理性，墨家重经验；儒家讲经权，墨家讲法仪；等等，不一而足。所有这些无不透显出儒家和墨家的对立、互斥乃至相反。儒家与墨家同处于中国文化这一大论域中，都是中国文化系统的有机组成部分。墨家的兼爱对治儒家的仁爱，墨家的非命对治儒家的顺命，墨家的节用对治儒家的厚葬、久丧，墨家的非乐对治儒家的重乐……所以儒、墨的理论有着相当强的针对性，唯有针对性才有互补性。

当然，在先秦，儒、墨、道、法都有一定的互补性。但我们认为先秦之

---

① 权起桂：《析量子力学中的辩证法思想——玻尔互补性架构之真谛》，《哲学研究》1994 年第 10 期。

② 《淮南子·要略》。

四大文化系统，可分为多个互补单元，如以整个先秦文化为一整体，而儒、墨、道、法是这一整体中既有差异又有联系的子系统，那么儒、墨、道、法健全互补，这是第一序的互补单元。就第二序的互补单元说，可有三种选择：儒、道、法互补系统，儒、墨、法互补系统，墨、道、法互补系统。就第三序的互补单元说，可有儒与法、儒与道、儒与墨、法与墨、法与道、墨与道六组互补单元。当然中国文化最佳的选择是第一序的互补，由于墨学的衰微，第一序的选择被历史否定了。第二序的三种互补单元中，中国文化勉强选择了儒、道、法互补系统。在第三序的互补单元中，中国文化选择了儒、道互补。其实在第三序的互补单元中，儒、墨之见的互补性强，道、法之间互补性大。如在先秦，道、法合一成为道法家，就克服了道家一味消极之不足，而法家的那种紧张、严刻的心理状态及人际关系也得以松弛，慎到就是道法家的典型。汉以后，墨学的一些因素为儒家所吸收，这也就是有些学者所说的"墨逃于儒"。但像儒、道互补，墨、道互补，墨、法互补，儒、法互补等不是无意义，而是其互补的意义不如儒、墨互补和道、法互补显著。原因在于它们之间的互补性不显，针对性不强，文化论域不尽如人意。所以我们指出，儒、道互补虽说是中国文化以往的事实，但这种互补方式不是最佳的。正因如此，也就不可能将中国文化的真善美之意蕴全部呈现出来。历史告诉我们，中国传统文化是有缺陷的，在某种意义上是不尽如人意的，故而重新调整中国文化的内在结构，变儒、墨对立为儒、墨互补，对中国新文化的建设具有重要的意义。

当然，我们是站在当代重新理解儒、墨互补，从而不同于秦汉时代所理解的儒、墨互补。因为经过几千年的文化发展，儒家已不是原来形态的儒家，而是历经沧桑、含有丰富内容的儒家。儒家经儒、墨互补，已将道家的一些思想融入自己的体系中。东汉之后，印度佛学传入，经七八百年之发展，与中国文化相融合，反过来儒学又将佛学的一部分内容融入其中。当然，在政治上，统治者一向阳儒阴法，法家思想在儒学中也有所体现。虽然不能说今天的儒学已会道、释、法之善，已是中国文化之全体，但儒学是中国文化的主干，是中国文化的代表，是中国文化的象征。儒、墨互补在某种意义上说，有墨家与儒、道、法、释互补之意。不过，我们今天所理解的墨学与先秦时代的墨学也不尽相同。以西方文化为参照系，我们对墨学看得更清楚、理解得更透彻。也许只有在西方文化的参照下，我们才能发现墨学在中国文化中的独特价值及时代使命。由是不难发现儒、墨互补在现代的价值和意义。胡适在 20 世纪初曾指出："中国哲学的未来，似乎大有赖于那些伟大的哲学学派的恢复，这些学派在中国古代一度与儒家学派同时盛行"，"我认为非儒家学派的恢复是绝对需要的，因为在这些学派中可望找到移植西方哲学和科学最佳成果的合适土壤"。① 时至今日，胡适所提出的恢复非儒家学派的愿望虽说仍是一空想，但他这一思路并非无意义。胡适试图借非儒家学派的复兴打倒儒学，固然很难赞成，但他提出恢复非儒家学派的口号则意义深远。儒、墨互补既可满足胡适移植西方文化的愿望，又可保住中国文化的主体性。这可能有助于解决近代以来的中西文化之争。

三、儒、墨互补之实现

韩愈说过："儒、墨同是尧舜，同非桀纣，同修身正心，以治国平天下，奚不相悦如是哉？……孔子必用墨子，墨子必用孔子，不相用，不足为孔墨。"② 韩愈看到孔、墨的相通性，故而提倡孔、墨交互为用。但中国哲学有一理念，"和实生物，同则不继"，所谓"声一无听，色一无文，味一无果，物一不讲"③。韩愈认为，只有相同才能互用，这是不符合中国哲学的传统的。"和实生物"告诉我们，正是由于儒、墨不同，才能相互为用。如果墨家同于儒家，墨家还将成为墨家乎？由此我们说，正是由于墨学不同于儒学，它才有独特的价值，才有独特的意义，才值得人们重视，才会与儒学发生互补。

儒学一向被称为君子之学，躬身修己之学，修己以安百姓之学；而墨学则被称为"贱人之学"、"役夫之道"。在现实中，不仅需要君子之学，也需要"贱人之学"，不仅需要治人者，而且还需要治于人者，一个完整的社会正是由不同阶层的人构成的。君子固然有君子的谋生之道，贱人亦有贱人的谋生之道。"无恒产而有恒心者，唯士为能"，君子可以固穷，但不能要求

---

① 胡适：《先秦名学史》，学林出版社 1983 年版，第 9 页。
② 《韩昌黎集·读墨子》。
③ 《国语·郑语》。

老百姓固穷。墨子之学与儒家之学结合在一起，君子与贱人，也可以说管理者与被管理者，才能通而为一，连为一体，中国文化才有完整的意义。当然，儒家不能永远停于君子之学中，墨家也不能永远停于贱人之学中。儒、墨互补旨在促使儒者下贯于民间，而墨者上达于君子。"四体不勤，五谷不分"，就很难了解最下层之民众；而"以裘褐为衣，以跂𫏋为服，日夜不休，以自苦为极"，未免其行也难为。儒、墨互补要求上达而下通，合二为一，社会上下连为一体，互通声气，也有利于儒学和墨学的发展。

儒、墨互补体现在形而上学领域则是内在超越与外在超越的互补。儒家以天人合一为架构，即内在即超越的形而上理念使外在的天内化为人的心性，天人之间没有拉开距离，没有形成人与天（自然）的主客对列之局，从而在儒家哲学中没有形成独立的自然哲学。在儒家思想中，天有道德之天，主宰之天，自然之天等多重含义，但道德之天是儒家天的主调。《中庸》有"天命之谓性，率性之谓道，修道之谓教"之说，而孟子有尽心，知性，知天之说。"天命之谓性"是说天命下贯于人就是人之本性，这是由天到人之路，而尽心、知性、知天，即人的本心就是性，尽了本心就了解了人的本性，了解了人的本性也就了解了人之天，这是上达之路。儒家天人观是天即人，人即天，由天到人，由人到天，上达下开，合而为一。儒家的天当然离不开自然，它只是对自然的人化与价值化、道德化而已。但这一道德化，天就不再仅仅是人们生存活动的环境，不再是人们认识、探索、改造的对象，而是人们关照自身道德行为的一面镜子，是人们尤其是君子取法、模仿的榜样。人效法天道，自强不息，就能赞天地之化育，与天并立而参。人即天，天即人，天人合德，是儒家哲学的主调。后来董仲舒从外在构造与表现形式上论证"天人相类"，"天副人数"，但理论深度上并没有超越《中庸》、《易传》、《孟子》的水平，甚至可以说是一种倒退。

总之，儒家的天人关系是一种价值关系，不是认识与被认识的关系、改造与被改造的关系。所以人仰观天象、俯察地理的目的不是为了探索宇宙规律和天地奥秘，而是为了发现天地之德。在这种思想的支配下，儒家文化永远也不可能形成独立的自然科学。用当代大儒牟宗三的话说，这种哲学"能俯天而不能俯于人"，重视上达天德，而忽视下开人事。

墨家的天是一主宰之天，是一种即外在即超越之天。就哲学义理的进展言，墨子在这方面比孔子落后，因为墨子公然宣扬在春秋时代早已过时的神学思想。但墨子的天志是宇宙最高主宰，是评判一切是非善恶的标准。这一主宰是公正、客观、无私的，同时也是外在的。人间的一切言行、刑政等都应以天志为尺度进行衡量。在天志面前人人平等。无论是天子，是圣人，还是王公大人，都应顺从天志，都不能超越天志。墨家天志与西方基督教中的上帝有某些相似之处。所以在墨子的天志中，不能人而天，天而人，人与天之间是"顺"与"被顺"的关系，而不是合一的关系。天成了人的对象，成了人的对立面。人与天的关系也可以说是主观与客观的关系。因为人欲知天志如何，不能靠修道，而是靠认知。在这种观念的支配下，人与天之间就可以产生主客关系，从而产生自然哲学。

许多学者指出，后期墨家排除早期墨家天志的主宰意义，对自然现象作了客观的解释和描述。事实上，后期墨家的自然哲学恰恰是墨子天人关系的进一步说明。因为那个独立于人之外、与人为对的、客观公正的天，既可以是人格神，也可以是纯自然。当人格神不能用来说明问题时，纯自然就可以代之而兴，甚至可并行不悖。后期墨家继承了墨子的主客对立的思维方式，阐明了对自然哲学的一些看法。如后期墨家对时间、空间、运动、力、光、数等的分析都是客观的，认知的。顺墨家的思维逻辑发展下去，中国文化未尝不可发展出独立的自然科学。

仁爱与兼爱的互补。儒家的仁爱是以伦理亲情为基础，以成圣成贤为鹄的一种推爱；而兼爱则是以社会关系为基础，爱人若己的一种博爱。但由于仁爱是以伦理亲情为基础，层层外推能实现其自身，与群己一体的近代平等观念并不十分协调。而墨家的兼爱是以社会关系为基础，爱人若己与近代群己一体的观念不相冲突。顺兼爱之理路，近代平等观念可谓呼之欲出。

面对春秋时代周文疲敝、天下失序的混乱局面，作为儒学与墨学的创始人的孔子与墨子作出了不同的反映，孔子对周礼持肯定态度，而墨子则"背周道而用夏政"。肯定周礼就是肯定周公"制礼作乐"所规定的"亲亲之杀，尊尊之等"。"亲亲之杀"是说在血缘伦理上人与人之间存在着亲疏的区别，即内外有别；"尊尊之等"是说在政治关系上人与人上下有差。在儒学，政治上的上下关系服从于血缘伦理关系，而血缘关系又是人与生俱来的一种自然关系，这种自然关系一经形成是不可移易和倒置的。儒家把重整人的自然即人的血缘伦理关系作为解决社会全部问题的出发点，进而将这种关系推广到整个社会，这样就出现了学者们常说的"家国同构"。在家国同构观念的支配下，儒家将人的政治关系乃至其他社会关系理解为伦理关系。如将官与民的关系理解为父母与子女的关系，所谓"父母官"，所谓"视民如子"，军官与士兵、师傅与学徒等无不如此。而民与民之间、学员与学员之间，则是"四海之内皆兄弟"。儒家认为只要人们理顺了人与人之间的伦理关系，只要人人亲其亲，长其长，只要人人入则孝，出则悌，并将这套关系外推出去，就会家齐、国治、天下平。儒家以伦理关系推导和维系人的政治关系、社会关系，不能产生团体意识。在"四海之内皆兄弟"、"天下一家"观念的支配下，团体意识在中国根本派不上用场，也就是说根本不需要。

当然，儒家也有平等思想。但儒家的平等是人格平等，也就是在道德面前人人平等。所以，人人有修身的权利，人人有成圣的权利，人人有实现自己道德价值的权利。总之，人人皆可以为尧舜，路上的普通人也可以成为禹。但这些平等是就人实现其道德价值的潜能上说的，不是就现实言的。在现实中，"子为父隐，父为子隐，直在其中矣"，这一互隐意味着社会公正的内涵复杂化了，人与人在现实上的平等就不复存在了。

墨家兼爱的出发点不是人的血缘关系，而是人的社会关系。墨子认为，国与国相攻，家与家相篡，人与人相贼，强凌弱，众暴寡，富辱贫，贵傲贱，诈欺愚，原因在于人人自爱而不爱他。自爱己国不知爱他人之国，故而攻人之国；自爱其家而不知爱他人之家，故而相篡；只知爱自己而不知爱他人，故而相贼。一旦人人都能做到"视人之国若己之国，视人之家若己之家，视人之身若己之身"，爱人若己，天下就会归于太平。这种视人若己的观念首先是承认他人与自己是同样的存在，在肯定自己的同时，也肯定对方；反过来说，在肯定对方的同时，也就肯定了自己。兼爱是不分贵贱，不分种族，不分亲疏的一种爱，这种爱当下肯定对方存在，这就极易形成平等观念。

既然视人若己，那么这里的人也就不再是血缘关系中的人，而是社会关系中的人。既然人人都处于社会关系之中，那么伦理关系也就应服从于人的社会关系。儒家的推爱以家庭为本位，而墨家的兼爱以团体为本位。以家庭为本位，人与人之间的维系强调感情；以团体为本位，人与人之间关系的维系强调法规。如孔子与学生的关系是以情感为纽带联系在一起，彼此好像是一相亲相爱的大家庭。如孔子最得意的学生颜回去世了，孔子主张像安葬儿子孔鲤一样安葬颜回。他的学生违背了他的心愿而厚葬颜回，于是他以颜回视其如父，而他未能视颜回如子而深感不安。墨家则是一组织十分严密的社会团体，这个团体有自己的纪律，这就是墨者之法。这个法，墨者人人都必须无条件地执行。如耕柱子在楚任职，必须将其官俸的一部分交于墨子，以供团体使用；高石子仕于卫，三朝必尽言，卫君不听，他就必须坚持墨家原则"背禄而向义"，拂袖而去。胜绰事项子牛，违反了墨家之法，墨子就想法罢了他的官。墨家认为法仪是评判一切的最高尺度，在法仪面前没有私情，更不能允许有特殊，即使是巨子之子犯法，同样也要受墨者之法的严厉制裁。在儒家的确有情大于法的倾向，而在墨家则法仪公正无私，高于一切。

仁爱是由己层层外推之爱。正如汤因比所说："儒家主张，爱应分阶段地加以分配。用同心圆作比喻，以自己为圆心，随着向外扩展，爱则逐步减少。这种主张和把无差别的普遍的爱作为义务的墨子学说相比，显而易见易于为人的本性所接受。爱己比爱无关的人更容易。"儒家的推爱从人的自然亲情出发，更容易为人接受。就手段言，仁爱极易转化为实际。但这种推爱有可能推不出去，可以说即使推不出去，儒家也无可奈何。像有些人只爱自己的父母，丝毫也不关心他人的父母，只关心自己的子女，一点也不愿意将这种关心推到他人子女，甚至有的为了自己的父母，为了自己的子女，不惜坑害他人的父母和子女。这就是说有些人亲亲而不仁民，或者仁民而不爱物，儒家徒叹奈何！如此一来，儒家的道德心愿就易枯萎和退缩，最后导致"儒其言而杨其行"（梁任公语）。这是仁爱之不足。兼爱正是基于这一点，才要求人们当下肯定对方之存在，爱人若己。爱人若己是从客体反馈到主体，而不是从主体推向客体。这样就弥补了儒学推爱之不足。汤因比谈及墨子的兼爱时指出："爱自己不熟悉的他人，把普通的爱落实到行动上，并满足这种伦理上的困难要求，那才是现代的绝对要求。就儒教的教导来说，同心圆最内侧的圆和最外侧的圆相比，当然后者受到的爱弱。但从爱的范围来看，是普遍的。因此，从原则上可以说，儒教也是采用墨子的立场。"西方著名历史学家汤因比和东方思想巨匠池田大作都认为，墨子的普遍的爱比孔子的推爱更符合现代社会的需要，他们要求现代人为追求这种没有阶段、没有限制的普遍爱而努力。[①] 这两位思想家的话值得回味。

仁爱是以伦理血缘关系为基础的，而墨家的兼爱是以人的社会关系为基础的。相比较而言，仁爱更适合于传统的宗法社会，而兼爱更适合于现代社会。在传统社会里，家国同构，大家庭不仅是人的生产单位，而且也是物质财富生产的组织单位，也是社会的教育单位。它是社会的细胞，是社会赖以存在的基础。所以"齐家"是一门学问，治家像治国一样重要。在现代社会，随着传统大家庭的解体，家庭单元愈来愈小，三口之家已成为普遍存在；而单亲之家，甚至也愈来愈多，家庭的许多功能已为社会所取代。尤其是随着生育一胎化的普遍推行，乃至试管婴儿的出现，许多人都没有直系的兄弟姐妹，直系血缘关系的"悌"也就不存在了。如欲"悌"这一观念继续存在并发生作用，只有超越人的血缘关系而根据人出生的先后秩序重新加以界定。由此，我们说墨家的兼爱为现代社会急需。但儒家的仁爱也没有过时，因为儒家的仁爱有两点值得现代人所重视：一是仁爱的结构性原则和秩序性原则不容忽视，二是仁爱对人的心理基础的研究更应为兼爱所接纳。总之我们认为，墨家的兼爱只有建立在儒家的仁爱基础上，才能不流于空想；而儒家的仁爱只有以兼爱为理根才不至于枯萎和退缩，才能充分实现。所以兼爱与仁爱既互斥，更互补。

情感与理智的互补。我们认为，儒家是情感的理性主义，而墨家是理智的经验主义。从儒家的情感的理性主义出发，转不出智之独立系统，永远也不会出现西方哲学的知识论。儒家文化是仁礼相为表里的文化系统，仁是儒家文化的核心，智只是从属于仁、服务于仁的智，而不是独立于道德之外的认知之智。由于儒家之学是君子之学，是成己成物之学，是道德实践的学问，所以儒家中德性之知，而轻视闻见之知。闻见之知是知识的门径，但不是修行的门径，有时它甚至是人格提升的阻碍。儒家高度发展了德慧，但忽视对智慧本身的探讨。顺道德智慧之理路，不可能发展出西方哲学中的知

---

① 荀春生等译：《展望二十一世纪：汤恩比与池田大作对话录》，国际文化出版公司1987年版，第426页。

识论。

墨家在认识上是经验主义，也可说是理智的经验主义。墨家以"三表"作为判断某一物的有无、国家政策是否得当、理论是非曲直的标准。"三表"即"本"、"原"、"用"。"本"是历史经验，"原"是百姓耳目之实，"用"是客观效果。当然以"三表"作为检验认识的标准是典型的经验主义。经验主义作为墨学的重要特征，后期墨家也没有完全放弃。后期墨家仍然以"闻"、"说"、"亲"，即传授、推理、亲身阅历作为获取知识的三种途径。墨家的经验主义有三个重要特征：一是强调"言必立仪"，是说言谈应有一个标准，如果没有客观标准就无从判定言谈的是非曲直。墨家认为这个标准是客观、公正、外在的，它既可用来衡定自己的言论，也可用来衡定敌方的言论。对于自己"用而不可，虽我亦将非之，且焉有善而不可用者"①。这就是说，如果不能对国家百姓起到实际效用，即使是我自己的学说，我也将反对它，没有一个好的理论而不产生良好效用的。在先秦，儒、墨是对立的两派，墨家坚决反对儒家，但墨子有时也称赞孔子，有人感到不好理解。墨子告诉他，孔子的学说"是亦当而不可易者也"。这就是说孔子的学说也有正确而不可更改的方面。所以墨家是只问法仪、不问家法门派的学术团体。二是墨家强调指出，在考察理论是非曲直的时候，应排除情感因素的干扰，即"去六辟"。"去六辟"就是去掉认识过程中的喜、怒、乐、悲、爱、恶等六种情感因素的干扰。三是注重逻辑推理的认识过程的作用。墨子要求人们要"明类察故"，"以见知隐"，后期墨家将墨子的思想系统发展为逻辑学说。当然，墨家的认识论与逻辑学是为其政治学说服务的，但墨家并没有因此而抹杀认识和逻辑学的独立意义和价值。儒家虽讲仁且智，但仁是智的主宰，智在仁的笼罩下失去了独立意义；道德是评判一切的标准，智在评判活动中不起决定性作用。而墨家的"知"则不同，它是评判一切的标准。墨家的知识论、逻辑学虽服务于其社会政治学说，但它又超越其社会政治学说，它是评判社会治乱、政治好坏的标准即客观的法仪。如果墨学不失传且能继续得到发展，中国文化也可能会出现哲学认识论和逻辑学。

儒家言情，墨家重理。儒家言情，有时会走向以情制理，以情扼理。

---

① 《墨子·兼爱下》。

"子为父隐，父为子隐"在儒家是天经地义，然而它却不合法，也不合理，一旦为某些贪腐之人利用，这一观点并会严重侵害社会的公正。墨家重理，往往让人感到生硬、冷酷、严峻，甚至不近情理，但其"言必立仪"之论虽千古而不可易。儒家以情限理，固然有其不足，但以情感人，以情育人，以情动人，正可润泽法仪之干枯。儒、墨互补即情理互补，只有将儒家的情置于墨家法仪的客观原则之下，或者置于法仪的客观原则之内，情才不会滑向因情徇私，而墨家的法仪只有经过情的润泽才不显得干枯，儒、墨由对立走向互补，二者正可以纠偏补弊，相得益彰。

文质互补。在前面我们介绍过儒家讲文质合一，墨家侧重于质。当然儒家对文与质的理解不同于墨家，孔子所谓的"质"是人内在的品格、禀赋、气质，而"文"是指人的外在形态及其修饰。孔子要求君子应是"文质彬彬"。当然儒家的文还有另一种含义，即孔门四教之一的"文"。这个"文"是诗、书、礼、乐之教。而墨子所谓的"文"主要是指社会的礼乐、艺术等超出基本物质需求以上的享受，而"质"是指人的最基本物质要求，墨家追求、重视质。墨家曾强烈地批评儒家重文轻质的行为和思想，认为儒家繁饰礼乐以淫人，久丧伪哀以谩亲，甚至是"贪于饮食，惰于作务，陷于饥寒，危于冻馁，无以违之"。墨子曾点名道姓地批评孔子，说"孔某盛容修饰以蛊世，弦歌鼓舞以聚徒，繁登降之礼以示仪，务趋翔之节以观众。博学不可议世，劳思不可以补民，累寿不能尽其学，当年不能行其礼，积财不能赡其乐。繁饰邪术，以营世君，盛为声乐，以淫遇民，其道不可以期世，其学不可以导众"①。这段批评孔子的话是相当有力的。它以略近夸大的手法将儒学的特征描述出来，儒学乃重礼乐教化之学也。孔子有功于中国，儒学有功于中国，其故就在这里。"观乎天文，以察时变；观乎人文，以化成天下"，儒家"助人君顺阴阳明教化者也。"②儒家之所以为儒家，在于它是文化传播者和文明的传播者。当然，儒家并非不关心民众的疾苦，孔子主张"富而后教"，孟子认为无恒产而有恒心，只有君子才能做到，不能要求老百姓也做得到，对于老百姓只有实行仁政。他主张"明君制民之产，必使

---

① 《墨子·非儒下》。
② 《汉书·艺文志》。

仰足以事父母，俯足以畜妻子，乐岁终身饱，凶年免于死亡。然后驱而之善，故民之从之也轻"①。孔子的富而后教，孟子制民之产，然后驱而之善，都说明儒家主张在老百姓的生理需要得以满足的前提下再从事教化。但儒学的本质是君子之学，大人之学，礼乐教化是其工作的重心，也是儒家之所以为儒家的本质。

墨家学说与儒家重礼乐教化不同，它具有强烈的重质轻文色彩，所以荀子批评墨家"弊于用而不知文"。墨子有感于天下"饥不得食，寒不得衣，劳不得息"的严酷现实，坚决反对统治者不顾老百姓的基本生活，而追求大钟鸣鼓之声，雕刻文章之色，高台厚榭之居。墨子认为不是这些东西不乐、不美、不安，而是在饿殍遍地、祸乱不已的社会状态下，虽乐而不乐，虽美而不美，虽安而不安。墨家的思想是要强本而节用，反对无用之费。墨子思考问题的出发点是百姓大众之利，而大钟鸣鼓、雕刻文章、高台厚榭在当时全是王公大臣的消费品，全是百姓大众之血汗，这些东西与百姓无缘。所以墨家知其乐，知其美，知其安，亦要坚决非之。百姓大众之生活是墨家学派全部理论的出发点，由此出发墨子坚决反对王公大臣的奢侈浪费。

就处理文质关系言，儒家眼光自然比墨家远大些，视野也开阔些，说理也更透彻些。当然儒家有重文轻质之倾向，或者儒家没有将质尤其是百姓大众之利单独提出来加以考察。从历史角度讲，儒家的理论比墨家的理论要正确些、合理些，但将墨家理论放到当时的历史条件下加以把握，我们亦完全可以说墨家理论比儒家的理论更符合当时的现实需要。正如《史记·太史公自序》所言："强本节用，则家给人足之道也，此墨子之所长，虽百家弗能易也。"墨家强力从事，努力增加生产，创造社会财富的思想是千古不易之言，任何文化建设都不是脱离物质基础的空中楼阁，都应建立在相应物质条件的基础上，所以墨家的文质观仍有可取之处。儒、墨互补归根到底是要将儒家的重文思想与墨家的重质思想有机地结合起来，建立起中国现代社会中健全的文质观。这种结合在我们看来就是将儒家重诗书礼乐、道德教化的思想安立在墨家所说的质的基础上。这样，一方面使儒家的文有了可靠的物质基础，另一方面，也将提升墨家的文化理想。

---

① 《孟子·梁惠王上》。

　　儒家的德治主义是站在统治者的立场上为人民想办法，而墨家的爱的理想主义则是站在人民的立场上为统治者想办法。徐复观先生曾指出：儒家"总是居于统治者的地位来为被统治者想办法，总是居于统治者的地位以求解决政治问题"，"虽有精纯的政治思想，而拘束在这种狭窄的主题上，不曾将其客观化出来，以成就真正的政治学"。[①] 正因儒家的德治主义是站在统治者的一面为人民想办法，所以其民本主义也不可能跃出变而为民主。而墨家是站在人民的立场为统治者想办法，所以墨家主张"尚贤"、"尚同"、"节用"、"节葬"、"非乐"。所有这些墨家都不是讲给老百姓听的，而是讲给王公大臣听的，但它却是为人民的利益而不是为统治者的利益而讲的。墨家理论也可以说是站在人民立场上为统治者出谋划策。这些说法看似矛盾，但却是永远无法超越的历史悖论。郭沫若只看到问题的一半，由此他断言，孔子代表了人民的利益，墨子的思想则不科学、不民主、反人性、反进步，代表了奴隶主复辟派的利益。但无论是站在统治者的一面为人民着想，还是站在人民的一面为统治者着想，都不能形成近代的民主政治。只有跳出儒家的统治者立场，站在墨家的立场即被统治者或人民的立场上去，同时保留儒家为人民着想的实质，才能实现真正的民主。儒、墨互补，一方面要求儒家知识分子由统治者的立场转到人民的立场上来，由传统的民本跳向民主；另一方面要求墨家知识分子也应由站在人民的立场上向统治者呼吁，转向站在人民的立场向社会、向人民开陈。这样就实现了儒、墨的互补与合一，从而真正实现"一致而百虑，殊途而同归"的文化理想。

　　儒、墨互补的内容是相当丰富的，但儒、墨互补的形式只有三种，一是不补而补，或者说是无意乎儒、墨互补而互补自然发生；二是交融互补；三是变异互补。站在中国文化的宏观角度去看，儒家理论之充量发展，墨家学说之极度发展，二者并行而不悖，儒墨互补自然而然地发生。这种互补方式可以不取消儒家，也不取消墨家，或者在儒家仍然是儒家，墨家仍然是墨家的情形下，儒、墨互补在中国文化领域自然发生。所谓交融互补，是指儒学与墨学通过相互交汇、融合达到互补之目的。儒墨融合有两种途径：一是以儒学为主体，通过吸收墨学的内容，使儒学得到更高程度的发展；一是以墨

---

　　① 徐复观：《政治与学术之间》，（台湾）学生书局1985年版，第54—55页。

学为主体，通过吸收儒学的合理思想，使墨学得到发展。所谓变异互补是指儒学与墨学在互补中理论形态发生变异，从而形成一种新学说。这种新学说既是儒学又不是儒学，既是墨学又不是墨学；它甚至忘掉了自身究竟是儒学还是墨学，也可以说是儒学而儒学忘，是墨学而墨学忘。总之，它是通过互补变异形成一种文化新形态。

四、儒、墨互补与中国文化的现代展望

近代以来，西方文化传入中国，为中国文化的发展提供了新机遇，一方面西方客观形态的文化可以弥补中国主观形态文化之不足，另一方面也为沉寂了近两千年的墨学再现辉煌创造了契机。然而，百余年来，中国文化迈向民主与科学的过程可谓历尽坎坷。时至今日，中国现代形态的文化即所谓的新文化依然在建立中，墨学复兴之声在中国大地上也曾一度响彻云霄，然而，不久即音歇响绝。回顾近代以来中国新文化建设的艰难道路，我们认为中国文化在这次整合与重铸中陷入两个大误区：

一是将中西文化视为不相容的对立物，认为吸收西方文化尤其是要在中国实现西方近代的民主与科学，就必须彻底否定中国文化，即所谓"全盘西化"。这一观点至今还有社会影响，这说明一些人没有完全走出这个误区。

二是视儒学与墨学为不相容的对立物。长期以来，由于受儒、墨对立的影响，有人仍视墨学为"无父"之禽兽，似乎要坚持儒家立场、批判墨学就是理所当然的。近代以来，西学东渐，有的人又走向另一极端，似乎认为只有彻底否定儒学、复兴墨学才能接纳西学。

当然，如何处理中西文化的关系，近代以来不少学者提出了不同甚至完全相反的主张。"中体西用"论，"西体中用"论，"中西互为体用"论，"综合创新"论等，不一而足。这些观点虽说存有这样或那样的不同，但有一点则是共同的，即认为中学与西学不是完全对立的，而是可以相互交会的。他们远比全盘西化论及各种"国故派"、东方文化派的观点理智。但这些理智的思考大都停留在口号阶段，并没有多少人认真地将这些观点运用于文化体系的建设中去，以期形成独特的学派。我们认为文化的发展是历史的辩证的发展过程，任何理性的设计都有功于文化的发展，但文化辩证发展绝不会完全依照任何人的主观设计而发生。

中国现代文化的建设问题，从纵向上说，是中国文化如何调整自身、创造自身、发展自身以期成为人类文化重要成员的问题；从横向的角度讲，中国新文化的建设问题是如何处理中西关系即中国文化如何吸收西方文化乃至人类的一切优秀文化去构建一种新的、充满活力的文化形态问题。这两个问题既有联系，又有区别，或者是一个问题的两面。陷入第一个误区的人，忽略了中国文化问题的解决最终还需要在中国文化自身的调整、更化中即在中国文化自身的发展中加以解决。不考虑中国文化的土壤是否适宜，贸然将西方文化的成果全部移植到中国，这种举措从根本上违背了中国文化的发展规律，是注定要失败的。所以"全盘西化"只不过是痴人说梦而已。至于"中体西用"论，"西体中用"论，"中西互为体用"论，"综合创新"论，虽说都是近代以来学者苦苦思索的结晶，都有其合理之处，但它们也都忽略了中国新文化建设的一个大前提，即中国文化自身内在结构的重新组合和调整问题。没有中国文化自身内部结构的重组，也就是说不改造中国文化的土壤，就很难确保对西方文化的接纳是健康的，也可以说很难保证西方文化的优秀成果能在中国得以成活、生根、开花、结果。儒、墨互补论的提出，旨在调整中国文化的内在结构，改良中国文化的土壤，为中国文化接纳西方文化乃至人类的一切优秀文化创造条件。

陷入第二个误区的人只见儒、墨对立，不知这种对立恰恰是其互补之所以可能的内在因由。只有变儒、墨对立为儒、墨互补，才能调整中国文化的内在结构。将秦、汉以降中国文化中没有发挥作用的原始基因复活起来，从根本上加速中国文化吸收、内化、融合西方文化的进程，是建设现代文化的基础工程。

总之，儒、墨互补是改良中国文化的土壤以呼应西方文化的重要方式，当然不是唯一方式。民主与科学是近百年来先进的中国人为之奋斗的目标，也是中国文化发展所要解决的重要历史课题。如果民主与科学不能内化在中国文化自身之中而成为中国文化的有机组成部分，新文化建设就是一句空言。不过，近百年来的历史发展表明，要使民主与科学在中国真正生根，仅仅一相情愿地将西方的民主与科学照搬过来是很不够的。只有改良中国文化的土壤，即为民主与科学在中国的健全发展创造适宜的文化氛围，民主与科学才能在中国健康生长。在 20 世纪初，胡适曾这样发问："我们应怎样以最有效的方式吸收现代化，使它能同我们的固有文化相一致、协调和继续发展？"当然将现代化的精华与中国自己的文化精华联结起来，也是 20 世纪初在美国写博士论文的胡适先生的追求。为了实现这一目标，他又进而发问："我们在哪里能找到可以有机地联系现代欧美思想体系的合适的基础，使我们能在新旧文化内在调和的新的基础上建立我们自己的哲学与科学？"胡适对儒学是不抱任何希望的，他认为儒学的生命力久已消失，唯一希望就是非儒家学派在中国的复兴。他说："就我自己来说，我认为非儒学派的恢复是绝对有必要的，因为在这些学派中可望找到移植西方哲学和科学最佳成果的合适土壤。"①　胡适在这里的发问是相当有价值的。我们认为此时的胡适由于远在美国，对国内的混乱、民生凋敝、百事皆废的情形感受还不是那么直接，所以还能保持一般学人的说理心态，提出了将现代文化的精华与中国自己文化的精华结合起来、重建自己的新文化的观点。后来他主张彻底否定传统、全盘西化是对早期理性思考的反动，是其极端偏颇心态的流露。当然他的这一心态与现实的刺激有关。我们感兴趣的是胡博士的提问，而不是他的解决方案。因为我们并不完全赞同他的观点，尤其是他认为儒学的生命力已经消失，只有否定儒学才能改造中国文化的土壤，才能移植西方的民主与科学的观点。胡适所说的非儒学派，主要是墨学。胡适在墨学中发现了可以与西方的民主与科学对接的某些契合点。这些契合点恰恰是呼应西方文化的一种精神力量。这种力量的发扬光大，有利于民主与科学在中国大地上迅速生长。

变儒、墨对立为儒、墨互补，就是使中国文化由主观境界形态转出客观实有形态，纠正中国文化注重主观境界提升而忽视客观问题探究的倾向，实现中国文化的主客统一，上达与下开的一致。中国哲学无论是儒家的心性之学，还是道家的"无为"哲学，或佛家的解脱哲学，大都是主观境界形态的思想学说。无论是儒，还是道，还是佛，大都注重人主观境界的提升，而忽视了客观问题包括自然知识体系和社会客观组织方面的理论建构，这是中

① 胡适：《先秦名学史·导论》，学林出版社 1983 年版。

国文化之不足。我们认为在中国文化中最富有客观精神的是墨家，墨家既不赞成儒家的"无可无不可"的态度，也不同意道家的"不遣是非"的主张，而是积极设立超越一切对立之上的客观标准，即"法仪"。不合法仪，那就"虽我之说亦将非之"，合乎这个法仪，即使敌方的学说也有"是亦当而不可易者"。这是一种理智的态度，是客观的态度，也是追求真理的态度。由此态度契入，才可以呈现出为知识而知识、为学问而学问的精神。中国人只有有了这种态度，才能真正领悟西方文化的真谛，才可能消化西方文化为自己的文化。

　　儒、墨互补可以解开长期以来在人们心中所形成的文化心结，实现中西文化的真正融合。近代以来，面对西方文化的挑战，中国文化的退萎，在中国社会各阶层中形成了两种不健康的心理。一是本能地惧怕西方文化，二是一味地欣羡西方文化。惧怕西方文化的人，大都十分珍爱中国文化乃至东方文化；而欣羡西方文化的人，大都非常厌恶中国传统文化。前一种人担心西方文化在中国的传播会导致中国文化特质的流失，最后导致中国文化的消亡，因而惧怕西方文化，或者本能地抵触西方文化。这种人对中国文化只是情感地热爱，对西方文化只是情感地反对。情感地反对与情感地热爱都无济于事，不过是"义和团"心态在文化上的反映。中国文化的前途绝非此种心态的人所能左右则可断言。因为这种人不知道西方文化中的优秀成果，即民主与科学，绝非西方文化所得而专，它是天下之共器，人间之共法，而为包括中国文化在内的一切自成系统的文化所应涵。如果两汉以降，墨学在中国文化中占居主导地位，中国文化也许会成为另一种形态，宗教、民主、科学、实用技术可能会成为中国文化的主调。从这个意义上说，民主与科学的输入，不仅不会导致中国文化特质的流失，颓然以自丧，反而会进一步促进中国文化的发展，或者说输入西方文化是中国文化自我完善的唯一方式。后一种心态的人将中西文化的不同简单地归结为古今之不同，认为西方的今天就是中国的明天，所以将现代化简单地归结为西化，或者误将西化当做现代化的目标加以追求。中国文化在他们眼里自然成为现代化的阻力，所以他们要彻底否定传统，实行全盘西化。这种人根本不懂得抛弃了传统文化也就抛弃了一切文化生存的土壤，一切现代化也就无从谈起。即使建立起现代形态的文化，也不是中国文化，中国也就沦为文化上的殖民地了。

中国新文化建立既非是对传统文化的复制，也不是对西方文化的移植，它必然是对中西文化的融合。这种融合自然是以中国文化为主体，融合西方文化乃至人类的一切优秀文化，而不是相反。正像一切生命有机体都会不断地摄取外界的养分以丰富和发展自身，促进自己的新陈代谢一样，中国文化也会不断汲取人类文化的一切优秀成果来完善自己。中国文化的未来发展，就自身言是更化，更化是更化自我，创造自我，发展自我；就横向说或关联着中西文化来说是内化，即将外来的或主动从外界摄取来的文化内在化。我们所说的内在化，是指将外来的东西转化成自我有机体的组成部分。无论是自我更化，还是他我内化，都需要一种转化力。这种转化力对自我而言是化活力，对他我而言是化合力。没有转化力，无论是自我更化，还是他我内化都是一句空话。而转化力来自于中国文化的内在生命力，恢复中国文化的内在生命力是建立新文化的重要前提。如何恢复中国文化的内在生命力呢？首先应研究中国文化生命力枯萎的内在因由和外在条件。中国文化生命最健旺的时代是先秦时代，而先秦时代中国文化生命力之所以健旺，在于儒、墨、道、法的互斥互补。中国文化的生命力也可以说中国文化的创造力之所以衰竭在于两汉以下"别黑白而定一尊"，不许异己者跳梁反侧。从某种意义上说，儒、道、法三家存在，而墨学衰微使中国文化健全的文化基因受到损害，使中国文化生命力大受影响。由是我们认为儒、墨互补就是将中国文化的健全基因开发出来，以优化中国文化的内在结构，消弥中西文化的内在张力，缩减中西文化的隔阂，焕发中国文化的生命力，以回应西方文化的挑战，为中国文化消融西方文化铺路。

在当今社会，当全球经济、贸易、交通、通信等逐步趋向一体化的时候，一个民族具有族徽意义的不再是她特有的服饰，不再是她特有的饮食，不再是她特有的风俗、习惯，甚至不再是她特有的社会组织结构，而在于她的内在精神即富有特质的文化系统。自我更化与他我的内化是这个文化系统存在与发展的一体两面。没有他我的内化就没有自我更化，而没有自我更化也就无所谓内化。他我的内化必然引起自我的更化，而自我更化也可以说是他我内化的完成。儒、墨互补是中国文化的自我更化，但立足于中西文化角度言，又是中国文化的他我内化。进而言之，站在儒学的角度讲，以儒学为主体、摄纳墨学是他我的内化，同时也是儒学的自我更化；站在墨学的角度讲,以墨学为主体摄纳儒学是墨学的他我内化,同时也是墨学的自我更化。中国文化只有在这种更化与内化中,才能不断地完善自己,儒学与墨学也只有在不断地自我更化与内化中,才能浩浩溥溥,不断走向新生。

中国文化的现代形态是一开放的、不断演进的系统,同时也是无法穷尽的系统。她将永远处在不断地自我创化和他我内化的二重变奏中。唯有如此,中国文化才能永远立于世界文化之林,才能成为中华民族永恒的精神凭借。

重要参考文献

一、古籍

何晏注，刑昺疏：《论语注疏》，北京大学出版社 1999 年版。

朱熹：《四书章句集注》，上海古籍出版社 2006 年版。

刘宝楠：《论语正义》，上海书店，1986 年版。

程树德：《论语集释》，中华书局 1990 年版。

吴毓江：《墨子校注》，中华书局 1993 年版。

谭戒甫：《墨辩发微》，中华书局 1964 年版。

二、今人著述

钱穆：《墨子》，商务印书馆 1932 年版。

高亨：《墨经校诠》，科学出版社 1958 年版。

冯友兰：《中国哲学史》上卷，中华书局 1961 年版。

牟宗三：《中国哲学的特质》，（香港）人生出版社 1963 年版。

牟宗三：《心性与性体》，（台北）正中书局 1968 年版。

杨宽：《墨经哲学》，（台湾）成文出版社 1975 年版。

杨伯峻：《论语译注》，中华书局 1980 年版。

郭沫若：《郭沫若全集》，人民出版社 1982 年版。

童书业：《先秦七子研究》齐鲁书社 1982 年版。

罗素著，马元德译：《西方哲学史》下卷，商务印书馆 1982 年版。

蒋伯潜：《十三经概论》，上海古籍出版社 1983 年版。

蔡仁厚：《墨家哲学》，（台湾）东大图书公司 1983 年版。

朱维铮编：《周予同经学史论著选》，上海人民出版社 1983 年版。

胡适：《先秦名学史》，学林出版社 1983 年版。

牟宗三：《历史哲学》，（台湾）学生书局 1984 年版。

李泽厚：《中国古代思想史论》，人民出版社 1985 年版。

匡亚明：《孔子评传》，齐鲁书社 1985 年。

赵纪彬：《赵纪彬文集》，河南人民出版社 1985 年版。

徐复观：《政治与学术之间》，（台湾）学生书局 1985 年版。

张岱年：《中国哲学大纲》，中国社会科学出版社 1985 年版。

唐君毅：《中华人文与当今世界补编》上，（台湾）学生书局 1988 年版。

张立文：《中国哲学范畴发展史》（天道篇），中国人民大学出版社 1988 年版。

牟宗三：《历史哲学》，（台湾）学生书局 1988 年版。

方授楚：《墨学源流》，中华书局 1989 年版。

梁漱溟：《梁漱溟全集》第一卷，山东人民出版社 1989 年版。

梁启超：《墨子学案》，上海书店 1992 年版。

钱穆：《先秦诸子系年考辨》，上海书店出版社 1992 年版。

杨向奎：《墨经数理研究》，山东大学出版社 1993 年版。

董治安：《先秦文献与先秦文学》，齐鲁书社 1994 年版。

章太炎：《国学讲演录》，华东师范大学出版社 1995 年版。

冯友兰：《中国哲学史新编》第一册，人民出版社 1995 年版。

孙中原：《墨学通论》，辽宁教育出版社 1995 年版。

胡适：《中国哲学史大纲》，东方出版社 1996 年版。

黑格尔：《哲学史讲演录》第一卷，贺麟，王太庆译，商务印书馆 1997 年版。

陈戍国：《中国礼制研究》（先秦卷），湖南教育出版社 1999 年版。

张岱年：《中国古典哲学概念范畴要论》，中国社会科学出版社 2000

年版。

熊十力：《熊十力全集》第六卷，湖北教育出版社 2001 年版。

徐希燕：《墨学研究》，商务印书馆 2001 年版。

徐复观：《两汉思想史》，华东师范大学出版社 2001 年版。

郭齐勇、郑文龙编：《杜维明文集》，武汉出版社 2002 年版。

钱穆：《论语新解》，生活·读书·新知三联书店 2002 年版。

王国维：《观堂集林》，河北教育出版社 2003 年版。

童书业：《春秋史》，上海古籍出版社 2003 年版。

牟宗三：《圆善论》，（台湾）联经出版公司 2003 年版。

蔡尚思：《十家论墨》，上海人民出版社 2004 年版。

唐君毅：《中国哲学原论·导论篇》，中国社会科学出版社 2005 年版。

郝大伟、安乐哲：《通过孔子而思》，何金利译，北京大学出版社 2005 年版。

徐复观：《中国人性论史》，华东师范大学出版社 2005 年版。

劳思光：《新编中国哲学史》第一卷，广西师范大学出版社 2005 年版。

雅斯贝尔斯：《大哲学家》，李雪涛译，社会科学文献出版社 2005 年版。

郑杰文：《中国墨学通史》，人民出版社 2006 年版。

牟宗三：《才性与玄理》，广西师范大学出版社 2006 年版。

孙中原：《中国逻辑研究》，商务印书馆 2006 年版。

熊十力：《十力语要》，上海书店出版社 2007 年版。

胡子宗：《墨子思想研究》，人民出版社 2007 年版。

柳诒徵：《中国文化史》，东方出版社 2008 年版。

三、论文

许之衡：《读"国粹学报"感言》，《国粹学报》1905 年第 6 期。

张君劢、徐复观、牟宗三、唐君毅：《为中国文化告世界人士宣言书》，见封祖盛编《当代新儒家·为中国文化告世界人士宣言书》，生活·读书·新知三联出版社 1989 年版。

张岱年：《论墨子的救世精神与"摹略论言"之学》，《墨子研究论丛》

（一），山东大学出版社 1991 年版。

　　丁原明：《儒墨相通——兼论墨学的衰微》，《墨子研究论丛》（一），山东大学出版社 1991 年版。

　　郭墨兰：《试论墨学骤衰的原因》，《墨子研究论丛》（二），山东大学出版社 1993 年版。

　　权起桂：《析量子力学中的辩证法思想——玻尔互补性架构之真谛》，《哲学研究》1994 年第 10 期。

　　程远：《先秦战争观研究》，西北大学博士学位论文，2005 年。

　　刘昌元：《仁的当代解释：一个批判的回顾及新的尝试》，刘笑敢主编《中国哲学与文化》第一辑，广西师范大学出版社 2007 年版。

重要名词索引

爱的理想主义

爱人

道

道德的理想主义

德

德福关系

德性天

德治

非攻

非命

非乐

合天

兼爱

践仁

节用

节葬

境界

经学

礼

立命

命

明鬼

仁

人格天

三表

士

上达

尚同

尚贤

天

天命

天志

文

文章

文质合一

无为

无言

下学

性	政
形上学	征伐
学	知命
义	知天
夏政	重质主义
行	宗法制度
乐	周道

责任编辑:胡喜云
封面设计:周方亚

图书在版编目(CIP)数据

孔墨哲学之比较研究/颜炳罡 彭战果 著. -北京:人民出版社,2012.11
(尼山文库)
ISBN 978-7-01-011114-8

Ⅰ.①孔…　Ⅱ.①颜…②彭…　Ⅲ.①儒家-先秦哲学-比较哲学-墨家
　Ⅳ.①B220.5

中国版本图书馆 CIP 数据核字(2012)第 176727 号

孔墨哲学之比较研究
KONGMO ZHEXUE ZHI BIJIAO YANJIU

颜炳罡　彭战果　著

人民出版社　出版发行
(100706　北京市东城区隆福寺街 99 号)

北京瑞古冠中印刷厂印刷　新华书店经销

2012 年 11 月第 1 版　2012 年 11 月北京第 1 次印刷
开本:710 毫米×1000 毫米 1/16　印张:19.25
字数:315 千字

ISBN 978-7-01-011114-8　定价:42.00 元

邮购地址 100706　北京市东城区隆福寺街 99 号
人民东方图书销售中心　电话 (010)65250042　65289539